Karl Pintschovius

Szenenwechsel

Karl Pintschovius

Szenenwechsel

Das zivilisationspathologische
Bild der Epoche

Seewald Verlag
Stuttgart

Inhalt

Siegeszug der Neurose

Marianne:

pour toi mon âme, pour toi ma vie

Ausgangslage

Das von Aufklärung, Großer Revolution, Deutschem Idealismus, Bürgertum und dem Geist der Technik aufgebaute neunzehnte Jahrhundert ist eine Phase glücklicher Erwartung und gemessener Ruhe gewesen. Elitebegriff, Kategorischer Imperativ, vaterländisches Grunderlebnis, Glaube, Doktrin des befreiten, auf das Niveau der Idee gehobenen Menschen, wachsende Herrschaft über die Natur und der Anspruch auf ein ehrliches, aus der Kabinettsjustiz gelöstes Recht leuchteten in eine hoffnungsvolle Zukunft. Argwohn und Entzauberung, wie sie Max Weber gesehen, sind erst später zu einem entscheidenden Faktor geworden. Physiker und Techniker genossen in Sinn und Vernunft ihrer Arbeit ungeteiltes Vertrauen. Zu einer Gewinn- und Verlustrechnung war kaum ein Grund. Der Gewinn lag klar auf der Hand. Schon soziale und geistige Freizügigkeit waren imponierender Fortschritt, der Rechtsstaat, eine die örtlichen Versorgungslücken füllende Weltwirtschaft, Schutz gegen Hochwasser, Sicherheit in Verkehrswesen und Postdienst, eine Hygiene, die quarantänefest ist, eine Bildung des einfachen Mannes, die Königgrätz ermöglichen konnte, eine klinische Medizin, die den Weg zur rationalen Diagnose gefunden hat und auf dieser Grundlage forscht und verordnet. Verlorengegangen sind konstruktive Illusion, Beziehung zum Numinosen, Gleichgewicht zwischen rationalem und emotionalem Regulativ und die Achtung vor Alter, Würde und dem Geist der Struktur.

Der Wandel lief langsam an. Es war Mitte und Ende des Achtzehnten, da Webstuhl, Spinnmaschine und Dampfboot aufkamen, Lavoisier den Sauerstoff identifizierte und sein Gesetz von der Erhaltung der Materie begründete. Später dann ging es mit überproportionaler Geschwindigkeit weiter, insbesondere seit 1914, als ein technisch werdender Krieg in Flugzeug und Feuerwalze neue Begriffe ergab. Wissenschaft, Technik, Initiative des Unternehmers, Gefolgschaft der Abhängigen,

Kapitalismus und Währungspolitik verbanden sich formungs-
aktiv zu Zivilisation und neuer Schicksalstufe.

Zivilisation ist eine das Verhältnis zu Natur, Lebensgefühl,
Gesinnung und Staatsform bis auf den Grund verändernde
Stufe der Geschichte. Unter Einfluß des zu einem unbarmherzi-
gen Rechnungs- und Antriebsfaktor gewordenen Zeitakzentes
ist ein die Trittfestigkeit bedrohender physiosozialer Zwiespalt
entstanden, der uns mit Strukturen umgibt, die in Problem und
Spannung geraten sind. So auch der Staat, dessen zwischen produktiver Illusion und materiellem Verstand liegendes Dilemma
die an Staatsdiener und Staatsbürger gerichtete Aufgabe zu
einem reizvollen Spiel mit dem Widerspruch zwischen ideeller
und materieller Welt macht.

Die von Karl Marx gestellte Prognose einer antikapitalisti-
schen Entwicklung aus der durch Profit und Mehrwert gelenk-
ten Akkumulation des Kapitals erfüllt sich nur halb. Sie bestätigt sich im Zusammenbruch schwacher Betriebe, in der mit be-
scheidenem Kapital nicht zu beherrschenden Überhandnahme
technischen Aufwands, im Aufstieg des Managers als eines früher nicht bekannten, das eigene Risiko vermeidenden Schritt-
machers wirtschaftlichen Wachstums, in dem Umbau alter In-
haberfirmen in die Form der societé anonyme, in dem Gefräßig-
keitserfolg der Konzerne und einzelner Finanziers und Grün-
der, dem Übergang des freien Unternehmertums in das Milieu
der dem Markt Gesicht und Eintönigkeit der Massenproduktion
gebenden Machtgruppe.

Überdies macht sich neben dem von Karl Marx so genial und
bühnenwirksam hingestellten Modell eines ein revolutionäres
Handeln eigentlich ersparenden Situationsverlaufes der auf ihn
und Engels zurückgehende Schlachtruf des Kommunistischen
Manifestes und neben diesem die Stimme der Assoziationssozialisten mit dem Ziel des kooperativen Einbruchs in die alte
Struktur bemerkbar. Diese zweite, aktivem Umsturz zuge-
wandte Kette sozialistischer und kommunistischer Ungeduld hat
sich in einer die Rolle des Kapitalisten erfolgreich kopierenden
Weise den Vorstoß der Wissenschaft, den Aufwand der Technik
und die Lehren der Unternehmerroutine zu eigen gemacht.

Die Struktur stellt der Zersetzung rationale, emotionale, ökonomische und autoritäre Kräfte entgegen. Sie verrät sich und

bietet sich an als konservatives Widerstandsnest und ein klassisches Ziel der Subversion, die mit argwohn- und zweifelerregenden Lügen und Halbrichtigkeiten angreift. Geht es darum, zu zersetzen und widerstandsunfähig zu machen, ist die Operation mit Zweifel und Argwohn bevorzugte Waffe. Man untergräbt, streut Zweifel aus an Wert und Stichhaltigkeit des emotionalen Hausguts, der Tradition, der Familie, des Überlegenheitsanspruchs der Gebildeten, der moralischen Grundbegriffe. Man stiftet Argwohn gegen amtliche Neugier und Einmischung. Angriffspunkte zu finden, ist leicht: eine Achillesferse z. B. ist die allgemeine Bereitschaft, ärztlichem Können und Handeln und richterlicher Lebensnähe und Unvoreingenommenheit Zweifel entgegenzubringen. Auch das Verhältnis zwischen Sexus und Liebe bietet Schäbigkeitsstoff, der sich zur Hintertreppe des Kalten Krieges ausnutzen läßt, wobei es weniger auf Wahrheit als auf vulgäre Glaubhaftigkeit ankommt.

Tatsächlich fällt die Familie zivilisatorischem Stimmungsverfall und zivilisatorischer Zentrifugalkraft zum Opfer: allgemeiner Lüsternheit des Milieus und der Überforderung der Mutter als ganzer und halber Vater. Die Familie zerbröckelt in der vitalen Laune und revolutionärem Dogma hörigen Unruhe eines eigenwillig-triebanarchistischen Nachwuchses, der das ihm zugefallene Recht, zu tun, was er will, rücksichtslos ausnutzt. Diese zu persönlicher Aggression zugespitzte Unruhe verbindet sich störungsenergetisch mit den nervösen Aktivitäten, die aus der Rolle des Geprellten, von Faust in der Tasche und proletarischem Ressentiment zurückgeblieben sind. Daß dies Ressentiment nie auf die Hefe des Volkes beschränkt geblieben und überall da zu finden gewesen ist, wo Schäbigkeit und Neid den inneren Stil überschwemmen, schloß Potenzierungseffekte im Zusammentreffen mit standesgebundener Unruhe nicht aus. Auch daß die Zeit einer industriellen Reservearmee ohne Macht vorüber und der Arbeiter längst zu einem klar arrangierten, politisch geachteten Partner geworden war, ließ die Möglichkeit inadäquater Kollisionen im Kampf der Erlebnisreste offen.

So weit sind wir in der Entwicklung zur Ebenbürtigkeit der Stände aber noch nicht, vor dem Geist des nur funktionell rangierenden Kollektivs kapituliert zu haben. Wir, die wir aus anderer Schicht und anderem Strukturbewußtsein kommen, setzen uns gegen den Druck, die Sicherung ihrer Sphäre ans Kollektiv abzugeben, mit Eigensinn und Affekt zur Wehr. Es ist das ein aus der Tiefe kommender, dynamischer, im Ehrgefühl fußender Einspruch, wenn wir auf soziale Lebenshilfen – Gewerkschaft, Konsumverein, Sozialversicherung – wie der Stier auf Rot reagieren. Jede Spielraum, Autonomie und Ruhm der Selbstverteidigung einschränkende Anmaßung des Kollektivs verletzt unseren Stolz. Gefahr, Kampf und Verantwortung erfüllen unser charakterliches Stilgefühl. Wir empfinden das Vordringen staatlich organisierter Vorsorge als Affront und nicht erwünschten Angriff auf das Letzte an Freiheit und Recht, das Leben im Sinne des uns von Gott und den Dämonen gelassenen Spielraums selbst zu gestalten. Präsozialistisches und sozialistisches Kollektiv züchten den gefügigen Funktionär. Pankow hat uns die Ablösung des preußischen Beamtentums durch den standeselitäre Machinationen und Unruheherde aktiven Ehrgeizes ausschließenden Vertragsangestellten vorexerziert.

Eine Analyse des proletarischen Nachholbedarfes stößt auf die Begriffe »echt« und »unecht«. Echt ist ein auf Lücken in der Entwicklung, Schule des Charakters, Schule des Gefühls und Schule des Verstandes bezogener, unecht ein auf vergrößerte Teilnahme an den Errungenschaften des technisch materiell und sozialpolitisch verbesserten Lebens bezogener Nachholbedarf. Den vom Leben Vernachlässigten drängt es auf einen Platz, der Wille und Gaben würdigt, zieht es in ein Milieu, das ihn anerkennt, und in die Arme einer Frau, deren Gegenprofil ihn glücklich macht. Unechter Nachholbedarf bewegt sich in hybrider, die Ausgangslage verlassender, neidische Vergleiche zeugender Begehrlichkeit. Auch der Nachholanspruch eines zu respektiertem Partner und lohnendem Konsumenten avancierten Proletariats ist ein Thema politischer Toleranz. Marx lag es näher, die schonungsvolle Zufriedenheit zu verfluchen.

Der subjektive Begriff einer Tatsache ist manchmal in den Folgen bedeutsamer als die konkrete Objektivität. Der Erlebnisbegriff Vaterland, ein Datum höchster Subjektivität, von früher Romantik in produktive Illusion gehoben, verband die Faszination durch Heimat und Volk mit den nervösen Regungen einer die Fundamente aufrührenden Existenzialproblematik. Die Ode Klopstocks, die Stimme Fichtes, der staatsrechtliche Idealismus Ernst Moritz Arndts, der Rausch Körners, die schon aus anderer Welt kommenden Verse Hölderlins und der irrationale Eifer der französischen Revolutionspatrioten vereinigten sich zu einem Appell an den Geist der Geschichte, der Kosmopolitik und Patriotismus zugleich war. In diese durch einige Titanen systematischen Denkens auf ein Niveau der Kraft und der Empfindlichkeit gebrachte Situation hagelte der durch Saint-Simon, Proudhon, Assoziationssozialismus, Lassalle und kommunistisches Manifest entfachte Sturm des »Proletarier aller Länder, vereinigt Euch«, den Gedanken eines von Terror, Aktivität und Zufall unabhängigen expropriativen Vollzuges im Rücken.

An Freiheit hat nur die von produktiver Illusion, Ziel, Disziplin und Liebe getragene einige Aussicht auf Dauer und Bestand. Eine in der Ungebundenheit verschwimmende, sich in dem Willen, zu nehmen, zu genießen und aufzutrumpfen, erschöpfende Freiheit endet notwendig nach kurzem Leben im Kreuz und Quer. Die ohne Leitstruktur und Bindung gebliebene Freiheit fällt rechtsunwilligen Friedensstörern zum Opfer. Freiheit ist nur durch eine Thema gewordene, mit Zwang und öffentlicher Gegenseitigkeitskontrolle verbundene Substanz zu sichern. Sie will immer wieder mit Inhalt beschenkt sein, – wie eine Frau.

Pest, Cholera, Schwarze Pocken und Fleckfieber riegelte man aus. Im Kampfe gegen Siechtum und Tod scheinen trotz der Gebundenheit an menschliche Grenzen die Chancen zu steigen. Die Angst vor dem Hunger kann man sich, solange es Frieden und ökumenische Beziehungen gibt, sparen. Sie ist unnötig. Selbst das Problem des Öls und der technischen Energie überhaupt ist zu bewältigen. Terror aber und Untergrund sind eine neue Höhepunkte ansteuernde Gefahr. Sie wiederholen alte Kapitel des Ordnungszerfalls. Geist und moralischem Kern nach sind sie dasselbe geblieben, größer nur und gefährlicher geworden ist die technische Finesse, die dem rechtsbrecherischen Untergrund bizarre Methoden und Situationen eröffnet. Es knallt auf Straße, Bahnhof und Flugplatz, brennt im Wald, explodiert in den Fabriken, schlagwettert in den Gruben, gibt Flugzeugabstürze, terroristische Erpressungen, Dunstglocke, Gebrauchsschwäche des Bewegungsapparates, Lärmschädigung, Adaptions- und Akkomodationsdefekte des durch Kürze der Blickentfernung und Intensität des Lichts mißbrauchten Auges, egozentrische Kurzsichtigkeit am inneren Horizont mit Selbstmord und Neurose.

Unser in die Gegenwart leuchtender Versuch geht nicht um das Erlebnisbild des einzelnen, nicht um die Frage: »wie können wir helfen«, sondern einzig und allein um die vom Wechsel der Szene zu Tage geförderte Masse an Tatsachen. Was wir wollen, ist ein kritisches Protokoll. Mehr nicht, auch nicht weniger.

Am Krankenbett der Struktur

Auch Illusion ist Struktur

Charakter der Illusion

Als Rausch der Augenscheinlichkeit ist Illusion produktiv, indifferent oder schädlich. Sie kann scharf machen in der Schärfe der Erkenntnis und der Nachhaltigkeit des Tuns, sie kann leerer Luxus, sie kann in die Irre führende Verblendung sein, als Kern unseres Lebensgefühls und hindernisbrechender Faktor unseres Charakters vom Verstande gestützt eine große Gnade, vom Verstande verlassen ein Fluch. Illusionsinventur ist in der Politik genauso notwendig wie Inventur im Geschäft Die Illusionsbilanz spiegelt moralische Reserven und Produktionskraft des Volkes.

Als uns die Sieger von 1945 zu einem Volk der Verbrecher gestempelt hatten und eine falschen Händen Macht gebende Denazifizierung aufzogen, war dies durch die Reklame für westliche Freiheit nur wenig gemilderter Tiefstand der Illusion. Dieser Tiefstand dauerte an die zehn Jahre, bis die unsere Acht widerrufende Wende geschah und es in denkenden Kreisen wieder soweit war, die Gefahr zu erkennen, die es bedeutet, wenn der innenpolitische Aspekt nur ein illusionsloses Grau in Grau kennt.

Uns, die wir trotz Zwielicht und gespaltener Stimmung das Gleichgewicht wieder erlangten, lehrte ein bürgerlicher Resignation spottender Leichtsinn, strukturbildend produktiver Illusion bedenkenlos treu zu bleiben. Produktive Illusion baut ähnlich wie der ihr verschwisterte Glaube. Sie gilt der Struktur der Seele.

Entlarven und Einreißen

Entrümpelnder Rationalismus hat Ideal und Gefühl den Garaus gemacht. Es schien wie Sieg der Vernunft, war aber Destruktion und Krankenbett. Die Zeit, da »Damen- und Herrenbad keine scheidenden Schreckensworte mehr waren« (Theodor Fontane), war vorbei, das Milieu aber, das die Mädchen zu erröten erzog,

war noch da. Einem unserer Lehrer, besonders urban, auslands-
erfahren, gepflegt, folgte ein seltsam Getuschel wohliger Abscheu.
Ich wußte nicht, was gemeint war. Der Ton, in dem man von
seinen Reisen und seinem Verkehr mit anderen Schülern sprach,
ließ sich in den Begriffen meiner damaligen Welt nicht unter-
bringen. Es war etwas Mysteriöses, älteren Menschen peinlich-
pikant.

Was ich von Sexus und Liebe wußte, war ein trübes Gemisch
aus idealistischem Modell und Zerrbild. Mich wegen meiner
präputialen Intimtoilette zur Rede zu stellen, wie es der Schwe-
riner Stabsarzt tat, war fehl am Platze. Wohl die meisten aus
unserer Altersgruppe waren in Triebbewußtsein und objektiver
Kenntnis des Trieblebens ahnungslos. Nur einige Frühreife
machten von Wissen und initialer Potenz snobistischen Gebrauch. Ob diese einzelnen renommierten oder nicht, – was sie
boten, war plump und ohne génie de coeur.

Die Frauen, die nicht aufs Feld, an die Maschine, ins Büro oder
vor die Klasse mußten, schonten sich in einer für sie nachteiligen
Weise. Man hatte Hilfe im Haus, aß und saß zu viel. Sport ging
kaum über Tennis hinaus. Hut, Handschuhe und Schleier, auch
im Sommer, verrieten naturfremde Künstlichkeit. Das Korsett
beherrschte den Stil. Ein improvisierter Anzug wäre undenkbar
gewesen.

In den Städten kannte man sich, schätzte man sich, bekämpfte
man sich, half man sich, kontrollierte man sich. Die Kommunikation war wie feste Struktur. Es war unmöglich, unbeachtet
vor die Hunde zu gehen. Jetzt wäre das möglich. Kehrseite war
Rubrizierung und Auslieferung an Klatsch und Neugier. Trotz
solcher Kehrseite war das Leben an Innerlichkeit, Geduld und
Liebe reicher.

Lärm, Dunst und hohe Wattstärke behelligten uns noch nicht.
Wenn es Tag wurde, war es Tag. Wenn die Nacht kam, war es
wirklich Nacht. Wenn ein Gewitter tobte, war man mitten drin.
Kleine Stadt und Rand der großen waren Land in einem naiven
Stadium des Zusammenwachsens rationalsymbiotisch werdender Vorwerke und Dörfer, die ihr trauliches Kolorit in die neue
Schicksalstufe weiterschleppten, oft zwischen vorstädtische In-
dustriereviere gebettet wie Siemensstadt, Wilhelmsburg, Eller-
beck-Gaarden.

Wir lebten die Freiheit friedlicher Gärten und glücklicher Felder, die Ungebärdigkeit des Windes, ohne den die nordische Luft wie tot war, genossen die glitzernde Nacht eines unseren inneren Aspekt mit dem All vereinigenden Himmels. Kaum etwas gibt es, das dem in die verstädterte Fremde Verbannten seine Gefangenschaft so grell und verletzend vor Augen geführt hat wie das Ende der unter Vorwand des Fortschritts zu falschem Tage vergewaltigten Nacht. Auch war das Leben mit Möbeln vom Tischler, Drechsler, Polsterer und das Wohnen in Häusern aus Backstein, Ziegel, Holz, Stuck, war das Leben mit Seide, Wolle, Baumwolle, Leinen ein der Erhaltung würdigerer Rahmen als die Maschinerie des Komforts, die das Jahr 1976 entfaltet. Daß »die Pferde langsamer liefen, weil es nun Feuerrosse gab« (Fontane im »Stechlin«) verletzte die Idylle noch nicht.

Haben das Echo unserer Sehnsucht damals Gesinnungshelfer der Harmonie bestritten, ist die Jugend von heute einem grausamen, zwischen Himmel und Hölle tanzenden Zwang, zu sondieren und zu entlarven, verfallen. Auf diese triebfanatisch Veräußerlichten wirkt nur mit antimoralischer Moralität gespeiste Härte, wirken nur poesielose Dichter wie Grass, in den Drang, das Böse zu stellen, verrannte Maler wie Dix und Gross. Auch das Verebben der heimatlichen Sitte, das Verschwinden der bunten Tücher, der Niedergang des Gemüts ist Siechtum der Struktur.

Die Zivilisation hat die Helfer in fester Gewalt. Der Pionier wird genasführte Kreatur. Im ersten war er frei, jetzt ist er Knecht. Es ist eine in angstvolle Wachsamkeit treibende Aktivität geschreckten Lebens über uns gekommen, die uns die Notwendigkeit auferlegt, pausenlos auf der Höhe zu sein, immer bereit, einen Bogen zu schlagen oder zum Sprung anzusetzen. So schreibt Gottfried Bermann-Fischer — Verleger gewordener Arzt — über diese durch den einer Angina pectoris erlegenen Kasack verkörperte Grundsituation: der Kranke muß »ein am Leben zutiefst Enttäuschter, ein Mensch mit übermenschlichem Anspruch an die eigene Person gewesen sein, so daß Enttäuschungen eintraten, die das Herz strangulierten« (Bedroht-Bewahrt, Frankfurt am Main/S. Fischer 1971, S. 242). Je feiner die Konstitution eines Menschen, desto drohender wird die Gefahr, in eine nicht auf Lebenszeit zu ertragende Reiz- und Erwartungslage verwickelt zu werden. Malcolm Carruthers, ein englischer Pathologe, hat die Situation des überfordernden Engagements am Volant seines Wagens durchexerziert und Anstiege der Herzaktion bis zu 200 Schlägen in der Minute, entsprechende Blutdruckspitzen und ein Zehnfaches an Zucker- und Hormonwerten gefunden.

Das ist eine Seite der Zivilisation. Zu der äußeren Reizflut kommen Unstimmigkeit und Streß persönlichen Ursprungs hinzu: Trouble in der Familie, Ärger in Amt und Geschäft, Mangel an Luft und Bewegung (schon die zum Parkplatz mißbrauchte Straße ist Gift- und Stinkraum) und Verlust des Horizontes, des Himmels, der Sterne. Es tritt ein durch sympathikotone Adrenaline in chronische Stimulation versetzter, vielleicht auch durch eine diabetische Stoffwechsellage funktionell erschütterter und durch Anstieg des von den gesättigten Fettsäuren beherrschten Cholesterinspiegels in Blutgerinnungskrisen und Emboliegefahr gebrachter Mensch mit Zirkulationsuntiefen in der Peripherie und CO_2-Versorgungsschwäche im Herzmuskel vor die Rampe. Die in pathologischen Werten zum Ausdruck kommende Ruhe-Raum-feindliche Verlagerung auf Termindruck und Zeitakzent ist Krankenbett der Struktur.

Der auf dem Weg in die rationale Symbiose den Schoß der Natur verlassende Mensch geht mit dem Einsatz für die mehr an Bewaffnung als an Kultur denkenden »unterentwickelten Völker« Wagnisse unkorrigierbaren Ausmaßes ein. Seine Hoffnung, Proselyten zu machen, ist Trug, – viel eher zieht es die organisatorisch und finanziell Umworbenen an eine sozialistisch beredtere und rassisch näherstehende Front.

Die rationale Symbiose läßt nur ihrer Konzeption entsprechende Wege und Gangarten zu. Kollektiv und Fließband zwingen in eine der Natur entfremdete, durch Egoismus, Lärm, Gift, Allergene, Schema, Norm, Tempo und die Gewalt des Termins geschüttelte und vermaßte Lebensform, die unter tröstender Ausflucht das geistige Leben der Person verkümmern läßt. Es ist das zugleich der Boden, in dem die präapokalyptische Kultur der fatamorganischen Droge ihr sensationelles Feld findet, als harmlos gepriesene Hilfen, die eine laborverläßliche Industrie als klinische oder halbklinische Mittel gegen Regulationsstörung, aggressive Gereiztheit, Schlaflosigkeit, Schmerz und Müdigkeit, und Barbiturate, Haschisch, Meskalin und Morphine, die ein schleichhändlerischer Untergrund illegal als Wundermittel eines weiseren Orients anbietet.

Materialismus und Glaube vertragen sich nicht, daher der Sturm auf die Idole Kernstück im Kampf des Proletariats gegen Establishment und autoritäre Beschönigung. Daß dieser Kampf generalisiert geführt wird, ohne die produktive von der indifferenten und der schädlichen Illusion zu trennen, ist Versagen aus Haß.

Vor dem Kampfgehabe einer einseitig eifernden Tarifpartei und den bedenkenlos auch das Monopol der Unentbehrlichkeit eines Dienstes arbeitskampftaktisch ausnutzenden Mächten der Selbsthilfe kommt eine moderne Innenpolitik nicht ohne rationale Verständigung mit jedem einzelnen der an der Situation beteiligten Faktoren aus. Das weiß auch der autoritäre Sozialismus. Auch er kann die dem physiosozialen Raum und seiner Kausaldialektik innewohnenden Impulse nicht unbeachtet lassen, kann sie höchstens abwandeln und anders rangieren. Ein aggressiver Avantgardismus kann der von Kirche, Familie, Staat, Kultur und Stand gebildeten Konstellation aufkündigen, ignorieren kann er sie nicht. Selbst die materialistisch gesonnenen Machthaber des neuen Rußlands haben erkennen müssen, daß ein in den politischen Lebenskampf verwickelter Staat nicht ohne die Hilfe einer den Sinn des staatsbürgerlichen Gehorsams begründenden Vorstellung auskommt, wobei sich das in die Situation einfließende Stimmungserbe ostkirchlicher Orthodoxie als ebenso diskretes wie wirksames Stabilisierungsmoment erwiesen hat. Selbst dem postromanowschen Rußland ist die volkserzieherische Realisation des historischen Materialismus also nur im Zeichen der vom politischen Dogma verstoßenen Gläubigkeitsreste gelungen. Das war nicht im Sinne des Erfinders. Denn Bakunin und Lenin hatten das Feld von allem irrationalem Rückstand räumen zu können gemeint. Doch alles an irrationaler Struktur ist reale Valenz.

Unauslöschbar, wenn auch noch kränker ist die Familie. Mag unser Vorurteil gegen den Anspruch der Verwandten auf distanzlose Annäherung und die Abneigung gegen familiäre Vereinsmeierei noch so begründet sein, – die Schlüsselposition als biologische Urstruktur ist so prägend, daß sie sich nicht übersehen läßt. Die Politik kann auf das familiäre Gefühls- und Ordnungsgefüge noch weniger verzichten als auf Kirche, Kultur, Menschheit und Vaterland. Selbst der in die Klassenlosigkeit strebenden, vorgetane Arbeit mit Eliteeffekt verpönenden Demokratie gelingt es nicht, den Stellenwert der Familie aus der Welt zu schaffen. Sie ist ethischer Grundbedarf aller Struktur. An ihr beißt sich, wenn sie ihre Rolle erfüllt, der Geist der Verneinung die Zähne aus. Gewiß, zur Zeit liegt sie schief. Zentrifugale Kräfte zerren an ihr. Die rationale Symbiose erübrigt sie. Doch auch schwerste Zerreißprobe und eigensinnigster Einsatz der heraufkommenden Avantgarde für eine Welt ohne Rangordnung und Unterschiede schaffen nicht die Stimme der biologischen Struktur aus der Welt. Die Familie ist Grenzstein der Klassenlosigkeit.

Praktische Lage des Glaubens

Der Zivilisationsfavorit kämpft um den Platz, den er einnimmt, in unnachgiebig gespannter Wachsamkeit. Romantische Pausen sind nicht vergönnt. Wer sich Zeit läßt, verliert seinen Platz. Der Dienstherr ist hart. Er hat den Geist des Kapitalisten auch da, wo er in sozialen und sozialistischen Ansprüchen auftritt. Unverwüstlicher Betriebsamkeit entwachsene Strukturen bilden ein soziales Perpetuum mobile.

Diese integrative Aktivität verlangt ein in den Erfolg drängendes, egoistisches Temperament. Romantische Verstiegenheit, Nachlässigkeit im Eifer des Mitmachens, Hang zu Bedenken passen nicht hinein. Die zu bedenkenlosem Opportunismus Bereiten treten an die Spitze, sie nutzen es, favorisiert zu sein, während die Idealistisch-Verqueren höchstens mitgeschleppt werden. Alle, auch die zu opportunistischem Kompromiß Befähigten, verschleißen beschleunigt in einer forcierten Hochtourigkeit, die aus der Nacht einen künstlichen Tag, aus dem Alter Jugend, aus der Jugend Frühreife, aus einer sich meldenden Schwäche protestierenden Anspruch macht.

Dem Favorisierten fehlt die ideeller Distanz gegebene Gnade, kleines Ärgernis auf den zuständigen Rang eines Nebenumstandes zu beschränken. Er nimmt auch nebensächliche Mißerfolge so ernst, als hätte der Anspruch, verschont zu bleiben,

Rang einer Weltanschauung. Mit Überschätzung seiner Beschwerden nimmt er sich selbst zu ernst. Er verschreibt sich so vorbehaltlos Business, Konto und Aufstieg, daß ihn das Pech, der Rückschlag, die Mißachtung in einer Sache tödlich treffen, – jedenfalls härter als den auch anderer Welt erschlossenen Arbeiter im Weinberg des Herrn, der den opportunistischen Egoismus unberührt als eine Marotte unvollkommenen Menschseins abtut.

Sein Gleichgewicht reicht nicht in die Tiefe. Es sind oberflächliche Fehler, flache Irrtümer, die ihn mit Ärger, Unrast und innerem Vorwurf belästigen, die Waage zwischen sympathischer und parasympathischer Innervation in Frage stellende, Schlaf, Kreislauf und Spiel der Organe irritierende Affekte. Daher so oft besonders schneller Verschleiß der Zivilisationsoptimalen. Zudem ist es so, daß die neue Schicksalstufe das Gesetz der Auslese und Ausmerze auf den Kopf stellt. Auch im zivilen Lebenskampf fallen wir Tüchtigkeit und Verdienst ignorierenden Mächten zum Opfer, die man Zufall zu nennen gezwungen ist: weder daß die Besten am meisten Aussicht haben, den Trouble zu überstehen, noch daß sie, wie man 1914 im Felde behauptete, als Erste ins Gras beißen. Es geht ganz einfach durcheinander, ob nun Gott dahintersteht oder der Zufall.

Das Dauerringen um Einfluß und Geld wird, wenn sich Affekt und Trübung des Blicks zu Mißweisung auf Dauer verbinden und aus Schwäche und Geltungsdrang neurotische Aggressionen entstehen lassen, zu einem den Charakter verändernden Faktor. Dem auf Erfolg Angewiesenen fehlen die geistigen und emotionalen Mittel, Rückschläge, die sich einstellen, ohne das Ressentiment einsichtsloser Gekränktheit zu verarbeiten. Er verbohrt sich, beleidigt und von Wichtigkeit überzeugt, in die Rolle eines das Ärgernis überspannenden Querulanten, während der unangepaßte romantische Gegner aus seinem Märchenwald Flügel empfängt.

Den an einen gehobenen Stil Gewöhnten stört an der Art des nihilistischen Avantgardismus mehr als die sachliche Unproduktivität der zum Ausdruck kommende Mangel an Ohr und Gefühl für Sitte, Regel, Gesetz und menschliche Rücksicht. Ihn verwundert die selbstgefällige Unbefangenheit eines ohne Gegenregulation wuchernden Egoismus, erstaunt die vollendete

Gleichgültigkeit dem gegenüber, was wir an opferwürdigem Wert in unser Bild von Dienst und Pflicht aufgenommen haben, erschüttert die Skrupellosigkeit in der Gleichstellung zwischen Pflicht und Genuß. Avantgardismus und Jugend sind in der Überzeugung, richtig informiert zu sein, von einer verblüffenden Sicherheit. Es ist das aber eine Sicherheit, die so entschieden auftritt, daß man ihr nicht traut und an Einsicht und Gesinnung zweifelt. Alle Siege von Wert haben eine dramatische, die Auseinandersetzung mit der begonnenen Niederlage enthaltende Vorgeschichte. Siege von charakterlichem und entwicklungsgeschichtlichem Wert sind nie nur Gewinn von leichter Hand.

Die Religion der Völkerfrühe war Taumel und Tanz. Vom deflorierenden Blick des Gedankens noch nicht berührt, war Trieb keine Sünde, war Fruchtbarkeit metaphysisches Ziel. Erst mit befleckender Auslegung war die Unschuld dahin, brachen Genüßlichkeit, Gemeingefühl und Weinseligkeit ein. Nymphe, heiliges Tier, Pan — totes Rennen zwischen Abstraktion und Naivität. Illustres Ereignis dieser die Geister hochreißenden Konkurrenz war der Übergang zu einem Gott und die nicht ganz leicht zu erfüllende Auflage, die Umakzentuierung der Welt auf Zeit und Termin mit dem verschleierten Glauben an eine auf Wiese und Wald verteilte, im Raume fußende Göttlichkeit zu verbinden.

Die Ekstase der Primitiven war magischer Rausch, die Meditation der Yogi gespannte Vertiefung, die Moschee Prädestination zu einem Heldentum ohne Konflikt, die Synagoge eine nicht irrezumachende dreist-verlegene Geduld, kleinstem Verhandlungsfortschritt zuliebe ein Höchstmaß an Erniedrigung auf sich zu nehmen bis zu einem vom üblichen Bildungsweg unabhängigen, in Urteil und praktischer Intuition nicht zu schlagenden, auch verwirrender Lage gewachsenen, zwischen Scheu und Arroganz wechselnden Standpunkt. Christlich ist Demut, Liebe zum Feinde, Abkehr von Wohlstandsgehabe und äußerer Welt, kosmischer Anthropomorphismus um einen Gott in Vatergestalt, kirchlich garantierte, durch den Hofstaat der Heiligen erweiterte und ins Gemeinverständliche gerückte Hierarchie.

Diese monotheistische, alttestamentliche, päpstliche, byzantinische, russische, lutherische, Genfer und Cambridger Gotteswelt war nicht mehr so anfechtbar wie freie Liebe und Faustrecht halber und ganzer olympischer Götter. Mit der Sexus und Eros auf die monogame Legalisation beschränkenden Moral kam ein Ernst in die Welt, der gnadenlos war und trotz aller Worte um Gnade im Kerne doch gnadenlos ist. Die zwischen einem als ewig, unendlich, allwissend, allmächtig und allgütig markierten, aber sinnlos fordernden und sinnlos verzeihenden Gott und einem dubiosen Menschengeschlecht spielende Spannung ist Krankenbett.

Der katholischen (Freiherr von Gebsattel, Freiherr von Gagern, Bodamer) und der evangelischen Psychotherapie blieb angesichts dieser Grundschwierigkeit nur der Weg, den in eine Sackgasse geratenen Patienten zu den Quellen seiner Natur zurückzuführen und ihn des Anteils am Wesen der Welt und des Rechts seiner ins Apriori verweisenden Instinkte wieder so zwingend innewerden zu lassen, daß sich die Antwort mit der Gewißheit lohnenden Lebens füllt und von der Furcht, das Dasein aus vereinsamter Schwäche bestreiten zu müssen, befreit. Dem in metaphysischem Bedürfnis Leer-Gebliebenen oder Erloschenen gegenüber ist allerdings die metaphysisches Apriori, Ideenreserve, Gefühl und natürliches Empfinden beschwörende Therapie genauso hilflos wie ein triebanalytisch-materialistisches Vorgehen. Allem Gesunden folgt ein unverlierbares, auch auf das Deck der Galeere folgendes übersinnliches Suchen und Spüren – Eros bei Plato, Heimweh und kosmische Sehnsucht bei uns: die den Süden suchenden Hohenstaufen, Caspar David Friedrich vor der unendlichen Landschaft, der die sinkende Sonne erlebende Soldat, der die Notgemeinschaft an Deck als charismatische Kraft erfahrende Kapitän.

Der in die Hut des Verstandes gerückte Glaube hat Mittel des Kampfes, die der Naive unbewaffneten Auges nicht kennt. Kehrseite solcher Bewaffnung ist die jedem zu schwach verwurzelten Denken eigene Gefahr, in dogmatische Einseitigkeit auszuschlagen. Solange der kalvinistische Rationalismus Clan und Situation beherrschte, entwickelte er eine überwältigende, ihre Energien aus rationalem und irrationalem Regulativ beziehende Führungskraft. Wo aber die faszinative Energie erlosch, fiel er abrupt in analytische Selbstzersetzung. Ein irrational und hysteriform gebliebener Glaube hat diese Gefahr nicht zu befürchten. Auch der Verstand kommt von Prometheus. Im mildernden Schutz des Gefühls ist er das Glanzstück unserer Rolle als erste Kreatur, ohne Gegenregulativ sich selbst und der Kombination mit einem stimulativen Affekt überlassen, aber diktatorischer Terror.

Westdeutscher, holländischer und amerikanischer Kapitalismus hat aus dem die Arbeit zur Krone des Lebens erhebenden kalvinistischen Denken, das der Wandlung nur noch den Rang des Symbols bewilligte, handgreiflich-ethischen Auftrieb erfahren, – Zwinglianer, Kalvinisten, Quäker, Methodisten und glaubensreine Sonderlinge kleiner Sekten haben mit ihrem aktiv geladenen Arbeitsethos Volkseinkommen und Einzelbilanz pompösen Gewinn gebracht, der Seele aber keinen guten Dienst erwiesen. Indem sie den sich zierenden Edel-Empfindsamen und den vor einem festen Bekenntnis kneifenden Dunkelmann gleichmäßig in Schutz nahm, hat sich die protestantische Gruppe in der Frage der Verantwortlichkeit und der rituellen Disziplin auf so exponierende Weise vorgewagt, daß die in Nimbus, Rasanz und ritueller Demonstration so viel lauter und robuster auftretende Kirche Roms ein unangreifbares Übergewicht gewann. Rom hat bisher der weltlichen Macht bessere Dienste geleistet: aber wie der in zwei dialektisch kontrapunktierten Ebenen spielende physiosoziale Raum ist auch der Glaube ein von der Thesis-Antithesis-Synthesis-Problematik beherrschtes Spannungsfeld geworden, in dem der Überzeugungsbehinderte, aber Glaubensgenötigte den Glaubensperfekten, den die kritisch gewordene Welt nicht mehr annimmt, überflügelt und schlägt. An der These des Unglaubens zweifelnde Ungläubigkeit hilft dem Status des Glaubens mehr als Perfektion des Entschlusses zu glauben.

Nicht nur der aus Ehrgeiz, glaubenslogisch reell zu sein, gehemmte Protestant, auch der die rituelle Exhibition gewohnte Katholik strebt Versöhnung mit den Begriffen der Welt an. Sie trennt nur der Gegensatz zwischen Sparsamkeit und Fülle der Schau. Brach das römische Ritual ins kniende, stehende, schirmbegehrende Volk als pompöse, fremde Gewalt ein, weckte der mehr auf Hirn und Bewußtsein angelegte, die irdische Unmittelbarkeit nur halb erreichende Ritus des Protestanten sehr schnell Gedanken der Fragwürdigkeit, die halber Abfall waren. In rationalem Milieu ist die Gefahr der Häresie doch wohl größer als im Milieu der Erlebnisbrunst.

Der vom Protestantismus gebilligte, auch dem Verstand ein gewisses Recht der Konsultation einräumende Spielraum kommt starken Verhältnissen zugute. Starker Glaube erträgt auch die Unruhe aggressiven Denkens. Schwachem, in vitaler Simplizität fußendem Glauben wird der die Reihen enger schließende Katholizismus eher gerecht, auch wenn die Stütze mirakulösen Effektes durch das vatikanische Latein aufgegeben worden ist. Offen und ohne Antwort bleibt, ob für die innere Mission der über Gott zum Menschen zurückkehrende Priester Roms oder der vom Menschen zu Gott gehende Pfarrer des evangelischen Flügels im Vorsprung ist. Beide Konfessionen haben den weltlichen Fehler gemacht, die Seelsorge auf den in perfektem Bekenntnis Entschiedenen zu konzentrieren. Gerade in den Zwischentönen zwischen Gefolgschaft und Häresie steckt lohnende Dunkelziffer.

Die von der kirchlichen Befehlssprache an uns herangetragenen Begriffe halten modernem Lebensgefühl und neuem Weltbild meistens nicht stand. Schon die Gestalt eines Vaters im Himmel, der einen zu menschlichem Leidensweg verurteilten Erlöser bestellt, erträgt das Sachlichkeitsempfinden eines auf Grund und Zweck dressierten Menschen nicht mehr. Das paradoxe Axiom eines auf die Bußfertigkeit der von ihm geschaffenen Kreatur angewiesenen Gottes ist unerträglich geworden. Warum hat ER nicht gleich einen Menschen mit weniger Anlaß zu Kontrolle und Bewährungskunststück ins Leben gestellt? Daß sich elterliche Enttäuschungsbegriffe, Eigensinn und Bosheit des sich dem Signum der Sorge entziehenden Kindes einmischen, macht das Modell der Legende nicht viel erträglicher. Peinliche Formel auch die im Dekalog, sich mit Ehre für Vater und Mutter ein langes Leben erkaufen zu sollen ... Traurig diese Moral, sagt der den hinter den Schönheitsfehlern steckenden Fortschritt vergessende Kirchenflüchtige.

Die Zivilisation ist ihrem Wesen nach unreligiös, Diesseits, technische Eudämonie, Fahrplan, Drang, Eile, Orgie des Termins ohne Ruhe und Ort, Kirchlichkeit aber Sturz in den Staub, Reue, Reife, zu warten, Demut, Einfalt und eine den Opportunisten befremdende Meinung vom Selbstwert des Opfers. Die

Zivilisation hat Legalität ohne Segen der Kirche – Ehe ohne Altar, Leben ohne Taufe, Begräbnis ohne Kreuz – möglich gemacht. Ohne es zu wollen, haben Calvinisten und Puritaner als illusionslose Illusionäre der über uns hereingebrochenen Welt des Zwecks, Impulse geliefert, mit denen sie dem christlichen Geist erstaunliche Bärendienste geleistet haben.

Das aus organischem Werden ins Rationale gehobene und damit auch alternsunfähig gemachte Leben ist zu einem Hexenkessel des Mißtrauens und des Argwohns geworden. Der Mensch von heute traut keiner Ankündigung, keinem Zeugnis, keinem Angebot, er weiß sich umringt von Täuschung, Lüge, halbem Versprechen, weiß auch, daß zwischen Saat und Frucht ein Keil steckt. Trotzdem wird er ein stilles Bedürfnis nach metaphysischem Anschluß nicht los.

Durch diese Entwicklung sind Glaube und Kirche ins Exklusive gerückt, das Bekenntnis ist vornehm geworden, – denn es gibt ja keinen äußeren Grund mehr, konfessionell eingeordnet und ausgewiesen zu sein. Nach der Konfession wird kaum noch gefragt. Sie ist auch kein Mittel mehr, sich in Szene zu setzen, nachdem die christliche Gemeinde als Sammelbecken für Schwächlinge, Tugendbolde, Opportunisten, Gebrochene, Pharisäer und Angst-, Verlegenheits- und Selbstgefälligkeitsgläubige einen Teil ihres Ansehens verloren hat.

Die kirchliche Aussage tritt vor dem Phänomen des Religiösen als psychischer Regung ins Indifferente zurück. Fast ist es so, wie wenn die Lehre belanglos geworden wäre, nur das metaphysische Engagement noch zählt und nicht mehr was, sondern wie und wie entschieden man glaubt, von Bedeutung ist. Je mehr sich dieser Standpunkt durchsetzt, desto mehr ist dem die Positionen des Glaubens angreifenden Rationalisten der Wind aus den Segeln genommen. Ein auf Tatsachentreue verzichtender Glaube ist logisch nicht mehr erreichbar. Er entzieht sich den Argumenten. Näher dem Numinosen ist daher auch die katholische Illusion, Klassenkampf und sozialem Neid weniger ausgesetzt als der zu abschätzendem Kompromiß geneigte, rationaler operierende Protestantismus.

Soweit Niederschlag eines metaphysischen Apriori, ist Glaubenstruktur eine feste, gegen Verschleiß und Verfall resistente Größe. Was dem Altersverfall unterliegt, sind soziale Erscheinungsform und Legende, d. h. Kirche und Lehre. Sie setzen Einklang mit dem Geist der Geschichte voraus. Absolute, zu höchstem Anspruch legitimierende Größe ist das metaphysische Phänomen.

Gewissen

Der Mensch ist in die Deckungslosigkeit eines neonröhrenhellen Raums getreten. Die der Kindheit vertraute Trennung vom Tag, die feierliche Hellhörigkeit der Nacht, das thronend ferne und tröstlich nahe Funkeln der Sterne, das Raunen der Blätter im Nachtwind, im Pulsschlag des Tages nie zu hören gewesen, ist dem Erlebnismilieu der Städter entglitten. Sie haben eher Angst vor der Nacht.

Die rationale Symbiose verschüttet nicht nur die ständischen Grenzen. Auch Stimmung und Stil, Sommer und Winter, Gefühlsgefälle zwischen Sonne und Mond und den Gegensatz zwischen mittäglicher Sympathiko – und nächtlicher Vagotonie. Anschauung und Sein sind in eine Welt der verbindenden Absicht gerückt. Das Äußere nimmt eine unnatürliche Aufdringlichkeit an. Banales verdrängt das Subtile. Rationale Aktivität sprengt die Romantik, die sich nur noch in Galerien, am Stammtisch und in der Eremitage hält.

Wie der die Geosphäre durchmessende künstliche Vogel nur so weit dynamische Stabilität hat, wie Strahlenantrieb oder Propeller eine die Schwerkraft aufhebende Trift erzeugen, hat auch die Zivilisation nur solange Stabilität und Fahrt, wie der Mensch die zu ihrem Betrieb erforderlichen integrativen Effekte zustandebringt. Ihm gelingt dies im allgemeinen, er hat ökumenisch Karriere gemacht. Doch der Preis ist hoch. Er ist aus der Natur gerissen, aus der Natur und der Hut eines patriarchalisch verwalteten, nicht immer friedlichen, meistens auch harten und einfachen Lebens, von dem noch der Vision des Alten nachhinkende Bilder erzählen. In den Augen des von vergangener Schicksalstufe Gekommenen ist das Verschwinden des Firmaments aus dem Spektrum tagnächtlicher Sicht ein Heimweh und Unruhe bereitender Verlust. Die künstlich erleuchtete Straße weckt Sehnsucht nach einem den techniklosen Prunk des Himmels öffnenden Dunkel.

Ohne den Schutz geheiligter Illusionen, einzig und allein nur

Spielball des Tages, ist der in die Hybris des Denkens geworfene Mensch bar jeder Geborgenheit. Er hat sein Tal, seine Märchen, seine Träume und das Vertrauen zum Sinn seines Strebens verloren. Er wandelt in nackter Vernunft, ohne Engel, ohne Heilige, ohne Nymphen und Zwerge. Er kennt Blumen als Geschenk, den Himmel, vor dem die Kantianer zu Boden gingen, als saugende Stille des In-der-Welt-Alleinseins, den Schritt aus dem Silberstrom des Mondes in den Schatten gerade eben noch aus Büchern. Nacht ist für ihn zur Bühne des Verbrechens geworden.

Der Städter typischer Spielart ist ohne Heimat und Grund. Selbst wenn er ein die Tradition der Familie fortsetzendes Modell des Zusammenlebens zustandebringt, ist nur wenig erreicht, weil die quertreibenden Kräfte eines widerstreitenden Weltbilds das schwache Gebäude zu sprengen beginnen: die Jugend hat andere Ordnungs- und Zielbegriffe. Was wir noch zu sagen haben, wird immer weniger. Kollektive Programmierung und bedingter Reflex entreißen uns das auf unsere Individualität zugeschnittene Konzept. Neben die rationale Direktive der Bewußtseinsfront setzt sich ein zweites Ich aus einem das Bewußtsein umgehenden, irrational plazierten Reflexgeschehen. Der Informierte kennt das Phänomen aus Akten der Toilette, des Straßenverkehrs, des Essens, Rauchens, Vorwärtsdrängens, Zurückbleibens und Abkürzens. Ohne den Phasen des Vorgangs kritisch zu folgen, steigen wir Treppen, holen wir den Aufzug heran, erledigen wir unsere vegetativen Funktionen, waschen wir uns, operieren wir mit Paß und Fahrschein, führen wir Routinegespräche, sagen wir »guten Tag« und gelegentlich auch einmal an falscher Stelle »auf Wiedersehen«.

Das Gewissen ist apriorische Präformation wie Raum und Zeit. Während aber die Anschauungsform nur physische Konfiguration ist, greift das Gewissen aus dem Physischen auf das Soziale und den Bereich der ethischen Information hinüber. Es ist ein dem Zusammenspiel zwischen Verstand und Gefühl, Verstand und Affekt entspringender Zwang, so richtig wie möglich Einsicht und moralischem Druck entsprechend fühlen, denken und handeln zu müssen. Das Thema fällt aus dem Apriori heraus in die historische Kategorie. Es kann aus der bürgerlich-kirchlichen Moral, es kann auch aus anderem Ideenzusammenhang kommen. In diesem Punkte deckt sich Gewissen mit Ehre. Mit der Berufung auf das Gewissen wird zunehmend Mißbrauch getrieben: »ich habe ein böses Gewissen«, und dabei handelt es sich um ein Unbehagen banalsten Ursprungs . . . Die Indikation für den Appell ans Gewissen sollte strenger gestellt werden.

Ehre

Ehre ist eine dem Gewissen verwandte Imperativinstanz im Erlebnisprozeß und Indikator für Schwerpunkt und Grenze der uns nach Rang und Status erlaubten Befugnis. Ehre gebietet, sich so zu verhalten, daß die ihr zugrundeliegende Maxime allgemeines Gesetz sein könnte und in den Stil des Standes paßt, den man vertritt und darstellt.

Unter den nationalen Richtungsbegriffen stand sie in einer Reihe mit Gott, König und Vaterland. Sie war für die Epoche des Offiziers, des freien Untertans, der dynastischen Treue ein repräsentatives Gefühl von Denkcharakter, eine Opportunismus und materielle Korruption hypochondrisch scheuende, manchmal in aristokratische Skurrilität ausartende Dressur der Gesinnung. Während die preußische Devise »Für Gott, König und Vaterland« ihre Impulse aus Gefühl und Erleben bezog, holte die Ehre Prinzip und Motiv aus Enthusiasmus und Denken. Schon die Unterscheidung einer auf äußeren Kurs und einer auf die innere Maxime bedachten Ehre verrät den Anteil an rationalem Bewußtsein.

Es muß ein paradoxes Gemisch aus der Trunkenheit mystischen Staatserfolgs und einer vulgären Verachtung der mit Druck und Bestechung nicht zu beherrschenden alten Elite gewesen sein, wenn das zwischen Waldwinkelausgabe Rasputin und Rattenfänger balancierende Demagogenwunder »sein« Offizierkorps, im Kerne noch Rest aus feudaler Vergangenheit und großbürgerlicher Folge, mit dem Trick von der Ehre, die er zurückgeben wolle, zu ködern versucht hat. Hitler wußte von Ehre nicht viel, sonst hätte er sich dessen erinnert, daß echte Elite für ihre Ehre nicht fürchtet, daß diese Ehre für eine echte Elite nicht kurshaft rotierende Wohltat der Situation, sondern autonome, vom Urteil anderer unabhängige Rang- und Entscheidungsgewißheit ist. Auch die Elite des 20. Juli verlor ihre Ehre nicht, ein Witzleben, ein Stauffenberg, ein Beck – mag sie das Schicksal verworfen und ihnen die nachträgliche Legitimation durch das Glück des Erfolges versagt haben. Wenn es daneben auch Lakaien in hohem Amt und Karrieremacher gegeben hat, die ihrem Ruhm zuliebe anvertraute Menschen und Regimenter hungern und bluten ließen, vertrottelte Zeremonienmeister und insuffiziente Nachäffer, denen es zu privilegierter Repräsentation, nicht aber zu echter Standeskultur gereicht hat, waren das dem Gesamtbild ungefährliche Lücken.

Wie das Gewissen ist auch die Ehre ein Zeit und Wechsel der Anschauung unterworfenes Regulativ. Wenn uns ein Mensch enttäuscht, ist das oft nur Abweichung in seiner ethischen Information. Auch sieht der Fall Mensch je nach der Seite, von der man ihn sieht, verschieden aus. Dies sei dem Gegner solange zugute gehalten, wie eine wohlwollende Deutung seines Verhaltens noch möglich erscheint. Auch das Absterben der Vaterlandsfreude verdient diese Nachsicht.

Der moralisch in Schwingung versetzte Charakter braucht Nachschub an Ziel und Impuls. Kategorischer Imperativ, Horaz aus dem Munde Klopstocks, Herders, Hölderlins, Dienstehre Preußens und Stil des Gentlemans nach Eton finden in unserer, charakterlichen Goodwill und Zeit verplempernden Jugend nur selten noch Echo. Wer diese Jugend auf eine Liebe, die mehr ist als Sexus, und eine Sachlichkeit, die mehr ist als Zweck, stellen zu können meint, läuft die Gefahr, boshaft belächelt zu werden.

Das Volk war untauglich geworden, einem Wort von der politischen Bühne Glauben zu schenken. Das Volk war durch eklatanten Mißbrauch der Illusion gegen schwarze Magie und beschwichtigende Korrektur hellhörig und überempfindlich gemacht. Nüchterner Blick war Befehl der Vernunft, und die Hoffnung, eines Tages wieder die Hilfe der guten Illusion zu haben, im drohenden Überschwang der Sieger verloren gegangen. Panik beherrschte das Feld.

Befreier und Ungerechtfertigt-zu-Rate-Gezogene haben den Rest an Idealismus und Staatsgefühl böswillig-achtlos verschleudert. Sie vergaßen den Führungswert alter Struktur, für den die Männer der Weimarer Republik in den entscheidenden Repräsentanten nie ganz das Gefühl verloren hatten. Sie erwiesen sich in der Wut, zu tilgen und zu rächen, differenzie-

rungstüchtiger auch als Hitler, der den in Loyalität verharren-
den inneren Gegner bedenkenlos ausgebeutet und vor seinen
Wagen gespannt hat, ohne die geringste Scheu, Feudalresiduen
und Überläufer aus dem Kreise ausgebooteter Elite zu Narren
seines Ruhmes zu machen. Sein Übermut und die von ihm genährte Unmenschlichkeit haben Gelassenheit und guten Willen
dieser Letzten aus spätwilhelminischer Ära auf eine Geduld und
Bereitschaft zum Kompromiß erschöpfende Probe gestellt. 1918
waren es nur einige, die ahnungsvoll-empfindsam und aus ver-
zweifeltem Stolz sich das Leben nahmen, unter ihnen Albert
Ballin: Krieg verloren, Kaiser geflohen, Reich im Verfall. 1933
erschossen sich einige Hundert Ausgestoßen-Verfolgte. Juden
und Nicht-Juden, die sich für Emigration nicht erwärmen konnten. 1945 erschossen oder vergifteten sich Tausende im Politischen Verzweifelnde, nicht überlebensfest genug, sich der an-
rollenden Sichtungs- und Demütigungswelle zu stellen. Auf
Hut und Schutz eines unhonoriert gebliebenen Verstandes beschränkt, hatten sie nicht mehr die Kraft des Widerstands gegen
finale Verzweiflung (Henry Miller, Land der Verzweiflung,
Hamburg 1957, Seite 28).

Unser Leben kennt Phasen verhinderten Aufschwungs, in denen Blitz, Sturm, Flut, Hitze, Kälte, Hunger, Durst, Krankheit
und Gefahr persönlichen Unglücks zu einem Elend anwachsen,
das uns vernichtet: Stunden und Tage vager, Verstand, Gefühl,
Illusion verwerfender Dämonie, die in Angst vor der Unbelehr-
barkeit eines leidend umsorgten Menschen, hungernder Ver-
lassenheit, Konflikt ohne Ausweg und Halbheit des Gefordertseins tödliche Kreise zieht.

Während die dem Elementaren entsteigende Angst wie der
Schock durch Krach und Detonation und die Panik bei Beben des
Bodens physische Drohung, ist das Grauen vor menschlichem
Irrtum, menschlichem Kurzschluß, menschlichem Zorn und miß-
brauchter Gewalt den Charakter durchwühlendes Thema. Ist
die physische Angst in Lauerstellung zurückgedrängt, bleibt
Emanzipation ein Feld der Bedrohung, das über Wirtschaftskrise
und zerrütteten Arbeitsmarkt bis zu einem nochmaligen, in
frivole Legalität gekleideten Verlust der Ersparnisse reicht.

Die Patienten von heute haben es in der Begegnung mit Mes-
ser und Schmerz leichter als die Soldaten Larreys bei Friedland.

Wir heute haben Mittel, Leid, Angst, Schmerz und Panik für Stunden und Tage auszuschalten. Schicksal aber will seinen Lauf. Der wachsender Reife zueilende Charakter muß Bedrohung und Überleben durchlitten und zu einem Element seines Wesens gemacht haben, um gefestigt zu werden und die ihm bestimmte Tiefe zu erreichen. Ein nur kulantes Milieu formt kaum. Es schont, hält hin, nährt noble Gewohnheiten, härtet und nuanciert aber kaum. Im Feuerofen gewesen, Gefahr durchstanden, Tragödie erlebt und aus der Wirrnis von Angst, Schuld, Widerstand und Versagen doch zu einem Ziele und zu Liebe und Hoffnung gefunden zu haben, ist echte Entwicklung. Und wenn ein Schlachtroß im Dienst des Entlarvens wie Henry Miller trotz seines gefühlvollen Pazifismus den Krieg als Umstand schienender Konstellation akzeptiert, geschieht das nicht aus oberflächlicher Gefälligkeit, sondern aus überlegener Kenntnis der in jeder schicksalshaften Stunde steckenden Gelegenheiten, über die Figur des Opportunisten hinauszuwachsen und einige Stunden abseitiger Bedeutung lang das darzustellen, was man wirklich ist (Ernst Jüngers 50 Jahre zurückliegendes Epos der von der Retusche des Friedensmilieus befreienden Front).

Die um die Freiheit kreisenden Impulse geben Ehrgefühl und Gewissen nur wenig. Denn es ist ja so, daß Freiheit erst dann die Kraft eines Faktors mit Inhalt gewinnt, wenn sie, zu Boden getrampelt, wiedergefunden und zu autonomer Struktur mit Assoziationen und Ziel wird. Freiheit allein hat noch nie eine Seele gesättigt, noch nie einen Menschen autark, noch nie ihn sicher in Pflicht und Gesinnung gemacht. Das erst tut die Substanz, die entsteht, wenn die Freiheit in Not ist und die der Freiheit gehörige Welt der Idee in Aktion tritt. Solange Freiheit da ist, spürt man sie nicht. Sie ist selbstverständlicher Teil unseres Alltags wie die mit ihrem Sauerstoffpartialdruck der Zahl und dem Hämoglobingehalt der Erythrozyten unseres Blutes entsprechende Luft. Und der Protest als zornige Jugend, den wir uns vor sechzig Jahren in ähnlicher Weise geleistet haben wie die Jugend von heute, galt mehr der sozialen Erschöpfung und der Verlogenheit des sich in Schönfärberei und lässiger Nachrede gefallenden Bürgertums, dem es mißlang, das Erbe aus großer Revolution, deutschem Idealismus, Stein-Hardenbergscher Reform und Freiheitskriegen und die von Adel und

Klerus empfangene Position einer ergänzenden und ablösenden Führungselite zu wahren, als dem geschichtlichen Rahmen, in dem wir uns befanden. Wir zweifelten nicht an dem Recht und der Selbstverständlichkeit unseres Anteils am Staat. Wir waren ressentimentlos treu. Daß uns das Vaterland eines Tages Dank schuldig bleiben könnte, war uns fremde Gedankenwelt. Wir kamen aus einem Lebenskreise, in dem auch später Wilhelms II. Klage über die Undankbarkeit des Volkes (Sigurd von Ilsemann) kein Verständnis gefunden hätte. Vaterländische Gesinnung schließt jede Art Gegenanspruch aus. Wer die Geschichte zum Brotherrn hat, kümmern nicht Wohlstand und Votum der Mehrheit.

Hitlers anmaßender Gedanke, über unsere Ehre verfügen zu wollen, erstickte im Monolog. Ehre ist Frage eigener Hoheitslage, eigenen Leitbilds, eigenen Urteils. Ehre mag Luxus sein. Aber Luxus für alle und Luxus von höchstem praktischem Wert. Von Mann zu Mann, Frau zu Frau, Situation zu Situation verschieden lebt sie in vielen Formen des Schliffs. Der Mechanismus liegt fest, charakterlicher Stellenwert und Thema aber wechseln. Seitdem Vaterland nur noch tote Illusion und Liebe, wie schon der Landser behauptet hat, vergebliches Hoffen geworden ist, fehlt die den praktischen Generalnenner bildende Formel: wiederum Krankenbett der Struktur. Insbesondere kann der durch falsche Freiheitsbegriffe in die Irre geführte Rekrut nicht ohne metaphysische Hilfe aus dem staatsbürgerlichen Gesinnungsfonds Anspruch des Dienstes auf Subordination, in ihm wuchernden Dilettantismus und Potemkinschem Täuschungsmanöver gewachsen sein.

Problemkreis Staat

Organisatorische Tatsache »Staat«

Wie kein Staat ohne Währung und Recht, so gibt es keine Währung und kein Recht ohne staatlichen Hintergrund. Eine Summe egoistischer und egozentrischer Individuen ist durch ein trennendes und verbindendes, Abstand und Nähe schaffendes Recht und eine Geld, Kaufkraft und Recheneinheit schaffende Währung zu einem aus Eigennutz und Passion gemischten Spiel der Impulse zusammengefügt.

Der Staat ist als sozialer Zellverband und über Währung und Recht verfügender Rahmen nicht aus Zivilisation und physiosozialem Raum wegzudenken, verstümmelnde Gewalt überlebend wie ein Wurm, der auch in Teilen Wurm ist, und von einer Lebensfähigkeit als Ordnungsgewebe, die unbeirrbar auch apokalyptische Krisen wie die von 1945 zu überdauern imstande ist, – vielleicht nur in Fetzen, als Karikatur des Gewesenen, mit Zusammenbruch der Fassade, aber doch stärker als die Vernichtung. Was bleibt, ist omnivalentes Formelement.

Der Staat ist nicht nur Zweckorgan, er ist eine superopportunistische, zu geschichtlicher Rolle erhobene, ultraindividuelle Realität. Mag die Hoheit dahin sein, die feierliche Faszination, die Stimme des Vaterlandes, der verhaltene Glanz der ultima ratio regis, die Kernstruktur ist erhalten geblieben. Der Anstrich hat sich geändert, das Bild. Die kapitalistische Form sieht anders aus als die präkapitalistische. Doch ist das Gewicht im Übergang zu raumimmanenter, in aktuellem Akzent der Zeit zugewandter Realität nicht kleiner geworden. Nur mit großer Ehre und zeremonieller Würde ist es vorbei. Die vom parlamentarischen Apparat vermittelte Achtung ist unsicher und die zum technischen Faktor gewordene Partei kommt über den Charakter einer Interessengruppe von anfechtbarer Objektivität nicht hinaus. Der Abgeordnete ist Günstling auf Managerbasis. Sachliches Können allein hätte ihn nie in die Höhe getragen. Was der Staat an wirksamer Kraft noch zu bieten hat, kommt aus Währung, Judikatur, öffentlicher Ordnung, freiwilliger Gerichtsbarkeit, Kultur und Ideenschatz.

Im Anrollen der Maschine, menschenrechtlichem Denken,

Freiwerden eines die letzten Reste der Feudalität sprengenden, handfest redenden Unternehmergeistes ist ein Staat entstanden, der als soziales Gewebe den Spaten des Pioniers überlebt, dem veränderten Raum fester verwachsen denn je, manchmal allerdings auch als unerwünschter Teilhaber interpretiert. Hoheitlich längst ein Ziel des Zahns der Zeit trotzt er dem ihn entmachtenden Abbau durch gesteigerte Initiative in Industrie, Forst- und Landwirtschaft, Versorgungswerk und Verkehr, Autostraße, Eisenbahn, Post, Fernmeldewesen, Rundfunk, Theater, Museum, Verlagswesen, Druckerei, Geldinstitut, Bergwerk, Reederei und Krankenhaus. Auch das Währungsgeschäft hat privatkapitalistischen Stil.

Dies als Gegenzug gegen den Obrigkeitsverlust zu verstehende Ausweichen in privatgeschäftliche Ersatzfunktion fördert zugleich den lautlos vorrückenden Sozialismus, der Macht auf Umweg versprechende Zwischenziele verfolgt. Statt sich auf die automatische Expropriation zu verlassen, sichert sich der Gewerkschaftssozialist über den viveren Weg des privatkapitalistischen Mitmachens einen Konzernqualität erreichenden Anteil am Zivilisationsertrag.

Die Organe seiner Exekutive und seines Rechtsbetriebes, Beamte genannt, auch der Richter ist bei uns keine aus der Beamtenschaft herausgehobene Kategorie mehr, sind vor dem neidischen, durch die Sirenenklänge des Leistungsprinzips verführten Volk nur noch Nutznießer eines widerrechtlich bevorzugten Status. Aber genausowenig, wie es uns älteren Zeitgenossen gelingt, sich mit Verweigerung des Wehrdienstes und Rechtsunwilligkeit abzufinden, ertragen wir es ohne nervöse Opposition, wenn die dem Staat dienende Amtsperson heruntergespielt und verächtlich gemacht wird. Selbst die polizeiliche Exekutive, selbst der in seiner geschichtlichen Aktualität dubios gewordene, der Brutalität und dem Todesmut einer nuklearen Epoche nicht mehr gewachsene Soldat verdient es nicht, eines anachronen Schmarotzertums verdächtigt zu werden: wo Staat, da ist auch Ehre. Ein Zweifel daran verrät »Krankenbett der Struktur«.

Staatsbewußtsein

Revolution im alten, noch einseitig an Land- und Gebietshoheit orientierten Territorialstaat – wie der durch den Mord an Paul II., Sohn und Nachfolger der Zerbster Katharina, vollzogene Staatsstreich – war ein auf den oligarchischen Führungskreis beschränkter Aufruhr, von Bürger und Bauer höchstens aus weiter Ferne verfolgt und nach Information und Gesinnung mit Applaus oder Murren bedacht. Ziska fast hundert Jahre vor und die Bauern ein, zwei Jahrzehnte nach Luthers Thesen, beide im Aufruhr steckengeblieben, waren ein Beispiel geschichtlicher Unreife. Was sie taten, war noch zu früh. Ihre Mißerfolge haben den Aufmarsch der Freiheit gestört. Erst Aufklärung, Moses Mendelssohn, Lessing, Rousseau, die Enzyklopädisten, dazu Amerika, Maschinen, Social mobility, Massierung, neuartige Begehrlichkeit wurden Voraussetzung für eine neue Formen eröffnende, in liberale, autoritäre, bürgerlich-aristokratische oder proletarische Zivilisation mündende Entwicklung.

Daß Offizierkorps, Diplomatie und hohe Beamtenschaft ihren Nachwuchs nicht mehr nur aus der ihnen nahestehenden Standeselite bezogen, war schon den Generationen um 1880 geläufig. Neben Adel und Großbürger setzten sich die aufwärtsstrebenden Mittelschichten, neben den aus dem Großbürgertum kommenden Kavalleristen der aus verantwortungsbewußter Mittelschicht stammende Infanterist, neben den Regierungsassessor aus bewährter alter Familie die sachliche Leistungskraft aus der mittleren Bourgeoisie. Konservatives Lager verband sich mit nationalliberalem Denken, Bismarck mit Bassermann. So gab es führende Männer, die neben dem Pferd auf Rennbahn und Acker bald auch Motoren und in der an Weizenfeld und deutscher Eiche ausgerichteten Monarchie auch Städte mit so viel Arbeitern, roten Stimmen und rauchenden Kaminen sahen, daß es unnatürlich erschien, dort Garnisonen zu errichten.

Bis diese neue Quelle die Geschichte verändernder Evolution als Thema erkannt und erfaßt worden war, sind Geschlechter vorübergegangen. Von Ratzel her und Kjèllèn hat endlich um 1920 Karl Haushofer, ehedem General und Militärattaché in Tokio, den auf das Ausland wie ein rotes Tuch wirkenden Unterschied zwischen l'espace physicien und l'espace vital programmatisch herausgestellt und die faszinierende Tatsache, daß die expansiven und infiltrativen Impulse eines Staatsvolks nicht vor den physischen Grenzen haltmachen, sondern über das ideelle und diplomatische Glacis imperiale Wirkungen erzeugen, zum repräsentativen Ausdruck gebracht.

Wir haben die Krise des Staatsbewußtseins niederschmetternd erlebt. Daß allerdings in diesem meist gedankenlos gebrauchten Begriff aber auch agitatorischer Gehalt, Mystifikation und die Gewalttätigkeit einer dem Liberalismus unbequemen These steckt, beantwortete einer der rechtskundigen Patienten, indem er meine sentimentale Klage über den Zusammenbruch des Grunderlebnisses Staat und die durch ihn bedingte Erschütterung des Lebensgefühls mit der verblüffenden Gegenfrage erstickte: »Was ist denn Staatsbewußtsein? Ich kenne so etwas nicht.« . . . Ich war gezwungen, mich mit dem so lange gedankenlos gebrauchten Begriff auseinanderzusetzen. Dabei kam dann heraus, daß es sich in unseren Vorstellungen eigentlich gar nicht um ein Bewußtsein, sondern um ein rational unkonturiert gebliebenes Gefühl für Ordnung und Staat handelt. Staatsbürgerliche Gefühle aber sind durch den im Dritten Reich betriebenen Mißbrauch unheilbar kompromittiert.

Jedenfalls also hat der aus dem Dynastischen über den Begriff der Nation in die Domäne des Zwecks gewanderte Staat seinen ein Jahrhundert genossenen Rang vaterländischer Struktur und geschichtlicher Größe an die Dissidenten verloren, obwohl die Lehre vom Staatsvertrag schon deshalb nur faszinierender Irrtum gewesen sein kann, weil es nie dem Willen eines Volkes überlassen gewesen ist, zwischen Staat und Nicht-Staat zu entscheiden. Eine Lebensform ohne Staat ist unmöglich, da das als Staat bezeichnete Sozialgewebe in der Paradoxie eines summativer Initiative willensfremd entspringenden Zweckorganes raumimmanent ist. Wo physiosozialer Raum und integrative Aktion, da ist auch Staat, soziales Zellgewebe, mehr oder weniger durchakzentuiert, vernichtungsresistent, selbst in der Verstümmelung, wie der Zellverband primitiver Tiere. Mag sein, daß seine hierarchische Auffassung als Leib einer von Gott delegierten Obrigkeit – Adam Müller und Bader – über das Ziel hinausschoß –, wir kommen desungeachtet nicht von der Notwendigkeit los, ihn als eine unausrottbare, Revolution und Liquidation überlebende, die physiosozialen Orts- und Wegeverhältnisse bestimmende, rational angreifbare, deformierbare, störbare, letzthin aber Nihilismus und Laune entzogene Größe zur Kenntnis zu nehmen. Der Nihilismus kommt nicht weit, er genießt das Glück seines Bildersturms gerade eben so lange, wie er nicht selbst aktiv in Situation und Aufgabe einbezogen ist. Läßt er sich auf eine Beteiligung ein, ist er wenige Tage später absolutistisch.

Aus schwebendem, die machttechnischen Möglichkeiten überforderndem Phantasiebild haben sich Reiche und Territorialstaaten entwickelt, jene zu groß, um autoritär umrissen, diese zu klein, um lohnende Macht zu sein. Der Territorialstaat, organische Bezogenheit auf ein kleines Land, und auch das Reich durchmaßen den von englischen, deutschen und französischen Empirikern der Staatslehre ausgeloteten Raum. Sie nahmen Montesquieus erleuchteter These von den Gewalten zuliebe die Lehre vom Staatsvertrag mutig in Kauf, von Hobbes, Grotius, Pufendorf und einzelnen sich aufklärungsbereit und prätentiös zu ersten Dienern des Staates ernennenden Fürsten in einen den Affekt und die Einsicht der Revolution tastend vorwegnehmenden Rationalismus hochgespielt. Allgemeines preußisches Landrecht mit Verzicht auf Kabinettsjustiz, allgemeine Milderung des Strafrechts, von Cocceji jahrzehntelang vorbereitet, 1794 endlich verkündet, daneben die minder erfolgreichen Säkularisationsmaßnahmen im führungsunsicher gewordenen Österreich, darüber und dazu die beiden, die bürgerlichen Errungenschaften festhaltenden Gesetzbücher Napoleons 1804, die im Gegensatz zu dem durch übertriebene Spezialisierung zu praktischem Problem gemachten Preußischen Landrecht noch heute Grundlage der französischen Zivil- und Strafjustiz sind.

Assoziativer und christlicher Sozialismus (Louis Blanc, Saint Simon, Enfantin, Auguste Comte) und der demagogisch kommentierte Marx hatten eine Phase eröffnet, die, mit der Problematik großer Kriege verknüpft, mächtige Leidenschaft, mächtige Illusion, mächtige Ordnungsgrundlagen und mächtige Vertrauenspositionen zu Fall gebracht hat. Den prägnanten Staat, von uns nach 1900 gerade eben noch erlebt, durch die Effekte aus Aufklärung, Großer Revolution und Deutschem Idealismus liberalisiert, hat es kaum länger als ein Jahrhundert gegeben.

Daß diese glückliche Periode so schnell zu Ende ging, kann man verstehen. Die konstitutionelle Monarchie, Finesse staatsrechtlicher Konstruktion, war in den drei, vier Menschenaltern, die sie erlebte, zu krisenempfindlich geworden, Belastungsproben wie der des Herbstes von 1918 gewachsen zu sein. Nur Rußland war durch Ausnahmezustände mit Attentat, Schwelen in allen Schichten der Intelligenz, Vorrevolution von 1905 und uraltem Terror in Willkür, Blut und Rache ausreichend vorgewarnt und dramatisch geprägt gewesen.

Waffenstillstand von 1918 und Friedensdiktate von Versailles und Saint Germain hatten in eine überraschende Lage geführt: Gestern noch unangefochtene Selbstverständlichkeit, Zweifel und Frage entrückt, war die ererbte Autorität über Nacht diffamiert und verurteilt. Kaiser und König, Herzog und Fürst hatten sich als unheldische, unser eigenes Format nicht überschreitende Flüchtlingsgrößen verraten. Den Faktor neuer Ordnung spielten vage Gruppen außerhalb der gesalbten Nachfolge ins Unreine improvisierender Dienstbeflissener. So jedenfalls sah es das fassungslose Gros Noch-an-die-Tradition-Gebundener.

Im Esprit dienender Noblesse hat Chateaubriand dem Lebenslauf eines Staates drei Stadien zugeteilt: das herrschaftliche des Aufbaus, das ins Irrationale gleitende ständisch rangierter Privilegien und das (dritter Generation einer Unternehmerdynastie entsprechende) des entwurzelnden Ursprünglichkeitsverlustes, der Eitelkeit und der Routine. Das Modell ist faszinierend. Mit vaterländischer Götterdämmerung verliert der Staat Glanz, Charme und dramatisches Szenenbild. Was er zurückläßt, ist nüchtern und trist, rationales Programm und keinerlei Reiz zu Enthusiasmus. Die »Wacht am Rhein« wird nicht mehr gesungen, – nicht nur deshalb nicht, weil man sich an Herrn Schnekkenburger kaum noch erinnert und es die menschliche Nähe Frankreichs verbietet, – es gibt ganz einfach nicht mehr die emotionale Kraft, in Fragen der Nation so entschieden wollen und fordern zu können.

In Frankreich selbst ist das anders. Der terroristische Ursprung der Republik schließt es nicht aus, daß es unzählige rues de la patrie gibt. Und wenn die Marseillaise erklingt, sprühend, nervös, voll des Anspruchs, jenseits allen Kompromisses, auf unbestimmbare Bataillone zurückgreifend, möchte man nichts als Franzose sein, Gaullist, Bourgignon oder sonst wer aus diesem Lande. La grande nation schließt sich in diesen wogenden, wagenden Rhythmen bedenkenlos auf, zum Geständnis des Dranges nach Ruhm und selbstsüchtiger Einseitigkeit im Namen des verworrenen, heiligen, süßen und bitteren Frankreichs bereit. Doch auch der uns aus dem Reiche Bismarcks in den Ohren liegende Klang der deutschen Version des »God save the king« hat seinen Reiz behalten. Der Sachverhalt ist vorbei. Und doch erheben wir uns, wenn die Erinnerung auftaucht, in geheimer Faszination von den Plätzen.

Was uns in Ämtern heute begegnet, Ordnung, Finanz, Wehrersatz usw., ist prunklos sachlich, fade, beteiligungsschwache Geschäftigkeit meist, weder die Stimmung dogmatischer Mission, wie sie von Mussolini, Hitler, Franco, Stalin, Mao und ihrer Geheimdiplomatie ausging, noch die dichtende Trunkenheit eines massenmedial manipulierten, Laune der Mehrheit und der Gunst eines schwankenden Weltgeschehens ausgelieferten Liberalismus . . . Von den drei Möglichkeiten der Form: Absolutismus, Liberalismus, in beiden Richtungen offenbleibende Unentschiedenheit unabhängig, ist der Staat eine auf unsentimentale Art in die zivilisatorische Realität aufgenommene, den Tod des Vaterlandes schweigend überlebende Kraft.

Was uns am heutigen Avantgardismus und den durch Rauschgift Verführten am meisten stört, ist außer dem körperlichen Schaden die zu einer charakterlichen Defektlage gewordene Flucht vor Pflicht und Verantwortung. Als wir rebellierten, gab es noch nicht die Gelegenheit, die entscheidenden Züge des Charakters an Droge und egozentrische Genüßlichkeit zu verschenken. Die Verführung durch Bacchus, Venus und Indolenz des Verbummelns hatte damals noch nicht die den staatsbürgerlichen Auftrag gefährdende Bedeutung.

Ich habe unter den Patienten ausgewachsene Juristen erlebt, Leute aus staatsnächstem Beruf, die zwar ihrer Personalpapiere wegen bis zu Leutnant, Oberleutnant oder Hauptmann der Reserve gedient, für Größe und Unbegrenzbarkeit ihrer öffentlichen Pflicht aber keinerlei Sinn und Verständnis hatten, als Richter oder Regierungsrat gerade nur bis zu dem Minimaleinsatz engagiert, mit dem sich beamtenrechtliche Kollisionen vermeiden lassen. Sie entsprechen der Situation. Die von der liberalen Demokratie an ihre Menschen gerichteten Anforderungen sind so lasch, daß es wie im späten Mittelalter Minister mit landesverräterischer Vergangenheit geben kann.

Angst vor dem sittenwidrigen Staat

Die Angst vor dem sittenwidrigen Staat ist mit dem Sinken unseres Vertrauens zum Kampfwert des Liberalismus und der Zunahme des Respektes vor unserer autoritären Nachbarschaft noch größer geworden. Wir fühlen uns durch eine führungsungünstige Verfassung operativ behindert, erinnern uns aber auch der Rechtlosigkeit und Gewalt, die uns – einige Jahrzehnte zurück – auf abenteuerliche Probe gestellt und vors Weltgericht gebracht haben, suchen in unserem politischen Dilemma nach Übergangsformen weder liberalen noch autoritären Stiles, wobei wir uns auch der durch die nationalsozialistische Gleichschaltungspraxis in Mißkredit geratenen ständestaatlichen Idee (Othmar Spann und seine Schule) erinnern.

Es ist Ruin des Prestiges, wenn der Sohn eines Ministers oder Kanzlers, das Ritterkreuz eines Unbekannten am Halse, in der Rolle eines Halbwüchsigen vor dem Lichtspielpublikum onaniert und sich einige Monate später mit Freundin bei einer staatsfeindlichen Demonstration aufgreifen läßt. Das ist weder Reklame für die liberale Demokratie noch für die präsozialistische Aktion, höchstens Unbefangenheits-Exzentrik im Stile des Janowschen Urschreis und Dokument für den moralischen und geschmacklichen Stilverlust, der von kulturell unberufener Seite in die Führungsfront eingetreten ist. Der Fall beweist, daß man das ganze Spektrum menschlicher und geschichtlicher Situation heranziehen müßte, um das von einem gewöhnlichen Sterblichen nicht zu leistende Riesenwerk der Staats- und Volkspädagogik zustande zu bringen, das hier als Aufgabe anliegt.

Auch der Rat, diese entgleiste und obdachlos gebliebene Jugend zunächst einmal zu ihrer Erziehung Soldat werden zu lassen, ist nur leeres Geschwätz. Denn erstens reden sie sich, soweit es sich um solche Extremfälle handelt, doch mit Wehrdienstverweigerung heraus, und zweitens würde der Notstand in Befehlslage und Geist der Truppe nicht die lückenfüllende Erziehungslage darstellen, die den moralisch unvorbereiteten, nicht an Entbehrung, Gehorsam und höhere Einsicht gewohnten Rekruten auf die Stufe leistungsbereiter Staats- und Rechtswilligkeit heben könnte, die als psychische Voraussetzung für das Hineinwachsen in die militärische Rolle zu gelten hat.

Bei klarer Erziehungsbilanz brauchten wir keine Angst vor dem sittenwidrigen Staat zu haben. Ihn könnte es nicht geben, weil dann gemeinsames Anliegen und sittliche Gegenkontrolle so stark und die Situation beherrschend wären, daß es eine Wiederholung des Mißbrauchs der Staatsgewalt nicht geben könnte. Nur Mobilisation der sittlichen Kräfte ist hier Garantie. Mittel der parlamentarischen Kontrolle, des dienstlichen Reglements und der Disziplinarjustiz sind letzthin wertlos, weil sie negativen Vorzeichens nur an der Verhinderung des Verstoßes und nicht an einer aufbauenden, moralisch festnagelnden Erlebnissubstanz und einem den humanitären und staatsbürgerlichen Auftrag verkörpernden Menschen orientiert sind.

Waren frühere Generationen an Maßstäben ausgerichtet, die bei reifem Alter, Stil und Distinktion lagen, unterliegt die Blüte heutiger Jugend einem seltsamen, fast schon masochistisch zu nennenden Zwang, sich nicht abheben zu wollen, d. h. gleichfalls schäbig, konfektioniert und opportunistisch zu sein. Man bemerkt diesen makabren Zug sogar in Alterslagen, die schon eine gewisse Karriere hinter sich haben könnten.

Die Jugend von heute lebt ihrem Vorteil. Da sind ihre Götter. Auch der Sport ist Eudämonie und Gefälligkeit gegen sich selbst, nicht vom Charakter einer »Obligatio«, einer Pflicht. Diese Jugend will wie ein reifer Charakter und ein Mensch mit der Selbstverständlichkeit des Erfolges rangiert und geachtet sein. Für uns war die Demut der frühen Jahre Vorplatz zu der Gewißheit, in Unterwerfung, Leerlauf, schematischer Schau und dienstlicher Unvernunft den Schlüssel eines zum Herrentum leitenden Dienens zu finden. Diese Gewißheit hielt uns in Form und befähigte uns, sich Idealismus, produktive Illusion und Tatkraft nicht durch subalterne Lehrzeit beirren zu lassen.

Die im Jahr 1945 neu über uns gekommene Angst vor Wiederkehr des sittenwidrigen Staates war durch sehr natürliche Zweifel an der politischen Tauglichkeit der uns von Siegerhand geschenkten res publica verschärft. Es fiel uns schwer, die verflossenem Konflikt und Verachtung unserer selbst entspringende Trägheit des Herzens in neue Aktivität zu wandeln. Der Verdacht objektiver Untauglichkeit des uns eingeräumten Rahmens schien wieder bestätigt, als im Winter 1968 eine niedriger Sensation verhaftete Presse den damaligen Bundespräsidenten angriff, weil er – nach 1939 dienstverpflichtet – irgendwie mit Baracken für Konzentrationslager zu tun gehabt hat. Es war das ziemlich gleichzeitig mit dem Beginn des Hafertreibens gegen Nixon, das auch nicht schön, aber wohl doch der Sache wert war, was man von dem Angriff auf Lübke nicht sagen konnte. Die Würdelosigkeit auf die Spitze getrieben hat damals Henri Nannen durch eine Attacke im »Stern« (3. Dezember 1968), die den Bundespräsidenten mit der abenteuerlichen, das eigene Nest beschmutzenden Injurie angriff, nicht einmal ein »KZ-Baumeister, sondern ganz einfach eine bedauernswerte kleinkarierte Figur mit trottelhaften Reden« zu sein. Ob Nannen nun mit der weiteren Konsequenz, ein Staat mit so kleinbürgerlich-biedermeierlichem Oberhaupt könne die sich in Anarchismus ergehenden Studenten nicht überzeugen, Recht hatte oder nicht, – diese die Regeln des Parketts verletzende Form, sich zu ereifern, wirft auf den Liberalismus ein böses Licht.

Im 19. Jahrhundert war der Appell an den Verstand gerechtfertigtes Glaubensbekenntnis. Der Rationalismus stand groß da, er hatte enorme Ausblicke eröffnet, Sicherheiten, die es vorher nicht gab, vermittelt, neue Hebelkräfte und Beschleunigungen gefunden oder geschaffen, Phantasie und Temperament unter die Kontrolle eines logischen Gewissens gebracht und die ersten Schritte, vaterländischem Willen und geistigem Fortschritt eine Formel zu geben, getan. Den literarischen Anfang hatten Leibniz, Hume, Lessing, Voltaire und die Enzyklopädisten, den politischen Anfang Friedrich II. von Preußen und der Habsburg-Lothringer Joseph II. gemacht, – dieser nicht gewärtig der heimtückischen Härte, die rationale Aktivität und Schärfe enthalten kann, wenn es ohne dämpfendes Gegenregulativ Kurzschluß zwischen Affekt und Verstand gibt.

Zwischenphase war später die genüßliche Stille des Biedermeiers: die Lebensangst schwieg, man arrangierte sich friedlich. Dem Biedermeier folgten, den Stil sensitiver Gemessenheit fortsetzend, Jahrzehnte einer naiven Hoffnung auf ein weiteres sittliches, politisches, technisches und wirtschaftliches Wachstum, die sich nur für den technischen und den wirtschaftlichen Bezirk bestätigt hat. Das Jahr 1918 weckte die ersten großen Zweifel an dieser Gewißheit, das Jahr 1945 machte mit dem falschen Vertrauen endgültig Schluß.

Wir sind zu Wirrsal und Unfrieden verdammt. Ein Zusammenbruch nie dagewesener Größe, einbezogen Armee, Versorgung, Verkehr, Weltanschauung, Staat, warf uns ins krachende Spektrum kollidierender Impulse, des Nicht-Zurechtkommens mit Ehre und Kollektivschuld, der grandiosen Auslieferung an unberechenbare Befreier, der insuffizienten Künstlichkeit einer aus zweifelhafter Doktrin und unfähigem Fragment zusammengehauenen Republik. Wenn sich einem emotional unregulierten Rationalismus und unseren allgemeinen Zweifeln an der geschichtlichen Tauglichkeit unseres Landes noch Angst privater Konstellation und Unsicherheit in den Kraftreserven anschlossen, war das ein Bündel alarmierender Umstände, das einen über die Maßen lebenstüchtigen Charakter voraussetzte. 1945 und in den kühnen Jahren, die folgten, kam uns die Übung in Abschied und Wechsel und die in früherer Akrobatik des Lebens erworbene Fähigkeit, die Quintessenz einer neuen Situation schnell zu erkennen und für sich mobil zu machen, überraschend zu Hilfe.

Die von den Siegern genährte Angst vor einem Rückfall in den sittenwidrigen Staat hat der Subversion und dem Untergrund einen verhängnisvollen Vorschub geleistet. Die Schreckensbilder politischer Unerbittlichkeit: Bastille und Schreckensherrschaft, Bürgerkrieg in Spanien, Schwarzhemden im Marsch auf Rom, Volksgerichtshof und Plötzensee, kommunistischer Absolutismus osteuropäischer und ostasiatischer Version hatten eigener Erinnerung und Einflüsterungen eines Mißtrauen säenden Untergrunds ein Maß an Gehör verschafft, das uns ein objektives Urteil unmöglich machte. Daß der anarchistische Terror, aus Schwäche und lebensgefährlicher Duldsamkeit nur mit Nachsicht bekämpft, erst in einer absolutistisch organisierten Zivilisation die polizeiliche Schärfe finden kann, die dem Interregnum ein Ende setzen würde, bleibt unausgesprochen, obwohl es unangenehm genug wäre, das Sich-Klammern an den liberalen Stil mit kommunistischer oder neo-nationalsozialistischer Fälligkeitsreife des Ganzen bezahlen zu müssen. Belesene kennen diese Angst vor dem sittenwidrigen Staat schon aus früher englischer Aufklärung, von Hobbes und seinem »Leviathan«.

Mißtrauen verdirbt das Leben. Produktiv ist nur Vertrauen, wenn nicht zu der Gedankenwelt des einzelnen, so doch zu den

Korrekturmechanismen im Ganzen. Bürgerschaft, die vertraut, hat auch für eine gewisse amtliche Neugier Verständnis. Sie würdigt den Wunsch der Behörde, von den Lebensumständen des einzelnen etwas zu wissen, seinen materiellen Verhältnissen und geistigen Interessen, sie würdigt die nachrichtentechnischen Forderungen des Kalten Krieges. Dem aggressiven Lärm, der um das Abhören der Telephone und den Einsatz drahtloser Lauscher gemacht wird, fehlt das Vertrauen zum Staat, der sich verteidigen muß. Wer Vertrauen hat, tritt bedenkenlos auf die Seite des Verfassungsschutzes, des militärischen Abwehrdienstes und der nachrichtendienstlichen Initiative gegen Anarchie, Verrat und feindliche Unterwanderung, um dem in die Guerilla des Partisanenkrieges geschlüpften Gegner mit gleicher Münze, gleicher Technik und gleicher Raffinesse aufzuwarten.

Wie sollen wir Moral, Bankraub, erpresserische Entführung und Rauschgift polizeilich bewältigen, wenn wir in unseren Ordnungsmitteln mehr Anstand entwickeln als der rechtsbrecherische Gang? Und ausgerechnet von einer autoritätsschwachen Liberaldemokratie zu meinen, sie könne sich einen der Laune des einzelnen schmeichelnden weiteren Autoritätsverzicht leisten, ist ein Irrtum, der bei östlich orientiertem Aufruhr und Aufstand der Fremdarbeiter verhängnisvoll enden kann.

Die bei uns tiefer als irgendwo anders eingenistete Angst vor dem sittenwidrigen Staat ist für einen auf Toleranz, Nachsicht und Schwäche spekulierenden Untergrund eine klassische Chance. Das Schüren dieser Voreingenommenheit gegen die Autorität ist der beste Weg, der Subversion in die Hand zu arbeiten. Solange sich Bedenken gegen eine autoritäre Aufrüstung des Liberalismus und Angst vor dem sittenwidrigen Staat so demonstrativ decken, ist die Aussicht auf einen absolutistischen Umsturz sehr groß. Die Lage ist ähnlich der Situation mit den nuklearen Waffen. Es nützt nicht, sich herauszuhalten, nützt nur, auf der Höhe zu sein, was im Hinblick auf die Verteidigungskraft des Liberalismus bedeutet: autoritär auf der Höhe.

Autorität schließt Lücken in der Gesinnung

Der Himmel erfährt durch die nächtliche Lichtorgie einer hybride werdenden Stadt und den raketentechnischen Vorstoß ins

All einen ihn entfremdenden Ruck ins Technisch-Titanische. Fritz Kortners zornige Klugheit hat die Situation unheimlich-treffend gezeichnet: dieser Vorstoß über die biosphärische Grenze hinaus in den Weltraum nähme uns »die letzte Vertrautheit mit dem ins Subjektive gebannten Dasein als Stern«..., es sei, wie »wenn wir von Stufe zu Stufe der Verlorenheit eines durch Neugier und Hybris eines antiromantischen Rationalismus ins Astronomische gerückten Lebensraumes verfielen«...

Einst hat uns irreguläres Geschehen stolz und lebendig gemacht. Wir fühlten uns durch die Teilnahme am Ungewöhnlichen gehoben und aufgenommen. Der neuen, das Weichbild unserer Natur überrennenden, die Niederlage der Romantik relativitätstheoretisch vollziehenden Art, zu planen, aber fehlen Chance und Charme der noch als Spielart des Natürlichen zu begreifenden Ungewöhnlichkeit. Es ist, was da utopisch betrieben wird, alle alten Rekorde brechendes Trachten.

Das neue Leben läßt uns kaum Zeit. Die dem bürgerlichen Menschen geläufig gewesene Gelassenheit ist nur noch tastendes Nachglühen eines in den Winkel geflohenen Zaubers. Die Epoche strotzt von Heimtücke, verschwiegenem Kampf, Gesinnung mit doppeltem Boden, Kurzsichtigkeit, Geschäftsgeist, Hehlerei, verlogenem Anschwärzen, Stimmungsmache und einem ungewollter Entscheidung sich entziehenden Verlagern. Offener Angriff, Turnier und Duell sind zu unbequem. Gerades, naives Gebaren kennt man nur noch da, wo die zur produktiven Illusion gesteigerte Gewalt des Subjektiven das Objektiv-Tatsächliche überrollt. Schon Michael Kohlhaas hat nichts davon gehabt, den Verächtern des Rechts seine moralische Legende vor Augen zu halten, und auch Ulrich von Hutten hat die dirigierende Gewalt ihm feindlicher Subjektivität selbstmörderisch unterschätzt. Der Lebenskampf – so wie wir ihn haben – ist ein Feld für Glückskind und Opportunisten.

Die Abkehr vom Irrationalen verläuft oft krankhaft, indem sie den Charakter in einen Argwohn verwickelt, der hinter scheinbar gereifter Vernunft Störungsherde aus Egozentrik, unredlicher Argumentation, unsauberem Nebenmotiv und halber Wahrheit und einer teils quälerischen, teils selbstgefälligen Aufsässigkeit gegen innere und äußere Umwelt entstehen läßt. In städtischer Anonymität und Liebesleere Bergung und Schutz zu suchen, ist ähnlich verfehlt, wie Obdach und Ruhe zu suchen in einer Kneipe für Schmuggler. Die rationale Symbiose gibt keine Ruhe. Sie pumpt aus, schraubt hoch, absorbiert. Andererseits hat der in Stellung gegangene Rationalismus auch seine Verdienste gegen schnelles und frühes Sterben, Ohnmacht bei Siechtum und Unfall, Krieg, Naturkatastrophe, Mißlingen der Ernte, Willkür der Mächtigen, Aberglauben, Hexenverbrennung, Progrom, wiedertäuferischer Anwandlung und Triebexplosion der Unterdrückten.

Ob in die Hand der Schächer und des experimentellen Ehrgeizes geraten oder nicht: in der Medizin steckt Fortschritt. Und auch in Rechtsbetrieb und Gesetz steckt Fortschritt, obwohl manche Normen und Urteilsgewohnheiten nachhinken, über eine Richterschaft, die weder lebensnah noch seigneural ist, geklagt, ein Strafvollzug gebrandmarkt wird, der weder bessert noch umformt, auch die Nur-ins-Kriminelle-Verirrten in ihrer Sackgasse festhält und, wo er mit Schule, Freiheit und Urlaub modern wird, erst recht Bedenken erregt, und eine Anwaltschaft avantgardistischen Extrems vor die Schranken tritt, die das Gesetz unterwandert. Gleichzeitig ebnet die Klimaanlage die Wetterstufen, die Weltwirtschaft Schwankungen der Ernte und Lieferungslücken am Markt, reguliert das Wasserbauamt den Pegelstand zwischen Schmelze und Trockenheit, baut der Deichgraf dem Einbruch der Springflut vor, schützt der Förster die Wetter- und Wasserhilfe Wald. Nur der vulkanische Herd bleibt, einiger bautechnischer Kunstgriffe ungeachtet, ursprünglich-numinos. Mißernte, Pest, Zähne, Giftdrüsen, Hörner, Krallen, regenlose Sonne, Sturmflut und Überschwemmung, Beben, Bergsturz, Lawine, Geröll, pfählende, sengende, schändende, plündernde Soldateska sind von uns weggerückt, wohl noch vorhanden, aber nicht mehr so unmittelbar und nahe, in Druck und schockierender Sprache gedämpft. Was an Angst neu auftritt und als psychisches Element in unser Lebensgefühl einsickert, kommt aus der Sphäre des Lebenskampfes und der Person. Es ist sozialen Ursprungs also und charakterogen.

Das Neunzehnte war ein Jahrhundert des Dritten Standes: explosiver Aufstieg, unbegrenzte Chance, Schwäche in Konsequenz und Bewußtsein der Adel und Klerus ergänzenden oder sie auch ablösenden Führungsrolle, gleichzeitig der die große

Wende zwischen Schicksalstufe I und II, präzivilisatorischem Stadium und Zivilisation bestimmende Wachwechsel zwischen Raum und Zeit, Anfang einer uns Heimat und Ruhe nehmenden Termin-Ära, in Phrase und Wortgefecht schwelendes Vorspiel einer in versteckten Stufen vorrückenden proletarischen Revolution, die anders als die heroisch-makabre Sprache Rußlands in bürgerlichem Scheine verläuft, nachdem sich das Proletariat aus seiner resignativen Indolenz und tatsächlicher, früher für unkorrigierbar gehaltener Armut und Abhängigkeit in eine von Wohlstand beherrschte, staatsbürgerlich aktive Kampf- und Lebenslage erhoben hat, die eines Zugeständnisses in punkto Schwäche nicht mehr bedarf.

Vorher hatte sich das an neuer Perspektive so reiche, Herrschaft über die Natur und Freiheit vor der Macht Nicht-Befugter versprechende große Jahrhundert mit dem élan vital des unter Gewehr und Idee getretenen Volkes zusammengetan. Es hat Leipzig, Waterloo, Düppel, Königgrätz und Mars la Tour geschlagen, besten Willens, aus einer Chance etwas zu machen und der sich wieder bildenden Routine neues Leben und neue Gedanken zu geben. Das Volk war Gefühl, Planung und Freiheitsgedanken erschlossen, voll jugendlicher Aktivität, heute vom desillusionierungsgenüßlichen Avantgardismus zu Unrecht als eine in Establishment verstaubte und erledigte Generation mißachtet.

Daß politisches Temperament ohne zügelnde Bremse leicht in bodenlose Exzesse fällt, war auch Stalin und Mao bekannt. Sie entschlossen sich daher, das von der revolutionären Losung diktierte Ziel in einem den Menschen zweckhierarchisch erfassenden kommunistischen Absolutismus zu suchen. Der Erfüllungsgehilfe des Umsturzes bedient sich, die Ordnungslücken zu meistern, notgedrungen einer eigentlich gesinnungswidrigen Produktions- und Ordnungsmacht.

In Rußland war das einfach, im altersgrauen, sittlich konstruktiven China schon schwieriger. Das präzivilisatorische Establishment zwischen Petersburg, Kiew, Stalingrad und Moskau war so schwach, daß es leicht war, sich durchzusetzen. Der den kritischen Anfang erfolgreich überlebende Revolutionär ist noch verdammt, im Verhältnis zur Autorität Renegat zu sein und ein Verfechter eines rigorosen Anspruchs auf Körper und

Seele des Volkes zu werden. Lenin und Mao wählten wie Robespierre das idealistisch begründete System des Schreckens.

Überall, wo es eine blutige Revolution gegeben hat oder ein alternder Staat integrativ zu versagen begann, lief es so oder ähnlich. Während man Illusion und Täuschung durch ein eigensinnig betriebenes Denk- und Vitalprogramm ersetzte, begab man sich des Ordnungsschutzes aus Glaube und Idealismus, indem man sich einem von außen geholten Ordnungsschutz zuwandte. Dabei hat sich ein die Standesehre vergessender Typus des intellektuellen, zu allem bereiten, mitredesüchtigen Naturtalentes für Demagogie gebildet, das sich's in einer selbstgefällig improvisierten, das Recht schockierenden argumentativen Gewalttätigkeit gefallen ließ.

Vor der Zivilisation war die damals noch ungebrochene Abhängigkeit von den Eigenschaften des physischen Raums als Standort, geometrisches Feld, Wetterecke, Rohstofflager, Ernteland, Grenzverlauf Autorität sparende, das Soziale in Struktur nehmende Matrize. Gebietshoheit und dynastische Macht waren soviel physischer und autokratischer Halt, daß ein näheres Eingehen auf die Frage der politischen Stabilität unnötig war. In verankerter Rohform hielt das Gefüge von selbst.

Früherer Schicksalstufe erschien die menschlicher Neugier Widerstand leistende Unergründlichkeit fremden Charakters Phänomen magischen Inhalts, dem man sich ohne Zögern zu fügen hatte. Der Fanatisch-Nüchterne heutiger Lebensform will das Irrational-Verhängte nicht. Er will die in speziellen Zusammenhängen auch politisch geforderte Transparenz, er mißtraut einem aus der Undurchsichtigkeit kommenden Augenschein. In seinen Augen ist der von einer modernen Intellektualpädagogik geforderte Richtungswechsel aus der animistischen Naivität ins rationale Programm, aus örtlich begrenztem Gelegenheitseindruck in die statistische Breite ökumenischer Sicht dringend und fällig.

Erst der egoistisch-geltungsneurotische Eifer der Diadochen wurde zu einer Gefahr: Neid, Besitzwut, Machtgier, die sich bildende und weiter auswachsende Abhängigkeit von der Approbation durch Parlament und Volkstribun, Eigenmächtigkeit nur halb beherrschter Massenmedien und der Egozentrik im Staatsvolk. Freiheit enttäuscht. Wenn man sie hat, bemerkt man nicht, was sie wert ist. Die Verwöhnung mit Freiheit weckt sogar eine dem objektiven Betrachter pervers erscheinende Bereitschaft, sich dem Gedanken der Autorität zu nähern. Man vergißt die Gefahr des Freiheitsverlustes. Denn der Lustgewinn, den man aus ihr als Situation bezieht, ist erst spürbar, wenn sie verloren ist. Die auf die negative Situation beschränkte Erlebbarkeit gibt dem autoritären Prinzip absurde Chancen, sich als Ausweg einzuschleichen.

Wir Kinder der Jahre vor 1914 waren gehalten, an Himmel, Kirche und Staat zu glauben, – es war dies Lebensgewohnheit der Kreise, aus denen wir kamen, mehr aber als stumm bleibende Anweisung auch nicht. Wie weit wir innerlich mitmachten, blieb uns überlassen. Keiner kontrollierte, keiner drängte, womit man uns das bei den in kirchlicher Strenge Erzogenen oft zu beobachtende oppositionelle Ressentiment ersparte. Mit dem uns wortlos bewilligten Recht, zu glauben oder nicht, Schule zu machen und auf die Straße zu gehen, wäre uns allerdings nicht gestattet gewesen. Es war eine Art Gentlemanabkommen zwischen uns und der alten Welt, von etwaigen Vorbehalten keinen öffentlichen Gebrauch zu machen. Wir waren nicht so weit, im Establishment erste Stufen des Abstiegs aus der bürgerlich-christlichen Gesellschaftsform zu erkennen, noch vollen Herzens bereit, die Ziele der uns beherrschenden Struktur als eine bester Möglichkeit genäherte Lösung gelten zu lassen. Wollten sie nur in der uns Beschämung ersparenden Form des Perfekten.

Der das Erlebnismuster unserer Kindheit – Horaz und Preußen – erfüllende Staat war eine konstitutionelle Konstruktion aus 22 Untermonarchien, 3 städtischen Republiken und einem Reichsland. Das von Bismarck erfundene Gebäude war trotz der Gewaltsamkeit des Konzepts doch überzeugend genug, in Freiheit und Autorität Vertrauen zu wecken. Bis zur Krise von 1918 war der Rahmen ohne Kunstgriff stark und elastisch genug, sich Windhorst, Bassermann, Bebel, soziale Gesetzgebung und Kulturkampf ohne die Angst, zu zersplittern, leisten zu können. Anders der Bonner, mit Freiheit prahlende Staat, anders auch England, die Hochburg politischer Routine. Hier wie dort kommt die liberale Gewohnheitshaltung mit den verfassungsrechtlichen Mitteln normalen Autoritätsgebrauches nicht mehr aus. Die

Not des Gesetzgebers, der Exekutive, der Judikatur und des Strafvollzuges anarchistischem Untergrund und der politischen Zwielichtigkeit des forensischen Apparates gegenüber erzwingt härtere, kühnere, mit der liberalen Toleranz kollidierende Ordnungshilfen. Was in Schule, militärischer Erziehung und vom Einfluß der Massenmedien unerreicht bleibt, fordert Ausgleich in offenen und versteckten Mitteln der Autorität. Und je scheuer und ungeschickter ein Liberalismus mit den obrigkeitlichen Zügelhilfen umgeht, desto schneller frißt ihn der Wolf in Gestalt des zu autoritärem Durchbruch drängenden Untergrunds.

Staatspolitischer Faktor »Massenmedium«

Der physiosoziale Raum mit seinen verschieden gelagerten Bedingungsfeldern hat den Staat in eine neuartige Form der Existenz und der Kontaktlage versetzt. Indem das Prinzip der Gebietshoheit zurücktrat und der Mensch aus der Rolle eines verwurzelten, ständisch gebundenen, herrschaftlich einrangierten Ortszubehörs in die integrative Emanzipation überging, hat sich die Beziehung des Staates zu Ort und Volk von der Dynastie auf den Apparat, vom Untertan zum Bürger, vom Unterworfenen zum Führungsbeteiligten, vom Instrument zu einem Stück sozialen Gewebes verlagert. Über Freizügigkeit, Reiseverkehr und Fernmeldetechnik ist die innerpolitische Führung zu dem zentralen Problem einer kulturpolitische und moralpsychologische Verständigung anstrebenden Staatspropaganda geworden, während die außenpolitische Führung von einem auf Sprechfunk geschalteten diplomatischen Apparat getragen wird. Als im Juli 1974 die Türken auf Zypern unruhig wurden, telephonierte US-Außenminister Kissinger mit Russen, Griechen und Türken, um den Krieg auf eine das Ufer und den Seefahrtsraum vor der Insel nicht überschreitende Verwicklung zu beschränken. Er bediente sich, ob mit Erfolg oder nicht, einer verhandlungstechnischen Chance, die sich erst aus Schicksalstufe II ergeben hat.

Massenmediale Aktivität, wie sie von einem modernen Imperium aufgeboten und geduldet wird, ist politisch argumentierende, berichtigende, abrechnende, ermunternde und programmierende Auseinandersetzung, die im Einklang mit der Clausewitzschen These eines den Krieg mit anderen Mitteln fortsetzenden Friedens Verlängerung des Kampfes in zivilisatorischer Form ist. Wie die Zivilisation das Vaterland löst massenmedialer Raum und Gesichtskreis das Schlachtfeld ab, es wird in Forschung, technischem Wettbewerb und suggestivem Einfluß weitergekämpft. Das Verhältnis zum massenmedialen Gesichtskreis ist dem Politiker nicht mehr überlassen. Kein Staat kann es sich noch leisten, auf televisionäre Aktivität in konstruktiver Propaganda und Abwehr destruktiver Einflüsse zu verzichten.

Der Staat ist urbaner geworden. Er läßt mit sich reden und redet manchmal auch selbst. Das Gewicht, das er hat, sein Anspruch auf Steuern, Disziplin und Loyalität sind aber keinen Federstrich weniger fordernd, die Notwendigkeit seiner Existenz nicht einen Teilstrich geringer geworden, als es der durch den Rationalismus der Aufklärung und das Freiheitsgefälle und die Gedankentiefe des Deutschen Idealismus aufgemöbelte Territorialstaat zu Zeiten des Frühkapitalismus gewesen ist. Die uns als ökumenischer Rahmen entgegentretende neue Existenzform ist dem Charakter eines Sozialapriori genäherter, unabdingbarer Bestandteil der von uns als rational bezeichneten Symbiose. Mögen labile Umständlichkeit parlamentarischer und brutale Primitivität absolutistischer Staatsform in Beliebtheit und obrigkeitlicher Funktion divergierende Situationen sein, – es geht nicht ohne diesen Macht, Recht und Währung liefernden Baukörper, so daß wir keinen Grund haben, seiner Lebenserwartung eine schlechte Prognose zu stellen. Er ist auch in weichster, qualligster Konsistenz eine Größe, die überlebt. Abhängigkeit von den public relations, Störbarkeit durch die parlamentarische Konstellation und die zweifelhafte Wohltat der Mehrheitsregierung reichen nicht aus, ihn als verbraucht und ausgedient erscheinen zu lassen, zumal er sich durch privatkapitalistisches Engagement noch aufgewertet hat.

Strukturverlust der Familie

Sexus als Baugrund

Einst schnitt die Macht der Familie tiefer in die soziale Situation ein als die Macht der Obrigkeit, die zwar horrende Wege der Gewalt, nie aber eine der biologischen Ursituation gleichwertige Autorität zustande gebracht hat. Die Scheu vor dem Hausherrn und der durch ihn verkörperten Sitte übertraf die Angst vor Öffentlichkeit und Gesetz.

Inzwischen hat man zu denken gelernt. Kein durchschnittlich Verdienender kann sich noch eine natürliche Expansion leisten. Seit es der pater familias bürgerlicher und arbeiterlicher Ebene, von Konsumniveau und zentrifugalen Faktoren des »Fernkontaktes« überwältigt, zulassen muß, daß Sohn und Tochter schon im Alter der Halbwüchsigkeit Aufträge annehmen, die sie eigenen Willen erwerben und eigenes Geld verdienen lassen, ist ein Geist im Haus, der Idee und Disziplin der Familie zur Narretei erklärt. Aus diesem Zusammenhang entsteht dann die tragikomische Situation, daß Familie und Proletariat in einem und demselben Prozeß ihr Ende finden: beide im Anschluß an einen wachsend aus mehreren Quellen fließenden Wohlstand.

Glückliche Ehen gibt es noch. Anders geworden sind nur Dauer und Unwiderruflichkeit. Auseinanderzugehen, ist nicht mehr beschämend. Auch die geschiedene Frau hat noch Chancen. Und dann vor allem: man macht sich weniger vor. In einer um Ehrlichkeit ringenden, analytischen Epoche verlieren die Gewohnheiten einer zudeckenden Moral ihr Gewicht. Aus Kulanz zu beschönigen, hat man nicht nötig. Die pragmatische Ehefrau gibt sich nicht mehr mit einem die zerrüttete Lage verschleiernden Waffenstillstand zufrieden. Der Nachrede willen zu beschönigen, liegt nicht im Geist der Zeit. Die an Güte und Niveau der Ehe gestellten Ansprüche sind gewachsen: Distanz, Großzügigkeit und idealistische Toleranz, je entschiedener sich die Frau auf eigene Füße stellt, desto mehr. Die Kirche weicht weltlichen Begriffen, die auf die zu schützenden Werte sinnvoller eingehen und die von der dogmatischen Disziplin diktierte Strenge der Buchstäblichkeit durch elastische Charakter- und Situationsmoral ablösen.

Ein zweiter Punkt ist die Konzentration des Risikos auf die Person der Beteiligten. Die Ehe war ein ins Sachliche gehender Akt, der Vermögen bewegte, das Grundbuch beschäftigte, Testamente veranlaßte, familiäre Strukturen aufhob und anerkannte. Man heiratete nicht nur die Frau, man heiratete Situationen. Das ist heute anders: die Menschen heiraten sich, rechnen mit sich als Person. Es ist das mehr oder weniger, je nachdem, wie man es sieht. Die Partner gewinnen Spielraum und Chance des Nehmens, verlieren aber an organisatorischem Fundament: die Bindung hat nicht mehr die alte Strenge, es sind auch keine Aufträge aus Vergangenheit und höherer Ordnung mehr zu erfüllen. Der strukturlose Übergang zu kurzlebiger Effektelite wirkt sich auch im Leistungsgewicht der Familie aus. Standeselite bedeutet für die Familie mehr als Effektelite.

Drittens das veränderte Auftreten der Frau: Windschutz im Schatten des Mannes gibt es, die von der Natur verfügte Teilung der Pflichten gibt es nicht mehr. Sich nur zu lieben und der Natur freie Bahn zu lassen, ist selten geworden. Viele Frauen arbeiten wie der Mann. Die meisten kennen ein Geschützt- und Verwöhntsein nicht mehr. Der Zuwachs an Stellen mittleren Ranges hat die berufliche Emanzipation begünstigt.

Familienfeindlich ist viertens das Auseinanderfallen der beiden Positionen ehelichen Lebens in zwei voneinander unabhängige Verläufe, das weder der Feierabend hält noch der Sonntag, wenn massenmedialer Komplex und Wagen ihr Schema zerstreuender Aktivität entfalten und das Gemeinschaftsbegehren auf ein nur äußerliches Zusammensein ablenken.

Auch der Sexus als der unexklusivste aller Triebe führt nur in eine unterhalb der Gürtellinie liegende Welt animalischer Qual- und Genußlage, als Gipfel der Demokratie ohne Elite bildende Konstruktivität. Der Sexuell-Gereizte vergißt Adel, Geld und beruflichen Rang in demokratischer Triebgemeinschaft. Daher gibt es für den Kampf gegen konservative Struktur keine bessere Form des Angriffs als das Sich-Einschleichen mit Triebehrlichkeit und Promiskuität.

Binde- und Bruchstellen sind für Ehe und Familie gemeinsam. Wenn der ekstatische Affekt des Anfangs der Ruhe produktiver Toleranz das Feld geräumt hat, hält nur noch die Routine wechselseitigen Eingespieltseins auf Person, Lebensgefühl, Grundsatz und Weltanschauung zusammen. Wenn dann auch das Band des Intimen noch ausleiert oder reißt, ist eine unkorrigierbare Lücke im sensitiven Akkord entstanden. Es vereinigen sich dann

1. Abbau der Vorstellung, daß die Familie eine sittliche Aufgabe ist,
2. Zunahme der Schlüsselkindsituationen,
3. zentrifugale Einmischung der Massenmedien und der Straße,
4. Abnahme der Bereitschaft, Erziehung, Belehrung und Leitbilder anzunehmen und die anarchistische Zersetzung durch Triebehrlichkeitspropaganda.

Die Familie ist eine den Generationen entsteigende, modernem Zeitdruck fremde, dem Umsturz feindliche, an Heimat und Vaterland gekettete Struktur. Der an Zeitkomponente und Opportunismus ausgerichteten Neuform fehlt diese Grundlage. Die von der häuslichen Aufgabe wegführende neue Rolle der Frau begünstigt ein vorzeitiges Wegstreben der Kinder. Massenmedien, Schulen, Litfaßsäulen und Prospekte reizen zu offenem Abfall und bindungslosem Sensationskult. Was an konservativer Garantie geblieben, ist von der Persönlichkeit getragenes Kunstwerk. Die Zunahme gescheiterter Ehen ist weniger ein Verkennen der Pflicht (manchmal auch das) als das Ergebnis eines Wegrückens der Situation aus der Sphäre des Raumes in die Sphäre des Zeitakzentes, der Gelassenheit in die Hektik rationalen Betriebes, monogamer Erfahrungslosigkeit in die libidinöse Aktivität. Sakrament und Unwiderruflichkeit hatten sich so tief in Sitte und Lebensgefühl eingegraben, daß wir den Ausgangspunkt für ein in Distanz und Freiheit abwägendes Urteil verloren hatten.

Die Monogamie ist keine ehebiologische Unvermeidlichkeit, sie ist ein rechtlich möglicher Weg, vom neunzehnten Jahrhundert in die uns vertraute, illusionäre Definitivform gebracht. Heutigem Geist entspricht eine pseudomonogamisch geprägte, die formale Legalität innehaltende, aber doch eine gewisse Freiheit eröffnende Form. Es ist auch konservativen Kreisen deutlich geworden, daß die philiströse Einrangierung der Sexualität einem gehobenen Stil- und Kulturniveau nicht gerecht wird. Sex ist nun einmal nur eine vegetative Funktion, die für Stil und Gesinnungslage wenig bedeutet, um so mehr allerdings für biologischen Wohlstand und inneres Gleichgewicht.

Ob das eigentlich unphysiologische Gebot, nur eine Frau oder nur einen Mann zu haben, später Standpunkt der Kirche oder, wie Freud behauptet, aus der patriarchalischen Polygamie entstanden, Ausgangspunkt der europäischen Kultur gewesen und erst mit dem Übergang in die patriarchalische Monogamie Phase neurotisierenden Unbehagens geworden, ist für unsere heutige Ansicht vom Wert der Familie ohne Belang. Auch, ob es bei Mensch und Affe eine sexuelle Appetenz außerhalb der Saison gibt, ob das ehefromme Verhalten des Gibbon, des Orang-Utan und des Elefanten die Bewertung als Richtungsschema verdient, hat nur illustrativen Wert. Und selbst ob Engels, Marx und die Sozialtheorie der Sowjets mit der Annahme einer gemischten Genese aus Einehe, Gruppe und allgemeiner Promiskuität Recht haben und ob die Verfasser des Kommunistischen Manifestes für oder gegen Malthus gewesen sind, entscheidet unser Verhältnis zu Ehe und Familie nicht.

Der Geist des aufsteigenden Bürgertums war familiärer Statik affin. Im protestantischen Lebenskreis waren es die Familienalben Luthers und Bachs, im katholischen die aristokratische Bürgerlichkeit einer Maria Theresia. Niemand hält die effektive Macht und die Erlebnisgewalt einer klar gefügten und ihre natürliche Hoheit unzweideutig ausübenden Familie für Imagination und Chimäre, mag auch das Verhältnis zwischen der sammelnden Wirkung familiärer Struktur und dem Ablenkungseffekt der Umwelt in Frage gestellt sein. Denn schon bei der in ihrer Stabilität noch nicht so hart getroffenen Familie des späten neunzehnten Jahrhunderts ist nicht alles so hasenrein gewesen, wie es von konservativer Defensive hingestellt wird. Die Praxis des Bürgertums war oft ein unehrlich beschönigendes Ausweichen vor dem Donnerwort des Elends, vor Siechtum, Tod, Not und Zusammenbruch. Schon mit der sauberen Brautschaft hatte es seinen Haken, indem sich, diskretes Fräulein oder Notstandshilfe Bordell im Rücken, der dem Zweck genügende Schein keuscher Besonnenheit mühelos darstellen ließ. Der die Geisteswelt unserer Eltern zierende Sittenfriede war eben weniger moralische Leistung als ein weiterer Verwicklung aus dem Wege gehendes Bündnis mit der Eudämonie. Das durch die drohende Krise geängstigte Bürgertum klammerte sich so eigensinnig an die »moralische Familie«, daß selbst ein kühler Kopf wie der

Anthropologe Saller das biologische Schicksal des Menschen für einen neben der politischen Geschichte einhergehenden, gegen Zwischenfälle von dieser Seite unempfindlichen Verlauf gehalten hat. Für den Nationalsozialisten war das Lob familiärer Statik ein zusätzlicher Versuch, das im Weichen begriffene Verhältnis zu Boden und Heimat durch eine zweite Erlebniskette zu sichern und zu beleben.

Die Rolle bürgerlicher Heimat hat die Familie ein halbes Jahrtausend ehrlich gespielt. Jetzt hat sich doch ihr Ruhm zu einer der religiösen Frage parallel laufenden Exklusivproblematik gewisser vom Wohlstandsgehabe Abstand nehmender Schichten verlagert, die Höheres im Sinn haben und die Sexualproblematik mitnehmen. Ihnen geht es um eine neue Auflage standfester Elite, die mehr bietet als nur effektelitäres Funktionsglück und einen Schauplatz liefert, auf dem man zu gehorchen, zu laufen, zu sprechen und zu arbeiten lernt. Den Sexus im Übermaß zu ermutigen, wäre falsch: ist doch die nihilistisch aufgefaßte Triebehrlichkeit raffiniertester Angriff auf Struktur und bürgerliche Verteidigung, indem in der sexuellen Frage jeder von Natur aus Demokrat ist und man der Triebehrlichkeitspropaganda erst nach einigem Nachdenken den Pferdefuß anmerkt. Sex überspringt in schamlosester Unbefangenheit Standesunterschiede und Bildungsdistanz.

Zu ehelichem Baugrund aber reicht er — allein jedenfalls — nicht aus. Er ist eben doch nur vegetative Funktion, wenn auch mit einem ins Metaphysische reichenden Gipfel. Erst wenn er sich mit Weltanschauung, Ziel, Gefühl und Heimat verbindet, erreicht er die Transzendenz, die ethische Achtung verdient.

Gefühl und Bindung

Auch Ehe und Familie sind ein Thema des Planens geworden. Unruhe aus dem Verkehr mit den Massenmedien und ein allzu lebendig verarbeiteter, genießerisch interpretierter Fernkontakt verführen zu das natürliche Leben verlassenden Launen und Zielvorstellungen. Mischt sich der Nihilismus noch ein, ist, was geschieht, nicht mehr gesundes Sich-frei-Machen, sondern triebhaft gespannte Meuterei.

Die durch soziale Traumen geschüttelte Institution ist für

unsere Kinder kaum noch Schnittpunkt Bergung suchender Gefühle. Der Vater, von Wirbel und Ansprüchen hin- und hergerissen, hat selten nur noch die Zeit und die Freiheit, sich der aus den Kinderschuhen kommenden Sorgen und Wünsche anzunehmen. Seine Energie ist Problemen, Pflichten, Interessen und Notwendigkeiten zugewandt, die außerhalb des Hauses liegen. Mit der Mutter ist es, wenn sie draußen arbeitet, ähnlich. Nur bringt sie in mehr mechanischem Pflichtgefühl die verteilte Aufgabe eher zustande als er. Doch auch in den glücklichen Fällen, in denen es ihr gelingt, gleichzeitig Hüterin der Liebe, der Ordnung, der Erziehung und des hauswirtschaftlichen Ablaufs zu sein, bleiben Lücken.

Die Eindrücke, denen die Jugend auf der Straße, in der Pause, über Zeitung und Rundfunk ausgesetzt ist, sind destruktiv. Sie entfremden der Tradition, der Struktur und der Chance eines Vertrauensverhältnisses, so daß im Sinken ihres Einflusses Vater und Mutter kaum noch die Aussicht haben, ohne Hilfe vom Staat her gegen die drohende Auflösung anzukommen: die Comics, die obszönen Hektogramme, die wechselseitig oder isoliert betriebene Masturbation, die durch die Antibabypille erleichterten Pirschversuche zum anderen Geschlecht hinüber und der Abbau des Ordnungsgewissens durch Haschisch, Marihuana und LSD. Die Leere großstädtischer Reize macht den jungen, noch nicht durchgeformten, reaktionsfest gewordenen Menschen zu einem sensationssüchtig ausfahrenden Charakter. Wenn dann noch der Weg zwischen Elternhaus und Schule durch stadtbezirkliches Ausland führt, gewinnt der von der familiären Autorität ablenkende Einfluß ein nicht zu beherrschendes Übergewicht. Man kann es ehrlich bedauern, selbst nicht den Spielraum genossen zu haben, der die Jugend von heute so anspruchsvoll macht, sichert aber gleichzeitig gegen so verfrühten Kontakt mit Lust und Affekt ohne den Ausgleich erlebter Idylle: Stimmungskomposition Wald, wogendes Korn, Wiese, Weingarten, spielende Hasen, Findling, sich türmender Fels, Tiere auf dem Hof, Laube im Garten, Bank in der Sonne, alter Flieder, Sterne bei Nacht, Glocken zu üblicher Stunde, eiserner Steg, alte Kommode, Bilder, Bücher, Ritus, Heimat und Herkunft . . .

Der Mensch Heine, schreibt Ludwig Marcuse, wäre geborgen gewesen im Bett der Illusion, aber er habe »nur Anfälle von

Poesie, nur Poetenminuten, nicht des Poeten lebenslänglichen
Schutz gehabt« (Ludwig Marcuse, Heinrich Heine, Hamburg
1960, Seite 72). Diese Worte, dem sich zwischen Entlarvung
und Traum quälenden Dichter ins lyrodramatische Grab nach-
gerufen, spiegeln in kongenialer Ahnung das Stigma und die
Dämonie, die zwischen Illusion und Leere Problem für uns alle
geworden sind.

Position Mutter

Die meisten unserer Zeitgenossen haben sich von der Struktur
freigemacht. Ihr Ziel ist Arbeit und Wohlstand, ihre Sicherheit
beruht auf der eigenen Aktivität. Sie haben weder Aufträge aus
der Vergangenheit noch Auflagen aus der Welt von morgen zu
erfüllen. Auch der auf laufenden Nachschub angewiesene Con-
sensus zweier Menschen kann nie so fest und dauerhaft sein wie
die aus traditionellem Kontakt entwickelte alte Form des Zusammenlebens. Die Frau hat sich in den Kampf um Platz und
Brot miteinfädeln müssen. Das hat ein wehrhaftes, Lederjacken
und Hosen tragendes, Auto fahrendes, massenmedialen Einflüsterungen ergebenes Geschlecht herausfordernder Amateurmili-
tanz ergeben, dessen Verletzlichkeit durch Antibabypille und
Antibioticum auf ein mißachtetes Minimum herabgesetzt ist.
Sein autonomes Gebaren ist verkrampfter Versuch, in teils pro-
gressiver, teils matriarchalischer Voreiligkeit bis zur Linie unwiderlegbaren Anerkanntseins vorzudringen.

Formal hat sie die Ausgangslage des Mannes erreicht, doch
ist sie noch immer gezwungen, sich über Gebühr zu bewähren,
damit es endlich unmöglich wird, ihr Mangel an Selbständigkeit, Abhängigkeit vom Lehrbuch, falschen Ehrgeiz und eine in
Panik fallende Krisenempfindlichkeit vorzuhalten. Ihre lebens-
kampftechnischen Mängel liegen nicht im Versagen der Intelligenz, sondern im Übergewicht des Situations- über den Planungsbezug.

Der Vorsprung des Mannes in Weite des Gewissens und Ta-
lent, sich zu geben, ist mehr als jahrhundertealte Übung in Untreue und Piraterie als eine Vorrang im Format vermittelnde Anlage zu erklären. Er ist es schon eher gewohnt, nicht ganz un-
schuldig zu sein, im Wissen um Grenze und Seitenwege der
Moral gegenüber als die noch im sozialen Aufbruch begriffene

Frau, die trotz der bekannten Vorbilder aus Renaissance und Barock nicht informiert und realistisch genug war, die Fehlerquote zu ertragen, die sich der schulderfahrenere Mann bedenkenlos zugute hält.

Die in Triebehrlichkeit sich ergehende Sexualpropaganda drängt sie in eine matriarchalische Gesinnungslage. Das männliche Führungsmonopol fällt auch erotisch, sexuell und ethisch. Hierbei ist ihre Orientierungsskala insofern neuartig und konstruktiv, als ihre Libertinität nicht moralisches Abwirtschaften oder unkritische Lässigkeit, sondern produktiver Elan ist. Die Kohabitation ist in souveräner Regung ein Vorgang geworden, mit dem man sich weder festlegt, noch in die Hand des Mannes begibt. Allerdings geht ihr die auf dem Wege vom süßen Haustier zum Menschen erworbene Position zum Teil wieder dadurch verloren, daß die ehelich verkoppelten Lebensläufe auf völlig getrennten, nur nächtlich und wochenendlich vereinigten Gleisen abrollen, was die Ehe zu einer labilen Schwebe gemacht hat, wie sie präzivilisatorisch undenkbar gewesen wäre. Seitdem sich die Chefs kaum noch um das Privatleben ihrer Leute kümmern, und die Leute den privaten Kontakt auch gar nicht mehr wünschen, haben sich zwischen berufliches und privates Feld Abstände eingeschlichen wie zwischen neuer und alter Welt.

An der Annäherung der Geschlechter hat mancher Vertreter des Journalismus vor allem den Zuwachs an Freiheit des Schaltens und Waltens, den Penicilin und Antibabypille vermitteln, hervorgehoben. Ungezwungen läßt die Frau unserer Zeit das Leben ihrer Wünsche spielen. Kühn sucht sie ihrem Temperament, ihrer Begehrlichkeit, ihrer Meinung von Glück und Vernunft entsprechende Formen. Es bleiben aber Grenzen. Auch die über Sex, Empfängnisverhütung, Zigarette und Barbesuch der geschlechtlichen Parität Nahegerückte ist stilüberschreitungsbeschränkt, wie auch der salopper Schwüle huldigende Mann an gewisse Grenzen der Ambivalenz gebunden ist. Für viele von uns Älteren, in antiker und preußischer Kultur Erzogene bleibt es ein paradoxes Erlebnis, einer Jugend, die sich zum Teil in einer losen und dreisten, mit unseren Begriffen widersprechenden Unbescheidenheit gehen läßt, den Führungsanspruch übergeben zu sollen und damit Introversion, Egozentrik, Soupçon gegen alles, was Macht ist, zu legalisieren.

Wir sehen uns einer Sphäre anarchistischer Aggressionen gegenüber, welche die Mädchen vermännlicht und die Jungen verweiblicht. In planvoll zur Schau getragener Anarchie und Ungepflegtheit machen sie sich geschlechtslos-geschlechtstoll den szenischen Rang streitig. Meist ist das in Prioritätsneid und rationale Arroganz geratene Mädchen forderungsintensiver, fanatischer, knalliger. Der in weibliches Gefühlstemperament gefallene Verstand ergibt einen Sprengstoff von höchster Brisanz.

Mit dem Zuwachs an weiblichem Geltungsbewußtsein ist ein ausgedehnter Rückgang der männlichen Militanz verbunden. Mögen Mannestugend und vaterländischer Geist die ehrendes Vorrecht gewordene Pflicht zu einem besinnungslosen Einsatz für Idee und Heimat nicht gebieterisch genug betont und in die Waagschale geworfen haben, um gegen die Interpretation als manischer Erguß eines romantischen Egoisten geschützt zu sein, mag die säbelrasselnde Sentimentalität unserer eigenen Jugend ein gut Teil Protzentum enthalten haben, das erst unter dem Hammerschlag feindlicher Artillerie als Seifenblase geplatzt ist, – die echte Frau achtet, naiv hinnehmend oder großzügig durchschauend, eine solche heroisch frisierte Rolle in der Bereitschaft zärtlichen Mitgehens. In erster Empörung unvernünftig aller Protzerei mit Mut gegenüber war sie doch fasziniert durch diese Unbekümmertheit in der Gefahr. Ein Held ist erotisch der bessere Partner, er ist Figur, Figur, die Leitbild und Sinne freimacht. Diese, das Leben auf die Schultern nehmende Stimmung ist aktives Kapital, während der drückebergerisch lavierende Schwächling auch dann, wenn er gut war in erster Intimität, als Mann nicht Stich hält.

Die Frau lernt den Verkehr mit Ämtern und Lehrern, sie lernt es, geschäftliche Briefe zu schreiben, zu kalkulieren, das Scheckbuch zu benutzen, das Auto auch technisch im Auge zu haben, eigene Standpunkte zu entwickeln, dem Gefühl rationales Vorzeichen und richtigen Stellenwert zu geben. Sie hat sich nicht nur die Zigarette erobert, die Hose, die Freiheit, ohne Begleiter ins nächste Hotel zu gehen und Anspruch auf akademische oder amtliche Laufbahn zu erheben. Sie ist mit Aufrücken im Lebenskampf zu einem an den Spielregeln der Zeit erprobten Urteil gelangt. Sie hat sich dem Mann in ihren Tätigkeitsmerkmalen auf einen die Unterschiede schluckenden Abstand ge-

nähert. Sie traut sich schließlich, die Vielfach-Verzettelte, **auto-**
ritäre Pädagogik nicht mehr zu, daher unbewußt erlöst durch
die Gedanken MacNeills und dem ihm unterstellten Rat, die
Erziehung der Kinder dem Zufall und Gott zu überlassen.
Eine intakte Mutter wäre durch die nicht ganz richtig verstan-
dene Schalmei aus Summerhill nicht so leicht zu verführen gewesen. Sie wäre noch stark genug, autoritäre Ansprüche zu stellen, anstatt den egozentrischen Anspruch auf kameradschaft-
liche Teilnahme des Kindes zu erheben, das zu schade sein sollte,
Pseudofreundin oder Pseudokavalier zu sein. Die Figur der
Mutter kann Segen sein und Problem. Die Zahl der Muttergeschädigten ist Legion: Affektiv-Informierte, Opfer eines die
natürliche Perspektive zerstörenden Vorurteils, Geängstigte,
Ziellos-Verwöhnte . . . Zivilisation ist – man sollte es nicht beschönigen – antifamiliär. Wo sie die Übermacht gewinnt, verschwindet die Abhängigkeit von der Struktur. Das ist Natur-
gesetz der Geschichte. Dies Dilemma zu steuern, gelingt nicht;
einzige Möglichkeit wäre, den Sinn für Struktur wiederaufleben
zu lassen und die Spannung aus dem Verhältnis zwischen Himmel und Erde zu erneuern.

Der Nationalsozialismus war in seinen Versuchen, die Seele
des Volkes an sich zu ziehen, nicht ungeschickt. Und es wäre mit
ihm anders und besser verlaufen, wenn nicht die moralische
Untreue in Führungskreisen alles verdorben und eine innere
Desorientierung angerichtet hätte, die nur in einer mehrschich-
tigen Niederlage enden konnte.

Stellungskrieg, Trennung, Scheidung

Wie alles im doppelschichtigen, aus der physischen Wurzel gehobenen Raum unterliegt auch die Ehe einer veränderten Kon-
struktionsformel. Diese Veränderung als Verfall oder Abstieg
einzuordnen, ist falsch. Die Ehe ist nicht schlechter, sie ist anders
geworden. Sie hat den bürgerlichen Geist verlassen, nicht nur in
Abfall von Pflicht und Ordnung und in Vorwurf erweckender
Schuld, die beide beteiligt sein mögen. Kern der Situation ist
der Wechsel der Szene, die jetzt statt emotional-moralischer
sachlich begründete, pragmatisch motivierte Bescheide verlangt.

Der Mensch von heute will ein nettes, erfolgreiches, durch

Nebenerträge verbessertes Leben, soweit Kinder hinzugehören, mit Hereinnahme auch dieses als menschliche Annehmlichkeit empfundenen Vorteiles. Bedürfnis und Stimmung sind die, Situation und Ereignis planvoll zu beherrschen. Nur so »kommt man zu etwas«. Man huldigt der durch Reklame geschürten Hingabe an einen technisch differenzierten Standard, hat Auto, Wasch- und Rasiermaschine. Unser Lebensraum ist Tummelplatz eines uns bis ans Ende unserer Zeit verfolgenden, Mut und Noblesse unterdrückenden, Philister zeugenden, das Genie der Welt versäumenden Rationalismus.

Schuld ist an diesem Abrutsch in die Einseitigkeit genüßlichen Nehmens das Zivilisationskomfort und Materialismus eigene Zerrinnen des Kontaktes mit Idee, Ideal und Wertbegriff. Vielleicht kann eine neue konstruktive Elite einige Punkte dieses aus spontaner Tiefe in die Genußsphäre führenden Prozesses rückgängig machen. Unsere Vorstellung von der Welt wird aber ohne die Hilfe eines autoritäre Rigorositätsgrade erreichenden Dressats nie ihre Allgemeingültigkeit wieder erreichen. Ethos, Passion, idealistisches Erlebnis werden das Vorrecht einer kleinen, exklusiven Zahl Nachdenklich-Gemachter oder Elite-Rückfälliger sein. Wir dürfen uns auch nicht die restliche Lust irrationaler Romantik durch anbiederisch-geschmackloses oder rechthaberisch-diktatorisches Sich-Brüsten mit Moralismen und Patriotismen von gestern vergrämen lassen. Gelegentlich kommt es noch vor, daß sich zwei durch Rapport der Natur gegen Liebesfading und zentrifugale Verführung gefeite Menschen für ein halbes oder ein ganzes Leben zugewandt zu sein. Meist aber reicht die erotische Faszination nicht aus, ein ganzes Leben lang des sich einmischenden Anspruchs der Straße, der Piraterie und des Sportplatzes Herr zu bleiben.

Durchweg hat die Jugend schon zu viel Einblick in Fadenscheinigkeit des Wortes, Ohnmacht des guten Willens, Demütigung und inneren Konkurs und statt der Bereitschaft, zu geben, zuviel Blindheit generellen Habenwollens. Sie hält von produktiver Illusion und Vergangenheit nichts. Wenn Phantasie und Einfluß der Eltern gegen die Stimmen von draußen ankommen, ist das ein Glücksfall. Sie hat am Schicksal der elterlichen und großelterlichen Generation zu deutlich erlebt, wie unsicher

Ruhm und Rede der Freundschaft, wie harthörig das Verständnis vermeintlicher Gesinnungsgenossen, wie fadenscheinig die Chimäre der Gerechtigkeit werden kann, wenn sich im brechenden Licht des Abends Symbole des Verworfen- und Verfallenseins abzeichnen. Die murrende Jugend weiß aus früher Erfahrung, daß in dieser entzauberten Welt nur eine Instanz überlebt: die eigene Kraft und das ein Ressentiment vermeidende Wissen darum, daß Beziehungen nur solange etwas wert sind, wie man der Umwelt selber lohnend erscheint. Ideellen Kredit kennt man nicht mehr, man will materielle Sicherheit. Für Phantastereien ohne greifbaren Zweck und Kapital im Hintergrund setzt man sich nicht mehr ein.

Die glückliche Ehe ist als Improvisation aus Mut und Gefühl oder eine ins Maß gebrachte Leistung liebender Vernunft noch nicht ausgestorben. Der die Trieblage lockernde Abbau der Engherzigkeit wird zu einer standesunabhängigen, nur dem persönlichen Impuls entspringenden Art der Entscheidung stabilisiert. Es heiraten Menschen, nicht mehr Situationen. Das aber auch hat seinen Nachteil. Nur zu oft ist die frei extemporierte, aus Nebel der Ungewißheit und Glanz des Affektes geschöpfte Ehe nicht das erwartete Glück, sondern Irrtum, so daß unser biblisches Scheidungsverbot objektiv seinen Sinn verliert: es ist ja nicht Gott, der die Ehen zusammenfügt, sondern unsere Laune und Kalkulation.

Die auf das Tridentiner Konzil zurückgehenden Vorstellungen Roms von Ehe als Sakrament weichen den zölibatlosen und nur noch sakramentsnahen Vorstellungen Wittenbergs, Genfs und Canterburys. An die Stelle der dogmatischen Maxime hat sich ein weltliches Ideal gesetzt. Die kanonische Formalistik, die keine Besonderheit des Falles sehen will, geht ihrem Ende zu.

Faszination schließt im Liebenden Zweifel an Dauer und Gültigkeit seiner Gefühle aus. Der Verstrickte geht an der Möglichkeit eines Fehlers eigensinnig vorbei. Im Gegensatz zu der Eucharistie, die als unio mystica ritusreine Feier ohne profanen Einschlag bleibt, ist die kirchliche Trauung, auch wenn sie sakramental gemeint ist, mit Zivilisationsproblematik und areligiösem Bezug auf die physiosoziale Dialektik versetzt. Zwei Menschen lassen sich vergattern. Das Wunder der Wandlung, der Zaubergang des Weines und des Brotes in Blut und

Leib Christi fehlt. Der von den das Dogma der Unwiderruflichkeit stürmenden Tatsachen ausgehende Druck ist so stark und der Beweis, daß nur wenige Ehen wirklich im Himmel geschlossen werden, so demonstrativ, daß die erschütterte Ehe zu einer voller Verlegenheit steckenden Sorge für Gottesmann und Juristen geworden ist.

Die Zunahme der Enttäuschten hängt auch mit der zu einem verstädterten Leben gehörigen, von vielen leichtfertig als Gewinn und Errungenschaft gefeierten Beziehungslosigkeit untereinander zusammen. Man kennt sich kaum, lebt in der Anonymität. Adel, Bürger, Bauern der Feudalzeit wußten, was man, wenn man heiratete, tat, – das bezugslose Strandgut, das sich aus abgemusterten oder zerbröckelnden Söldnerhaufen ergab, außer Acht gelassen. Die Ehe war ein gezieltes, an Person und sachlicher Lage klar orientiertes, in den Folgen zu übersehendes Ereignis von fester Struktur. Schließlich hat sich auch sie in Richtung integrativen Tonus und schwebenden Affektes verlagert. Sie ist nicht mehr das narrensichere Feld der Zur-Ruhe-Gelangten. Die Wachsamkeit sparende Endgültigkeit ist vorbei. Auch die Ehe will täglich mit Energie und raumgebender Toleranz verdient und geleistet sein. Wenn dies Ideal unerreicht bleibt, bahnt sich Ausweg zum Konkubinat. Der bei Scheidungsuneinigkeit der den Einspruch erhebenden Partei geleistete richterliche Schutz entartet meistens zu einer in der Unmoral des Wartens auf den Tod des anderen Teiles sich gefallenden Farce.

Es ist eine politische Paradoxie, der Frau einerseits Grade gleichberechtigter Selbständigkeit zuzubilligen, die einen Schutz gegen die eheprozessuale Ausbootung überflüssig erscheinen lassen, andererseits aber der gegen die Scheidung kämpfenden Partei einen so schematisch wirksamen Einspruch zuzuspielen. Wie sich die Allgemeinheit der in berufliche Konkurrenz getretenen Frau gegenüber nicht mehr zu kavaliersmäßiger Form des Umgangs verpflichtet fühlt, erscheint die Emanzipierte auch eherechtlich nicht mehr derselben Sonderrücksicht bedürftig wie die auf ihre familiäre Rolle Beschränkte des neunzehnten Jahrhunderts.

Auch neue Jugend erlebt den geliebten Menschen als unvergängliche, unausschöpfbare Größe, auch sie kennt die Blindheit verliebter Wünsche, die im Verschwinden der als Bremse wirkenden Prüderie die Gefährlichkeit noch verdoppelt hat.

Dieser Faktor beschleunigter und verstärkter Kontaktefflorenz fällt mit dem Zerspringen unserer persönlichen Existenz in mehrere, nebeneinander herlaufende Leben zusammen. Oft sind es wirklich getrennte und verschiedene Leben, gleichzeitig geführt und auseinandergehalten. Der zivilisatorisch Differenzierte birgt mehrere Menschen und mehrere Schicksalsnuancen in sich. Und nun die Auswirkung auf die Ehe: sie erlebt den Arbeitstag lang etwas ganz anderes als er, auch wenn sie an einem Orte sind. Sie sehen sich abends, vielleicht erst im Bett, müde und okkupiert, morgens zu einem überhasteten Frühstück, an einem mit Arbeitsrückständen belasteten Samstag-Sonntag, auf die jeder wie auf Weihnachten viel zu große Hoffnungen setzt. Die Brücke eines die Sensationen des Tages verbindenden Anliegens fehlt.

So zeigt der die Statik bedrohende Verlust an physischer Adhäsion seine Macht. War schon die Lässigkeit in der sexualbiologischen Frage Moment der Instabilität, verwirrt die der integrativen Unruhe im physiosozialen Raum entspringende Einbuße an Schwerpunkt und Schwere die Statik des Glaubens, des Volkes, des Staates, der Familie erst recht. Das auf höheren Segen, Ordnung, Gemüt und Herdgemeinschaft wartende Herz sucht in der auf rationale Dynamik, Egoismus und Zweck gestimmten Zivilisation vergeblich nach rettendem Grund.

Der einzelne klammert sich fast machtlos an sein Idol, er wehrt sich, verrennt sich, verschließt sich dem Wechsel der Szene, – eigensinnig, wie taub und blind. Aber es geht ohne ihn weiter. Ginge es auch in einer ihn nicht beteiligenden Richtung, wenn es eine Majorität politischer Reaktionäre gäbe, die das Rad der Geschichte zurückzudrehen bereit wären? Denn, was hier arbeitet und den Fluß der Dinge beherrscht, ist eine außerhalb unseres Willens im Gang der Geschichte gelegene Aktivität. Der einzelne holt auf, bis ihn die desillusionierende Erfahrung doch einholt, ein kluges Kind überrascht oder ein schwarzes Schaf mit unerwarteter Anschauung ihn dazu bringt, seinen Standpunkt zu revidieren. Auch dem härtesten Puritaner gerät sein Programm ins Wanken, wenn eine Stelle in der Legende nicht standhält und sich ein Mensch, der moralisch sein müßte, regelwidrig verhält.

Die zivilisatorische Demokratie ist auf die freie Bahn, die sie dem Tüchtigen eröffnet, und die hohe Geschwindigkeit leistungsgetragenen Aufstiegs sehr stolz: »Jeder kann schnell etwas werden, wer nichts bietet, muß wieder zu Boden« ... Die so zum Ausdruck gebrachte Raison, nach dem Funktionswert der Person zu rangieren und nur nach ihm, ist im Modell überzeugend, im Effekt aber schlecht für eine Kultur, die aus Tiefe, Muße und Raum ihre Kräfte bezieht. Die Quellen der Kultur fließen aus dem Luxus der Unvernunft und eines seigneuralen Einflusses, vor dem sich der Nur-Arrivierte in bodenloser Verlegenheit fühlt und unter den Druck, sich aufwerten, korrigieren und auf eine gewisse Höhe des Scheines schrauben zu müssen, gerät. Es entstehen dann für den auch im Anspruch an das Niveau seiner Ehe um eine neue Ebene bemühten Funktionär ähnliche Schwierigkeiten wie dem von Josephine de Beauharnais zu Marie-Luise von Habsburg wechselnden Bonaparte oder dem frischgebackenen Hauptmann aus dem Mannschaftsstande mit einer auf der Stufe des dienstbaren Geistes stehenden Frau.

In dem Volk ohne Raum, zu dem uns die Zivilisation erniedrigt, hat die Familie schon durch den Mangel an physischem Platz einen Teil ihres konstruktiven Effektes verloren. Häuserschlucht und Beschränkung auf 40 bis 60 Quadratmeter Wohnfläche nehmen dem »freien« Menschen sachlichen Spielraum und Lust, sich genetisch gehen zu lassen. Platzverhältnisse ohne Schlupfwinkel und befriedigendes Nebengelaß – Krieg, Übervölkerung, Massenkomfort – sind zu einer tödlichen Grenze familiärer Aktivität geworden.

Die auf die Familie zukommende Prognose ist hart, denn die Hoffnung der Rückkehr zu einem mit Schicksalsgewalt auftretenden Idealismus, der Bürger und Staat in die alte Erlebnispracht zurückführt, hat man ja kaum.

Weltanschauungsfading

Im Recht steckt absolute und historische Kategorie. Der Kern des Rechts ist absolut, ein für den Abstand zwischen den Menschen, ihren Spielraum, ihre Sicherheit, ihren Anteil am Konstellationsertrag, ihre Ehre, ihr Eigentum und ihr Leben arbeitendes Ordnungsnetz. Rechtserwartung und Rechtspflicht bedingen sich wechselseitig.

In der Wende zur Zivilisation fordern fünf Punkte zu rechtskritischer Unruhe heraus:

1. allgemeines Mißtrauen gegen Führungs- und Exekutivimpulse des Staates, hochgespielt durch Desillusionierung, Weltanschauungsfading und Angst vor zeitweiligem Abgleiten akuter richterlicher Aufgabe an die Exekutive;

2. die das geltende Recht diffamierende Zunahme gewisser, das dem Gesetz zugrundeliegende Leitbild als veraltet nachweisender Vorstellungen und Begriffe und die Entstehung von anwaltlicher und richterlicher Argumentation nicht ausreichend erfaßbarer Umstände;

3. das Abwandern einzelner Rechtsstörungsquellen aus der strafrechtlichen Evidenz ins Smarte;

4. die Favorisierung rechtsunwilliger Charaktere und

5. die Einbuße der Beweismittel an Dokumentationswert.

Das Recht nahm als verschwommener, nicht kodifizierungsreifer Führungsimpuls seinen Anfang. Ein grober, diffuser Trieb, sich zu wehren, und die Angst, sonst schutzlos unter die Wölfe zu fallen, hielt die frühen Menschen in improvisierter Form des nomadischen Haufens zusammen. Das Bedürfnis, Schema und Norm zu entwickeln, begann, als in der Seßhaftigkeit die Enge des Raumes eine Rolle zu spielen anfing. Vorher blieb es bei der nomadischen Improvisation, den Frieden in der Gefolgschaft durch Machtspruch und das noch bewegliche Lager durch Wachsamkeit gegen Unwetter und Angriff zu sichern. Jahrhunderte hat es gedauert, bis ein Stadium der vollen Domestikation und der kodifizierbaren Regel erreicht worden war. Der Stil eines noch nicht stabil gewordenen Regimes läßt sich an den stammesinternen Rechts- und Ordnungsbemühungen der Zigeuner nacherleben, den Vorkehrungen des Primas gegen ein stammesmüdes Ausbrechen und andere Formen interner Untreue.

Es nahm also das Recht im Recht des Stärkeren seinen Anfang, aus Einseitigkeit subjektiver Herrschaftslaune erst langsam zu einer objektiv fundierten Institution geleitet, die auch dem Unbeachteten und Schwachen Wort und Hoffnung gewährt. Schon das Rom vor Christus hat eine das autokratische Stammesgericht ablösende, aus begrifflich geklärten Kategorien gebildete Systematik entwickelt, die dann in Verbindung mit Resten genossenschaftlichen Volksrechts und der Sphäre der die Feudalität ausbauenden Land- und Kammergerichte überzeitliche Regeln und Grundbegriffe gesammelt hat.

Als sich die Landnahme erschöpft, das meiste verteilt und in feste Hände gegeben hatte, wuchs das Bedürfnis nach Ordnung und Rechtsgarantie in die Sphäre vollendeter Staatsrechtlichkeit und eines ausgereiften räumlichen Hoheitsfaktors. Es bildete sich ein kritisches Gefühl für Recht und Unrecht, das nach Normen, obrigkeitlicher Wachsamkeit und richterlicher Geistesgegenwart schrie.

Rational und rücksichtslos, wie sie war, setzte sich die Epoche gegen natur- und kirchenrechtliche Vorstellungen, die der bürgerlichen Welt zunächst bequem und naheliegend schienen, sie dann aber doch im Stich ließen, durch. Die hinter den Begriffen spielende allgemeine Verschiebung des Sinngehaltes hat auch die Sphäre des Rechts nicht verschont. Wechsel der Szene, Niedergang des Gefühlslebens, Abbau produktiver Ideale, Illusionsverlust und die Verlagerung des Gewissens aus christlichem Maßstab und innerer Ehre in das Virtuosentum des Erfolgsmenschen haben einen, eine neue Ausgangslage für Politik und Gesetzgebung bewirkenden Wechsel des charakterlichen Durchschnittsprofils nach sich gezogen.

Heute in der Zwieschichtigkeit des physiosozialen Raumes sind Recht und Gewalt in einen rechtshoheitlich markierten, offen zutage tretenden und einen rechtshoheitlich unangesprochenen, versteckten Komplex geteilt. Die Rechtsmacht hat sich gespalten. Ein Teil des Rechtsbildungspotentials ist in den privaten Untergrund abgewandert, zu einer besonderen Chance der mit sozialer Piraterie Vertrauten geworden. An die Stelle feudaler Rechtstrübungseinflüsse ist der aus dem zwischenmenschlichen Verkehr kommende Rechtstrübungseinfluß getreten. Die Vorstellungen von Ehre, Verantwortung und Recht, – Weltanschauung noch für uns Ältere –, verlieren sich in Wohlstandswunsch und rechtsverständnisloser Lässigkeit der Gesinnung. Ist die Rechtspolitik autoritärer Verhältnisse problemlos konstant, treibt der demokratische Liberalismus im Seegang schwankender Orientierung und standpunktsfremdem Schillern des Zieles. Die physische Kausalität tritt hinter der sozialen Kausalität zurück, die zivilisatorische Integration gewinnt die Oberhand.

Das mit dem Tod des Vaterlands verbundene Fading politischer Weltanschauung verweltlicht das Werk des Gesetzgebers, des Richters, der Exekutive zu ordnungsgeschäftlicher Nüchternheit. Arbeitete ehedem die öffentliche Hand mit religiösem Druck und einer psychologisch in die Enge treibenden Bezugnahme auf Untertänigkeit, Sünde und Strafe, ist der Gerichtsherr von heute auf hoheitstaktischen Einsatz seines exekutiven und argumentativen Apparates und sein innerpolitisches Geschick, ein Auskriechen aus staatsbürgerlicher Pflicht bis zur Unmöglichkeit zu erschweren, fest angewiesen. In der Phase des Staatsoptimismus durch das Gewicht der forensischen Macht absolutes Effektmonopol gewesen, sind Gesetzgeber, Richter und Exekutive unserer Epoche Zuständen zersplitterter Autorität und einer Vielfalt neben dem Staate herlaufender diskreter Machtbildungen mit üppig wucherndem Nebenrecht ausgeliefert. Der obrigkeitliche Machttitel ist in ein nur noch mit morscher Gewalt ausgestattetes Arrangieren, Regulieren, Verhindern und Steuern hinübergewechselt.

Ende des Obrigkeitsstiles

Die Krise im Recht berührt auch Gestalt und Stellung des Richters. Die Herauslösung aus dem allgemeinen Typus des Beamten mit Unabsetzbarkeit, Herrschaftlichkeit und besonderer Ehrenpflicht war ein Vorteil von signifikantem Gewicht. Volksnähe und lordrichterlicher Abstand schließen sich keineswegs aus. Wer überzeugend sein soll als Repräsentant des Gesetzes, braucht Strahlung, Autorität und Distanz. Ein volksnah angebiederter Richter wirkt falsch.

Sein Amt verlangt Mut, einen Menschen mit der Bereitschaft, auch unpopuläre Verantwortung zu tragen, Unbeirrbarkeit vor Thron und Gosse und die herrenhafte Freiheit, sich weder durch den Einfluß der Mächtigen noch durch andere Vorteil verheißende Gunst von der Linie sachlich begründeten Urteils abbringen zu lassen; sein Amt verlangt die den Eigenschaften eines Halbgotts nahekommende Gabe also, zwischen fixem Grundsatz und schillernder Wirklichkeit produktiv und überzeugend zu operieren.

Streber, Rechner und egoistische Nutznießer fallen für die richterliche Aufgabe aus. Opportunistisches Denken hat in diese Sphäre nur soweit Zutritt, wie es gekonnt sein muß, die den Geschäftsgang füllenden Doppeldeutigkeiten des Lebens beurteilen zu können. Der ideale Richter verbindet den Einblick in alle vor seinem Auge auftauchenden Motiv- und Effektlagen mit Selbständigkeit des Charakters und einer modernen, seinem Staatsvolk die kleinen Ungereimtheiten verzeihenden Toleranz, wobei ein an der Ordnung willig mitarbeitendes Volk, Rechtsbetrieb und Strafvollzug mit Lebensnähe und ein in seinen Direktiven das Wesentliche treffende, Struktur wahrende, Fortschritt und Wandel würdigendes Gesetz vorausgesetzt ist. Ein aufsässiges Staatsvolk, egoistisch, querulativ, persönlichem Nutzen ergeben, ohne Glauben und mißtrauisch, ist polizeilich und judiziell kaum zu beherrschen und objektive Erschwerung des Rechts.

Jeder avantgardistischer Unruhe und Terror des Untergrunds zu verdankende Ausfall an rationaler und emotionaler Integration fordert Verstärkung der autoritären Struktur. Der Gesetzgeber reagiert auf diesen Prozeß mit einer noch präziseren Kodifikation seiner Grundsätze, die spezielle Aktualität dem die Norm abwandelnden Richter und der Einsicht des rationalsymbiotischen Staatsvolks in die Rechtszwecklichkeit überlassend. Während die richterliche Personalpolitik Hilfe durch Anerkennung als Sonderelite verdiente (finanzielle Aufbesserung wäre zu wenig), ist der konstruktive Beitrag des Staatsvolks zur Situation des Rechts an staatsbürgerliche Kultur, und Rückkehr zu Maßstab und offener Gegenseitigkeitskontrolle gebunden. Strukturunwillige, nur auf die Stimme des eigenen Interesses hörende, aus Erziehungslücke und Einsturz der Tradition auftauchende Egozentriker sind schon in der Form des harmlosen Gammlers kein geeigneter Nachwuchs, – geschweige denn ein aus der Welle des Rauschgifts hervorgehender Volksschrott.

Wie sehr Staat und Gesellschaft eines neuartig vertieften Verhältnisses zur Autorität bedürften, zeigt auch der Aufschwung des Gangster- und Rauschgiftterrors, – offen als demonstrative Gewalttat, versteckt auf der Hintertreppe. Mit Gangstern zu verhandeln, ist politischer und staatspolizeilicher Unsinn und eine Form antiautoritärer Erniedrigung, die nichts einbringt. Entschlossener Angriff der Polizei endet, wenn schnell und energisch genug, nicht, wie dienstherrliche Feigheit glaubt, mit Erschießen der Geisel, sondern in Sorge ums eigene Leben. Auch ist der unerfüllbare Befehl, nur kampfunfähig zu schießen, ein unlauterer Versuch des verwaltungsrechtlichen Vorgesetzten, Problem und Tatsache der Verantwortung auf die Männer der Exekutive abzuschieben.

Überfall mit Geiselnahme sollte als Indikation für ein Durchgreifen mit allen Mitteln so anerkannt sein, daß die Exekutive keine Gefahr läuft, wegen einer Blitzarbeit, die sie leistet, von Vorgesetztem und Richter in Stich gelassen zu werden. Wahrscheinlich braucht die durch falsche Freiheit mißhandelte Öffentlichkeit für solche Fälle exorbitanter Asozialität die Hilfe eines Standrechts, das die Hüter der Ordnung über die liberalen Begriffe hinaus ermächtigt und dem polizeilichen Vorgehen die Rechtsgunst öffentlichen Notstands mit Notwehrcharakter zubilligt.

Mit dem Wechsel der Rolle zwischen Pflicht und Anspruch hat der nicht mehr als sakrosankte Fixation gebuchte Eid Zauber und suggestives Gewicht verloren. Stimmungsverderbend war auch die unseren Altersklassen zugemutete mehrmalige Wiederholung des Diensteides: erst Kaiser und König, dann Weimar, dann Hitler, dann Bonn. Die dienstlichen Eide von 1918 und 1933 waren von außen diktiertes Verschobenwerden, der Diensteid von 1945 Nebenumstand allgemeiner Erschöpfung. Jedenfalls ist die moralische Stabilität dahin. Eid und Eid sind,

Charakter und moralischer Einsicht des Vereidigten entsprechend, von verschiedenem Wert.

Des Gesetzgebers begreifliche Versuche, Dienst- und Gerichtseid aus ihrer subjektiven Bedingtheit zu lösen und zu einer objektiv sicheren Willenserklärung oder Aussage zu erheben, scheitern am Fehlen der staatspädagogischen Voraussetzungen. Auch mit Feierlichkeit ist nur dann etwas zu erreichen, wenn vaterländischer Geist und staatsbürgerliche Pflicht erlebter Zielbesitz sind. Trotzdem sollte man es mit der äußeren Form nicht zu leicht nehmen. Die Unterschrift des Reverses ist für einen Soldaten und Beamten, der sich verschreiben soll, an feierlicher Form zu wenig. Auch der Eid vor dem Richtertisch braucht die Würde vergatternder Autorität und Unterwerfung unter die Wahrheit, was nicht ausschließt, daß man sich in der Wahrheit irren kann.

Christlichkeit des Denkens, Rigorosität in der Liebe zur Wahrheit und Brutalität des Ehrgefühls geben dem Eid, ob dienstlich oder gerichtlich ein anderes Gewicht, eine andere Tiefe als der zu äußerer Loyalität bereite Opportunismus des Nonkonformisten. Wie ernst hier auch das judizielle Milieu zu nehmen ist, brachte mir wieder die Kammer eines Münchner Landgerichts zu Bewußtsein: ein Wohnhaus wie andere, der Sitzungssaal ein Zimmer ohne obrigkeitliches Emblem, ein Pult als Verhandlungstisch, einige Bänke, kein Amtsdiener, nichts, was an die Hoheitlichkeit des Orts erinnert, kein Zeichen forensischen Ernstes, das Ganze nicht improvisiert oder sparsam, sondern falsch instrumentiert. Will man schon nicht mehr den sakrosankten Raum mit Kruzifix, Reichsadler und anderen Zeichen der Heiligkeit und der Hoheit, so wäre die Fahne am Verhandlungstisch, wie sie der US-Amerikaner gewohnt ist, immerhin doch ein kleiner Akt synthetischer Situationsbetonung. So war es nichts.

Überhandnahme rechtsstörerischer Scheinlegalität

Die nach dem Zweiten Weltkrieg um sich greifende Scheu vor Verantwortung ist nicht auf das geschlagene und getrennte

Deutschland beschränkt. Sie ist allgemeines Merkmal der Zeit und ein die ganze Zivilisation erfassender Vorgang des Abstiegs aus der Investitur des Charakters in das Schema eudämonistischer Sollerfüllung und Genießerschaft. Sammelbegriff, Massenleistung, Norm und Institution schlucken persönliches Leben und Eigenart. Die Ausnahmen individueller Begegnung mit Schicksal und Lage sind selten geworden. Selbst freier Beruf, intellektuelle, kaufmännische und technische Unternehmerschaft sind Abhängigkeiten unterworfen, die in freiheitsfremde Normen des Verhaltens zwingen. Das Erwerbsleben bringt Anpassungserfordernisse mit sich, die einen Teil des individuellen Einschlags kosten.

Um diese Verteidigung des Restes an individueller Selbständigkeit geht es, wenn der Schutz der Intimsphäre gegen das staatspolizeiliche Eindringen Gegenstand eines so hektischen Eifers geworden ist. Es handelt sich hier um die letzte und wesentlichste Position des Persönlich-Besonderen, und man versteht es, daß sich der Liberale im Allerheiligsten bedroht fühlt. Die Unantastbarkeit der Intimsphäre ist durch elektronische Abhör- und Subversionsgeräte auf eine bizarre Weise in Frage gestellt.

Andererseits braucht die durch Rücksicht auf die Rechte des einzelnen geschwächte res publica besondere Hilfen und Wege, dem Untergrund auf der Spur und gewachsen zu sein. Ohne ein solches, eigentlich verfassungswidriges Sich-Einschleusen in die Sphäre Beargwöhnter oder Nur-für-wichtig-Gehaltener wird sie des subversiven Treibens nicht Herr. Die postfouchésche, metternichsche Zeit letzthin widerspruchsloser Härte in sicherer Durchsichtigkeit der Verhältnisse ist vorbei. Wir leben nicht mehr in der Phase einer dem Staate zufallenden Transparenz, die Transparenz muß erkämpft werden. Die Sicherheit unseres Lebensraumes aber hat vor der Empfindlichkeit des einzelnen Vorrang.

Leitungen anzuzapfen, Wanzen einzubauen, sind natürliche Vorkehrung im Kalten Krieg. Der Staat unserer Schicksalstufe kann sich die liberale Wohltat einer blinden, schematischen Unantastbarkeit der privaten Sphäre polizeilich nicht leisten. Der Untergrund gewänne unwiderstehlich die Übermacht. Und nun wirft die List der Vernunft dem Überdifferenzierten Mittel technischer Kontrolle und Infiltration von einer Unheimlichkeit in den Schoß, die mit der Sicherheit unserer individuellen Bannmeile Schluß machen und es nur noch Frage des Anstands und des guten Willens der Mit-Macht-Versehenen erscheinen lassen, wie weit sie sich an Menschenrecht und Verfassung halten.

Ob individualistisch-liberal, absolutistisch-totalitär oder auf eine konstitutionelle Mittellinie festgelegt, wir müssen diesen zwischen Recht der Person und Recht des Staates spielenden Punkt klar zu Bewußtsein kommen lassen, um die in uns aufsteigenden, auf das Hausrecht des Individuums pochenden Empfindlichkeiten mit der durch Zeitdruck und emanzipative Lüftung des Raumes, Entwurzelung und Konfektionierung veränderten Lebenslage in Einklang zu bringen. Nur die Urangst, die Angst aus schmetternder Detonation und die Angst aus einem plötzlichen Instabil-Gewordensein des Bodens ist dieselbe wie ehedem. Schon die Angst vor Siechtum und Tod zeitigt zwiespältig differenzierte Impulse, an denen der Geist der rationalen Symbiose beteiligt ist, – erst recht die Angst vor der Schärfe fremden und eigenen Zornes, vor Irrtum, Fehler, Mißtrauen, Argwohn, böswilliger Kalkulation, Brutalität des Anonymen und gesetzlicher Norm, die sich zu einer völlig neuartigen, unser Lebensgefühl verdüsternden Störungsfront zusammengeschlossen hat. Die Angst von gestern war näher am Leibe, die Angst von heute ist näher dem Charakter. Es hat also auch die Angst soziale Karriere gemacht.

Ihre neue, charakterliche Form hat die Eigenschaft, sich in Ziel und Lebensgefühl einzufressen und sich als polemisch-soupçonneuse Scheu vor entlarvendem Blick und spähendem Ohr herdartig-drohend festzusetzen. Wohl dem, den anflutendes Mißtrauen unberührt läßt. Es gibt in dieser Hinsicht glückliche Menschen, die den Mißstand fremden Charakters erkennen, aber gleichgültig Neugier und fremder Nachrede gegenüber, ruhig und gütig bleiben, scharf nur im Notfall.

In unserer Erinnerung wirkt noch der hinter uns liegende Gefahrenbereich, als der staatspolizeilich interessante Partner nie aus der eigenen Wohnung telephonierte und, von verdächtiger Seite angerufen, Kompensationsanrufe bei einem der politischen Günstlinge, die ihm bekannt waren, machte. Es war das die Zeit, da man sich im Wirtshaus nicht an die Wand, sondern lieber in die Mitte des Raumes setzte, noch lieber aber seine Gespräche im Freien oder im Auto führte. Wirklich gefährlich aber wird es im Einzugsgebiet elektronischen Hörens, das ein Anzapfen eines Drahtes erspart, und einer infraroter Strahlen sich bedienenden Television, – Einbahnfenster mit Blick nur von innen nach außen, und das Abhören über Induktionsstrom war harmloser Anfang. So schlägt die von vielen als Deckung gesuchte Anonymität in eine Situation extremer Enthüllung um, für den rechtswidrig Denkenden gleichzeitig eine exquisite Gelegenheit, sich zu verstecken: der Gangster in der Bande oder hinter dem Syndikat, der Architekt hinter der Firma, der klinisch arbeitende Arzt hinter dem Krankenhaus, der Politiker hinter der Partei, der Verwaltungsmann hinter der Behörde. Die Ohnmacht der mit der liberaldemokratischen Galanterie kämpfenden amerikanischen Ordnungsorgane gegen die in die Legalität eingesickerte Unterwelt ist wohlbekannt: »Das ist alles . . . Sie verhaften ihn nicht . . .?« »Mister Morgan, ich nehme an, daß Tony Dagnon im Laufe der Jahre fünfzig Morde begangen hat« . . . »Fünfzig Morde . . . und Sie lassen ihn frei herumlaufen« . . . »Sagen Sie uns, wie wir ihn festnageln können . . . Bandenmord ist nicht dasselbe, wie wenn ein einzelner anfängt jemanden umzulegen . . .« (Ellery Queen: »Feuer unter den Füßen«, Frankfurt/Main 1960, Seite 134).

Der Lebensraum unserer Kindheit ist klar übersehbar gewesen, von der ständischen Struktur her durchsichtig und in Kontrolle gehalten. Anders der physiosoziale Raum. Er gleicht einer Tombola mit einer nicht zu überblickenden Fülle gleich aufgemachter Lose von beirrender Monotonie: Rationalprodukt ohne Individualität und Signatur, wenn auch nicht alles Niete ist, manches Gewinn. Die Menschen sind konfektioniert, sie werden sich immer ähnlicher, äußerlich und im Typus, von einigen Überraschungen abgesehen, die funktioneller Erfolg oder Mißerfolg mit sich bringen. Man darf es nicht mehr wagen, aus einer Tatsache wie der, daß jemand studiert hat, Schlüsse auf soziale Zuverlässigkeit und fachliche Qualität zu ziehen, aus der Zugehörigkeit zur Effektelite auf einen geistigen, gesellschaftlichen oder charakterlichen Rang. Die vom Präsozialismus betriebene, vom Liberalismus gedankenlos übernommene Herausnahme aus der Struktur hat den Menschen in Normungsverstecke geführt, die es dem Durchschnittsbeurteiler unmöglich machen, zwischen Wert und Unwert, Anrecht auf Vertrauen und Vertrauensunwürdigkeit zu unterscheiden.

Wasser auf die Mühle eines das konservative Rechtsdenken ablehnenden Untergrunds ist ein Urteil wie das vom Februar 1975 gegen einen von der Presse zum Sex-Arzt ernannten Doktor aus Grainau, das wegen Vergewaltigung in vier gelungenen und einigen mißlungenen Fällen auf fünf Jahre Gefängnis lautete, obwohl es eine Einmann-Vergewaltigung ohne eine mindestens sekundäre Mitwirkung der Frau gar nicht geben kann, es sei denn über eine Hypnose oder eine in Bewußtsein und Willenslage eingreifende Injektion. Die aus der Patientenschaft gekommene Strafanzeige muß aus verallgemeinerter Reizlage, nachträglichem Ärger und Rachegefühl zustandegekommen sein. Eine der Sache auf den Grund gehende psychologische Klärung hätte eine kausale Lage zutage gefördert, die den seine erotischen und sexuellen Bedürfnisse so großzügig in die Praxis tragenden Arzt zwar nicht entschuldigt, ihm aber wahrscheinlich die lebensvernichtende Verurteilung erspart hätte. Solche schematisch-reaktionären Urteile ermuntern die rechts- und ordnungsfeindlichen Kreise, ihren Unwillen noch lauter ertönen zu lassen.

Reform der Rechtslagegrundsätze

Es ist sinnlos, die Rationalismus, opportunistische Gesinnung, Dunstglocke, Lärm und Steinwüste spendende Zivilisation beiseiteschieben und Wald, Wind, rauschendes Korn, Weite des Landes, Summen der Bienen wieder heraufbeschwören, sinnlos eine Romantik erzwingen zu wollen, die der neuen Schicksalstufe widerspricht. Wir Alten müssen umlernen, es gibt keinen anderen Weg als den. Daß die Ehe nicht mehr den blinden Schutz einer konservativen Wertordnung verdient, daß die gynäkologische Interruptio nicht mehr erwarten kann, als Version des Kindsmordes behandelt zu werden, sind zwei unter zahlreichen Zugeständnissen, die man dieser so nicht gewünschten, in den Tatsachen aber unwiderlegbaren Epoche einräumen muß.

Daß nun eben gerade der liberale Gesetzgeber in seinem Bemühen, seine Mittel dem Wandel der Szene zu unterwerfen, nur schleichend vorankommt, erklärt sich aus dem Fehlen einer argumentativ durchschlagenden Neukonzeption und der Angst der Parteien, ihre Wählerschaft zu verstimmen.

Die mehr als 70 Jahre weiterer Entwicklung seit Inkrafttreten des Deutschen Bürgerlichen Gesetzbuches haben Probleme grundsätzlicher Art zutage gefördert, die, nur zum Teil durch Novellen abgefangen, Mut und Verantwortungsbereitschaft des Richters überfordern. Oft handelt es sich um den schwer zu lösenden Zwiespalt zwischen gesetzlicher Norm und dem Anspruch der Situation auf eine dem Fall entsprechende Rechtskorrektur, der Frage, ob man dem Tenor des Ordnungsbegriffes oder der Sprache der praktischen Umstände die Entscheidung zuschieben soll. Möglicherweise enthält die den Ausgangspunkt darstellende Lage eine rechtsphilosophische oder verfassungstechnische Zumutung, der sich das Gericht unvorbereitet gegenübergestellt sieht. Von einem Richter zu erwarten, daß er sich und seine Vorstellungen von der Architektur des Rechts auf den Bedeutungsgewinn der Zeit und das Erlöschen einzelner an die Prävalenz des Raumes geknüpft gewesener Aspekte einstellt und die neue emanzipative Ebene in seine Gedanken aufnimmt, ist ganz einfach zu viel. Es ist genug, wenn er ahnt und spürt, daß der zur Führung gelangte opportunistische Rationalismus Motivlagen in den Vordergrund rückt, die den Anschluß an Gewissen, Ehre und Wertbegriff nicht mehr verbürgen und einer Kategorie Mensch und Gesinnung den Weg eröffnen, der man Mündel und Tochter nicht anvertrauen möchte.

Den opportunistisch gelagerten Typ des Managers braucht die Epoche. Sie braucht ihn in großer Zahl, als Geschäftsführer, Verkäufer, Programmierer, Rechts-, Patent- und Steueranwalt, Lektor, Dolmetscher, Couturier, Mode- und Kassenarzt. Gleichzeitig aber wächst aus dem beklemmenden Erlebnis der Leere, der Armut an Ziel und des Fadings der Weltanschauung neuer Sinn für den Wert des ideenbeflügelten, besonderen Charakters, ein neues Bedürfnis nach rettender Illusion, neues Gefühl für die gewisse, einem profanen Rechnen und Denken verschlossen gebliebene, Tore öffnende Macht des Irrationalen und eine neuartige Ahnung von dem Zauber eines transzendentalen Vergessens der eigenen Person.

Daß auch Pflicht sich als Zweck begreifen und ethisches Operationsgebiet handhaben läßt, hat Preußen gezeigt, und auch Faschismus und Bolschewismus haben aus der Pflicht eine praktische Aufgabe gemacht. Der Liberalismus will einen kulanten Staat, der sich zurückhält und individuellen Opportunismus duldet. Staatsbürgerliche Aktion aber wäre für die liberale Demokratie ein Weg, Autorität zu sparen. Helfende Teilnahme des Bürgers würde die Aufrechterhaltung der liberalen Form in entscheidendem Grade erleichtern, während die staatsbürgerliche Indolenz Vorfeld einer dem autoritären Kollektiv zustrebenden Revolution ist.

Schicksalstufe II weckt und deckt rechtswidrige Impulse, die den Pflichtbegriff verschleißen und die staatsbürgerliche Loyalität so unsicher machen, daß öffentliche Führungsinstanz, Gesetzgeber, Polizei und Rechtsbetrieb auf die volkserzieherische Hilfe der Massenmedien angewiesen sind. Doch auch das Massenmedium kann nicht von heute auf morgen aus gereizter Indolenz und stummer Begehrlichkeit einen pflichterfüllten, tätigen Menschen machen. Die Unsicher- oder Argwöhnisch-Gemachten zur Rückkehr in eine Rechtswilligkeit alten Stiles zu bewegen, verlangt Enthusiasmus, Liebe, Gedanken und Zeit. Insbesondere würde diese Wiederverankerung einen neuen Anschluß an das romantische Ideal von Volksgemeinschaft und Reich voraussetzen, den der hinter den Bänken lauernde avantgardistische Terror des geheimen Einverständnisses mit der Machtbrunst von 1933 verdächtigen würde.

Liberale Rechtspolitik, wie sie in der rationalen Symbiose anliegt, verlangt eine über allen Zweifeln erhabene sittliche Sicherheit. Wer die Abtreibung freigibt, beruft sich mit dieser so tief in Moral und Lebensgefühl einschneidenden Geste auf einen ethischen Stand von besonderer Höhe: denn die Freigabe dieses Konfliktes ist ja kein Freibrief für ein billiges Denken über biologische Würde und keimendes Leben, sondern eine die rechtliche Verantwortung an privates Gewissen und private Initiative abgebende, großzügige Ermächtigung. Und wer die Homosexualität – außerhalb gewisser, das pädagogische Milieu bedrohender Situationen – duldet und zuläßt, wendet sich vertrauensvoll an Vernunft, Anstand und Organisationstüchtigkeit der durch diesen Schritt in ihrer Bewegungsfreiheit Begün-

stigten, wie auch jener Anflug freiheitlichen Denkens, die straf-
rechtliche Handhabe gegen den ehebrecherischen Gatten endgültig fallen zu lassen, nur eine ehrenvolle Verlagerung der
Verantwortung ist.

Auch Duldung der Pornographie in Bild, Schrift und szeni-
schem Auftreten, gesetzgeberisches Entgegenkommen in der
Frage der Sterbehilfe, rechtliche Duldung der humanmedizini-
schen Insemination sind Verbeugungen vor der – in jedem Fall
problematischen – Reife des Volkes, während die juristische
Behandlung des Strahlenschutzes, des strahlenaktiven Patienten, des radioaktiven Stuhls und Urins, der radioaktiven Leiche,
des Atommülls, der Reaktoren, der Abgase und des Lärms eine
gesetzgebungstechnische Aufgabe darstellt, die keine Probleme
im Sinne eines Konfliktes auslöst.

Die Rechtslage unserer Schicksalstufe ist durch den Gegensatz
zwischen liberaler und autoritärer Operativität so scharf und
entscheidend gekennzeichnet, wie er Epochen alter Raum-Zeitlage
unbekannt gewesen ist. Daß es so ist, erscheint auch natürlich. Je größer der rationale Einschlag, je programmierter Integration und Termindruck, je stärker der Anteil an Freiheit,
desto nachhaltiger und zwingender ist auch das Bedürfnis nach
einer ungebrochenen Wirksamkeit des Rechts, einer unwiderlegbaren Überzeugungskraft der Norm und einer vertrauens-
vollen Rechtswilligkeit des Staatsvolkes. Die Lage setzt – wie
jede geschichtliche Wende – eine die Prägnanz des Vorgangs
betont pointiert erfassende rechtspolitische Einspielung voraus.

Not des Beweisverfahrens

Jeder hat mit subjektiver Einseitigkeit und Antipathie zu kämpfen. Jeder kennt den halbmotivierten Selbstverständlichkeitsein-
druck, der die dem Mitmenschen geschuldete Toleranz zerspren-
gen und einen Stoß feindseliger Empfindungen auslösen kann,
die nur ein Argument aus dem Köcher des rationalen Gegenregulativs abzufangen vermag.

Die aus irrationaler Reaktion kommende Augenscheinlichkeit ist Täuschungsgefahr für den zum Richter bestellten
Laien. Während sich der Jurist in drei, vier Jahren Studium und

weiteren Jahren pedantisch gehandhabten Vorbereitungsdienstes eine Technik des Selbstschutzes gegen Voreiligkeit im Urteil und subjektive Entgleisung zulegen kann, ist der vom ungewohnten Reiz seiner Rolle überwältigte, die Grenze zwischen Formalismus und Lebensnähe nicht erkennende Laie hinter dem Richtertisch einem kurzschlüssig-sentimentalen Urteil gegenregulationslos preisgegeben: die diffizile Lage eines Schöffen, eines Geschworenen oder auch des Richters, der einen von seiner fachlich begründeten Auffassung abweichenden »Entscheid« der Urteilshelfer oder Urteilsträger verhindern muß.

Doch auch der Nachweis der Tatsachen lahmt. Rechtsbetrieblich erfahrene Juristen wissen, daß Zeugen – und sogar auch sachverständige Zeugen – um so bestimmter und willkürlicher werden, je weiter das ins Auge gefaßte Erlebnis zurückliegt, je mehr es also durch dazwischengetretene Eindrücke und Affekte gefälscht, verdichtet und verzerrt ist. Schon vor Jahrzehnten, als die Zivilisation noch nicht so harte Formen hatte, kannte man diesen Widerspruch zwischen Aufdringlichkeit und Wert einer Aussage. Je unklarer sich der erste Eindruck hinter der Turbulenz interkurrenter Sensationen versteckt, je mehr subjektiver Beitrag sich einmischt, desto bestimmter und kontradiktorischer wird der emotional engagierte, hysteriforme, desto verschlossener, vorsichtiger, abwägender, prozessual unergiebiger wird der unengagiert gebliebene, kritische Eideshelfer. Eigentlich sind es drei Haltungen, welche die Aussage eines Zeugen in Frage stellen können: Drang und Eifer, betont zu Worte zu kommen, pedantische Angst, unkorrekt zu sein und zuviel zu sagen, und allgemeine Feigheit, aus sich herauszutreten. Als vierter Typ kommt hinzu der in unserem Recht nicht gebräuchliche, doch vom Gesetzgeber in Erwägung gezogene Kronzeuge, ein durch zentrale Zeugnishilfe straffrei werdender Mittäter, den das an härtere Situationen gewöhnte US-amerikanische Recht in den Strafprozeß eingebaut hat. Ob sich auch für uns der – in der Terrorbekämpfung geplante – Bruch mit den bisherigen Prinzipien strafrechtlicher Moral zugunsten einer Theorie des Judaslohnes rentieren würde und nicht der rechtspolitische Schaden größer wäre als der investigatorische Nutzen, ist unentschieden.

Zu Aussageübermut des Hysterisierten, Gehemmtheit des

Überbedenklichen und Drückebergerei des Verantwortungsscheuen tritt als prinzipielle Komplikation der Abstraktionsschub hinzu, mit dem sich das Modell des Erinnerten nachfolgender Reizüberflutung entzieht. Diese subjektive Reduktion auf ein vereinfachtes Modell des Erinnerten führt in eine die übertreibende Drastik des Hystericus mit der kritischen Vorsicht des Angstmeiers und der Verantwortungsscheu des Feige-Durchtriebenen zu einem rechtsstörerischen Verschiebungseffekt verbindenden Einseitigkeit. In der Hetze sich jagender Situationen wird der Wirbel der das Gedächtnis narrenden Zwischenerlebnisse so mächtig und suggestiv, daß schon Minuten und Stunden einen signifikanten Wechsel in der Sinnfälligkeit des Erlebnisgutes bewirken können, dessen Ende dann schutzlose Auslieferung an die autoritär sich gebärdende Suggestivfrage, konfabulierender Eifer oder durch Pedanterie diktierte Aussagehemmung ist.

Der zivilisationserfahrene Städter hat eine breite Routine, aus der Masse niederprasselnder Eindrücke die unwesentlichen unregistriert zu lassen. Diese Routine steigert oder schwächt den Wert als Zeuge, je nach dem, ob der die am Rande liegenden, für unwesentlich gehaltenen Vorgänge ausscheidende Mechanismus aussagegünstig gelagert ist oder nicht. Die Gefahr des Auftretens irriger Aussagen wächst mit Sensationserwartung und Vorherrschaft anderer Probleme, die den Zeugen zur Zeit des kritischen Vorfalls stärker beschäftigt haben als die ihn nicht weiter berührende rechtsrelevante Situation.

Auch Prozeß und freiwillige Gerichtsbarkeit sind von der zwischen Raum und Zeit vollzogenen Akzentverschiebung und dem Übergang aus der Gelassenheit in Tempo und Zeitdruck nicht unberührt geblieben. Die Schleppfüßigkeit trägen Geschäftsgangs und gelassenen Ausbrütens, für das Regensburger, später das Wetzlarer Kammergericht bezeichnend gewesen, ist einem zu Geiz mit den Terminen und einem mehr aktenmäßigen Angehen der Fälle zwingendem Zeitdruck gewichen. Im Zuge dieser Entwicklung sind Plädoyers und mündlicher Vortrag selten geworden, selten wie Kavallerieattacken im Kriege. Man schießt aus den Akten, schießt in die Akten. Zivilrechtlich jedenfalls. Selbst der Scheidungsprozeß tendiert dahin.

Der rechtsunwillige Charakter

Die sozialen Sitten haben sich gelockert. Perspektiven sind verschoben, formale und affektive Schranken zu Fall gebracht. Abbau alter Vorurteile und Toleranz ohne Maßstab und Grenze haben einen Auftrieb erfahren, von dem man nicht recht weiß, ob sie in den Ruhm des Wunders oder das Verdikt der Hölle eingehen werden.

Standesbewußtsein und Herkunft aus einem anderen Lande sind nicht mehr trennender Abstand. Amerika ist nah, Australien ist nah. Deutschland aber, Frankreich, England, Belgien, Holland, Luxemburg, Dänemark, Norwegen, Schweden, Österreich und die Schweiz sind so weit Teile einer geographischen Gemeinschaft geworden, daß man vergessen hat, was unüberwindliche Grenze bedeutet. Dem widerspricht nur der Eiserne Vorhang. Es geht eine neuartige Fähigkeit um, sich der Besonderheit fremden Landes mit ökumenischer Selbstverständlichkeit anzupassen.

Welt und Staat sind ökumenisch verwoben, wir selbst sind Gehilfen. Das organisatorische Gerüst bilden Währung und Recht. Die Währung stellt Recheneinheit und Zahlungsmittel. Recht liefert Verpflichtung und Schutz vermittelnde Ordnungstitel und regelt Abstand und Nähe. Beide sind, schicksalstief mit Sinn der Dinge verwachsen, geschichtsphilosophisch nicht wegzudenken. Währung als zentrales Mittel einer um Außenhandelskurs und sinnvolle Größe des Geldumlaufs besorgten Wirtschaftspolitik, Recht als eine schuld-, straf- und verwaltungsrechtliche Normen stiftende, das staatsbürgerliche Gefühl in Gesetz, das Gesetz in Recht überführende Ordnungsinstanz. Jede der beiden Aufgaben setzt eine territoriale Hoheit und eine Grenze und Statik beherrschende Exekutive voraus.

Der Währungspolitiker wird, wenn er so sehr ins Rationale gerät, daß der Kontakt mit den Tatsachen leidet, durch die Friktionen seiner Lage automatisch zur Ordnung gerufen. Die ihm erwachsenden Schwierigkeiten hindern ihn, so weiterzumachen. Anders der Rechtspolitiker: Rationale Narrenfreiheit verführt ihn, die seiner argumentativen Aktivität entspringende Macht unbegrenzt spielen zu lassen. Ist der eine durch den Widerstand der Tatsachen vor rationalen Exzessen bewahrt, läuft der andere die Gefahr, sich im Rationalen so einseitig gehen zu lassen, daß er Nähe zum Leben und Loyalität verliert. Es kommt die Bewertung der Situationen zu kurz. Wie sieht es mit Rechtswilligkeit und Rechtsunwilligkeit der in das zur Prüfung anliegende Rechtsgeschehen Verwickelten aus? Geht die etwa zu beobachtende Rechtsunwilligkeit auf einen urteilstrübenden Affekt oder einen neurotischen Zwang zurück?

Rechtswilligkeit kommt als autonomes Ja oder subalterne Unterwerfung zustande. Sie ist die materielle Situation anerkennender Gesinnungsakzent oder die Lage des Geängstigt-in-die-Enge-Getriebenen, der nichts anderes im Sinn hat, als Pelz und Platz zu retten. Rechtsunwilligkeit ist nihilistische Ablehnung aller Pflichten aus Wohlstandsegoismus oder aus der Niedertracht eines in anarchistischen Aufruhr versetzten Instinktes.

Die rationale Symbiose verrät sich als ein sich zu Egoismus und Egozentrik offen bekennender, Idealismus und Menschlichkeit als Teil überholten Establishments diffamierender Lebensrahmen, dem Verbesserung des Wohlstands und Erhöhung des Konsums bei Kraft-, Zeit- und Risikoersparnis ein die Rechtsunterwanderung nicht scheuendes Leitmotiv ist. Das Erlebnisfeld des westlichen Liberalismus beherrschen nicht guter Wille, Rücksicht auf den Mitmenschen und Rang des Charakters, sondern Smartheit, taktische Raffinesse und Piraterie. Insofern besteht ein berechtigter Grund, den rechtsunwilligen Charakter für spezifisch zivilisationsfavorisiert zu halten.

Das veränderte Leitbild des Soldaten

Krieg durch Lebenskampf abgelöst

Es gibt drei Gründe, den Soldaten für überholt und die Bundeswehr für eine Farce zu halten: die Steigerung der Waffen ins Nukleare, die hoffnungslose Unterlegenheit des kleinen Staates und das Fehlen vaterländischen Geistes.

Daß sich zudem die Form unseres Lebens in einer das Verhältnis zu Wehrdienst und Krieg verändernden Weise verschoben hat, läßt schon das erweiterte Blickfeld, läßt der moderne Aktionsraum vermuten. Privater Fernkontakt aus neuartiger Erschlossenheit für den Menschen jenseits der Grenze und technische Möglichkeiten des Verkehrs und der Information überspielen grenzziehende und Grenzüberschreitung vermittelnde Rolle des Staates. Handgreiflich erlebter Wohlstandserfolg, schöne Worte der Massenmedien, signifikantes Zurücktreten des Raumes als Trennungsfaktor und das Auftauchen einer neuartig-anspruchsvoll ins Materielle und Geltungsexistentielle vorstoßenden Begehrenslage haben uns eminent ermutigt und tatsächlich auch beweglicher gemacht, gleichzeitig aber durch sich verstärkenden Eindruck von der Unentrinnbarkeit vor dem Termin um das Letzte an Hoffnung auf Ruhe und Atempause gebracht. Einerseits meinen wir, alles selbst in der Hand zu haben. Andererseits kommen wir aus dem Druck nicht heraus.

Für Schicksalstufe II, physiosozialen Raum und rationale Symbiose – Synonyma für ein und dieselbe Situation – ist der Soldat fossiles Reststück aus erloschener Vergangenheit – man mag ihn nicht, man traut ihm nicht. Freiwillig Soldatwerden ist Aussteigen, Abspringen, den Ort des natürlichen Engagements verlassen. Und wenn dann außerdem noch das auf drei Schauplätze verteilte Aktionsfeld Krieg Eigenschaften entwickelt, die das Glück der Waffen mattsetzen, indem der Gang der Dinge auf die in Genie, Technik, Wirtschaft und Erlebnisreserve enthaltene Vorentscheidung festgelegt ist, hat der Mann in Waffen seine Rolle als zentrale Figur der Geschichte ausgespielt. Interessant, wie schon Jakob Fugger mit Bank- und Metallgeschäft Krieg getrieben und Graf Henri Saint Simon das Revirement des Wirtschaftskrieges in den Mittelpunkt seiner Theorie gestellt hat.

In Kampf der Forces morales und Bedeutungsgewinn der materiellen Aktivität sind psychische Grundsituation und Risikoerlebnis »Krieg« aber doch letzthin dieselben geblieben. Nach wie vor bestimmen moralische Stabilität und Entschiedenheit des Entschlusses den Erfolg im wogenden Kampf. Wenn nicht mehr nur der Kreis der Waffenträger kombattant und der Krieg diffuser, technischer, kaufmännischer, logistischer, konstellationsbedingter, der Friede politischer, programmierter, taktischer, militanter geworden ist, hat auch das nichts am Effekt des Erlebens zu ändern vermocht. Sind Krieg und Friede die von Clausewitz her bekannten Ausdrucksformen eines und desselben Aktivitäts- und Alarmzustandes geblieben, hat der Nebel der Ungewißheit jedoch dadurch seine erregende und zwielichtige Rolle verloren, daß Moral, Rüstung und Rohstofflager absolut vorentscheidend geworden sind.

Der Gedanke, sie als verschiedene Dichtigkeitsgrade einer in Aggressionsgehalt und Gefahr konstanten Konstellation zu betrachten, war ein magischer Einfall gewesen, – Frucht aus einem Berlin, in dem noch der Geist Scharnhorsts und Fichtes waltete, der eine als Soldat, der andere im Dienste des Krankenpflegers vor dem Feinde geblieben, und, unter anderen, nicht weniger bedeutenden Schleiermacher, Hegel, Wilhelm von Humboldt, Karl von Savigny einen geistigen Hintergrund darstellten, der von Kants Maximen, ehrfurchtsgebietenden Gedanken aus der Sprachgeschichte und den marmornen Reden der Antike umschwärmt, eine produktive Gewißheit vermittelte. Mechanisch beflügelter, teils ins Einzelunternehmerische, teils ins Institutionelle gehender Auftrieb der Wirtschaft und endgültige Tilgung der die Freizügigkeit behindernden Leibeigenschafts- und Spanndienstreste in Raum und Beruf bahnte einem neuartigen Vertrauen zu Recht und Gerechtigkeit, einem veränderten Verständnis für den Wert der Person und einer die Bedeutung einer das Subjekt zur Fülle entfaltenden Intellektualität, wie sie frugalere Zeiten nicht gekannt hatten, den Weg.

Wenn so Krieg und Friede bis zur Undifferenzierbarkeit auf einander zukommen, verlieren Grenze und Hoheitsgebiet Sinn und reales Alibi. Der auf der Grenze zwischen Krieg und Frieden spielende Kalte Krieg ist eine die Sprache des Souveränen umgehende Infiltration aus dem Hinterhalt kapitalistisch-imperialistischen Interesses und aggressiven Affekts. Ließ der von Clausewitz entwickelte Standpunkt noch Disposition und Entwicklung offen, ist es hoher Kommandostufe von heute unmöglich gemacht, eine Operation zu beginnen, die weder das Licet der Politik noch den Segen der Transport- und der Produktionslage hat.

Die militärische Initiative war noch nie so fest an die geistige, technische, moralische und wirtschaftliche Ausgangslage gebunden. Bestes Kämpfen versagt, wenn die zivile Lage den militärisch für möglich gehaltenen Sieg durchkreuzt. Durch technischen Leistungsrang, Stand der Forschung, Rüstungsvorrat, finanzielle Leistungsfähigkeit, psychisches Potential, Ausbildungszustand der Truppe, Tiefe des Staatsgefühls und Macht der Idee ist der Verlauf eines Krieges so klar vorgezeichnet, daß der Kampf schon vor dem Abwurf der ersten Bombe entschieden ist. Doch kriecht der Unterliegende meist nicht eher zu Kreuze, als die Abwegigkeit seiner Gedanken an Sieg durch Größe seiner Opfer und Schwere der Niederlage unausweichlich erwiesen ist, während der Sieger den ihm zugefallenen Vorteil erst dann als voll erreicht und gesichert empfindet, wenn sich der Geschlagene in eindeutiger Konsequenz zu seiner Niederlage bekennt.

So empfängt das »si vis pacem para bellum« verstärkte Bedeutung und der Soldat einen veränderten Sinn: der doppelten Kausalität des ihn tragenden, zwieschichtig gespaltenen Raumes entsprechend, ist er nicht mehr der unikausal nur mit dem Geist des Reglements gerüstete physische, sondern ein bikausal begründeter Kämpfer, in dem Waffenträger und Funktionär antithetisch vereinigt sind.

Unter der steigenden Macht eines mehr die Zeit- und Terminals die Raumkomponente bemühenden Rationalismus verflacht das Gefühl für die politische Pflicht. Lässigkeit im Gebrauch des Wahlrechts, Scheu vor Verantwortung, Widerstand gegen die Forderungen der öffentlichen Ordnung belegen es. Es sind das aber, wie schon gesagt, keine spezifisch deutschen, der über die

Schicksalsjahre 1914, 1918, 1933, 1939 und 1945 laufenden Tragödie entsprungene Vorgänge, sondern das allgemeine Demoralisierungs- und Destruktionsprodukt einer durch die rationale Symbiose veränderten, nach überstrapaziertem Heldentum und vielfacher Enttäuschung auf egoistische Nüchternheit umgesteuerten Ebbe in der Gesinnung.

Von großer Regie geächtet, verzieht sich der Krieg in exotische Schichten, in die Unterwelt des Intelligence-Service mit Kommando-Unternehmen, Sabotage und Terror und in die massenmediale Front der Brunnenvergiftung. Auf offener Bühne geht es nicht mehr. Der offene Krieg mit Wirtschaft und Waffen ist unpraktisch und läuft Gefahr, in eine unbeherrschbare Katastrophe zu führen. Wir haben aber für das ersparte Soldatsein mit dem Gewehr ein immer wieder neu aufflackerndes Geplänkel eudämonistischen Situationsgefechtes eingetauscht. Die den alten Krieg abräumenden Umstände versetzen unser Zusammenleben in einen Zustand aggressions-, einengungs-, argwohns- und anonymitätsbelasteter Unnatürlichkeit, aus dem auch an ungewohnter Stelle Spannung und feindliche Aktivität entsteht.

Dieser Übergang des Lebenskampfes in ein Entwicklungsmilieu des Kalten Krieges ist neu und mit dem allgemeinen Niedergang der charakterlichen Kultur in Zusammenhang zu bringen, der sich aus unverdientem Wohlstand, Zerfall der Familie, Abbau aller Ehr- und Höflichkeitsbegriffe und Überhandnahme leerer Illusionslosigkeit ergeben hat. Eine praktische Aggression begründendes Steigen der äußeren Not ist nicht da. Das weltwirtschaftlich durchblutete Land hat seinen sicheren Standard.

Nicht das Verhältnis zwischen Bedarf und Deckung macht das einzelne Dasein so böse und grausam, sondern der Ausfall aufbauender und beruhigender Illusion, des Vertrauens zur Welt, die aus göttlicher Hut in Gedankenwelt und Hände des Funktionärs und des Managers übergegangen ist. In keinem Punkte äußern sich die Grenzen unserer Emanzipation drastischdefinitiver als in der Erfolgslosigkeit unseres Versuches, Sinnerwartung und Ziel ins Pragmatische zu verlagern.

Die Schwierigkeit übrigens, den Widerspruch zwischen Allmacht und numinoser Spielerei mit Schuld und Unvollkommenheit einer unverständlich unsauber gearbeiteten Kreatur zu begreifen, geht nicht auf Ungläubigkeit, sondern auf das Steigen eines kausalbedürftiger gewordenen Glaubensanspruchs zurück.

Der Weg zu bezahltem Beruf

Schon der Krieg 1914–1918 – Somme, Flandern, Verdun – hatte einen Grad der Vernichtung erreicht, der Mondlandschaften und auf die Grundelemente zurückgehende Charaktere zurückließ. Der sich regende Zweifel an einer weiteren Vertretbarkeit der blutigen Auseinandersetzung als säubernder Leistungs- und Schicksalsprobe ist durch Hitlers Angriffe aus der Luft auf Warschau, Antwerpen, Coventry und die Härte des Gegenterrors greifbar akut geworden. Aus nuklearem Forschungserfolg künden sich Waffen an, die ganze Provinzen auszuradieren vermöchten, den Planeten selbst in Frage stellen und schon in friedensmäßiger Probe Ionisationen bewirken, die Gesundheit und Erbgut verderben. Selbst wenn der Einsatz dieses Wahnsinns weiterhin durch die Angst der Besitzenden selbst vor Unbeherrschbarkeit ihrer Mittel blockiert sein sollte, wäre ein Verzicht auf eine grundsätzliche Beschäftigung mit dem Atomkrieg und eine aktive Teilnahme am Verteidigungsteam unverantwortlicher Leichtsinn.

Jedenfalls sind Stellung und Ruhm des Soldaten durch seine Frustration auf dieser Spitzenebene empfindlich angeschlagen. Doch nicht nur durch sie. Es leidet seine Position außerdem noch logisch unter der

– Insuffizienz des hinter Weltkurs zurückgebliebenen Staates, der
– Unrentabilität militärischer Investitionen schlechthin, dem
– Ende seiner Sonderstellung als Kämpfer in der Totalität des modernen Krieges, der
– Änderung des staatsbürgerlichen Treueverhältnisses infolge Übergang aus der nationalen in die weltbürgerliche Ambition, des
– Verlustes des Respekts vor Tradition und Geschichte, der ungünstigen Wirkung einer durch kritiklose Enthusiasten, Ver-

sager im Lebenskampf und Entgleisungbedrohte über-
schwemmten Ersatzlage und des
- dienstlichen Stilwandels in Richtung Strebertum und Konkur-
renzkampf;
moralisch unter dem
- Trieb- und Fassadencharakter seines Dienstes und im emotionalen Eindruck, der entsteht, durch die
- widerstandslose Anfälligkeit für fehlleitende und mißbrau-
chende Einflüsse, die
- üble Nachrede im Publikum (1918: »Dummkopf«, 1945:
»Kriegsverbrecher«), den
- Vorrang suspekter Durchsetzungstypen, Schmarotzer, Anpas-
sungsvirtuosen und Muskelprotze eines
- böser Instinkte sich bedienenden Leistungswettbewerbs.
Die von Blank übernommene, an Strauß, von Hassel über
Schröder an Schmidt und Leber weitergereichte Aufgabe, trotz
alledem einige hunderttausend Mann aus der Erde zu stampfen
und durch die parlamentarische Wirrnis zu führen, war schon
wegen der vorangegangenen Diskriminierung kaum zu bewältigen. Wie sollte man von einer moralisch so dürftigen Ausgangslage her bei so viel Schwierigkeit in der staatspolitischen
Rehabilitation, die niemand wirklich wollte, und der allgemeinen Labilität und Verwöhntheit des verstädterten Menschen
der spannungsreichen Problematik Herr werden, die sich aus
Wehrdienstverweigerungsrecht, disziplinarischem Handicap,
menschenrechtlicher Abhängigkeit des Gehorsams von der moralischen Mitwirkungsbereitschaft des Mannes, Fehlen eines
eigenen Strafrechts, ins Technische geratener Taktik frei im Gelände aufgelöster Verbände und dem Verzicht auf die unbewuß-
ten Mechanismen eines perfektionierten Formalexerzierens
(Renduliç) ergibt?
Ohne die weise und schlaue Standfestigkeit des schließlich
nicht mehr mit seiner Vergangenheit als Zivilist prahlenden alten Adenauer hätte das Bonner Fragment kaum die soziale und
politische Gegenindikation bewältigt, und es ist auch, was entstanden, nur durch liberale Konzessionen zweckwidriger Art
wie ein die Anziehungskraft für einen geeigneten Nachwuchs
verderbendes Abrücken vom Elite- und Stilbegriff und eine die
kaufmännischen Wünsche des transozeanischen Siegers respek-

tierende Nachgiebigkeit – wenigstens im Anfang –, möglich gewesen.

Die Pflicht- und Staatsentwöhnung, in die wir geraten sind, ist nicht nur Folge des Kampfes gegen die Reste an nationalem Geist und der von den westlichen Siegern bewiesenen Unfähigkeit, zwischen konservativem Wert und nationalsozialistischer Gefahrenquelle zu unterscheiden. An der Demoralisation entscheidend beteiligt war auch der desillusionistische Effekt der noch in unseren Träumen wütenden Katastrophe. Wer Bombenregen, Flucht, erbärmliche Lage des guten Willens, Ungerechtigkeit des weltlichen Schwertes, materialistische Bosheit des Noch-Besitzenden und den Widerspruch zwischen nationalsozialistischer Aufgeblasenheit am Anfang und kleinlauter Erbärmlichkeit am Schluß aus schicksalsvoller Nähe hatte erleben müssen, war des Anlaufs zu einem vorbehaltlosen und begeisterten Mitmachen verlustig gegangen.

Ist es schon für den jungen Menschen mit idealistischem Anschluß an Krone und Tradition nicht leicht gewesen, die körperlich schwer belastende, sozial befremdende Gewaltsituation des Kasernenhofs zu einem moralischen Gewinn zu verarbeiten, kann dies dem von Würde und Wert des Staates Nicht-mehr-oder-Noch-nicht-Überzeugten niemals gelingen: er schafft es nicht, er bricht zusammen. Nur die Variante Opportunist bleibt heil, leistet sich einen tugendboldigen Schongang, ist virtuos in seinen Tricks, eine »leichte Kugel« zu schieben . . . Der vaterlandsschwach gewordene Staat gibt dem Soldaten nicht mehr das aus dem Jahrhundert des Bürgers bekannte, die innere Beziehung zu Pflicht und Einsatz sichernde Fundament, zumal Labilität der Befehlsverhältnisse, Begünstigung des Vorgesetzten ohne Rückgrat, Wehrdienstverweigerung, Zulässigkeit sogar auch subversiver Kontakte und offenes, in Uniform geschehendes Auftreten am Ersten Mai opportunistische Formen des Dienstes zutage gefördert haben, über deren letzte Prognose man lieber schweigt.

Die Figur des von der Geschichte in eine sittliche Rolle gehobenen Soldaten beginnt, soweit unsere Perspektive Auskunft gibt, auf den Thermopylen, bei Mutius Scaevola, bei Cäsars Legionen, bei Cromwells Eisenreitern. Zeitlich näher fand sie eine imponierende Realisation im nordamerikanischen Bürgerkrieg und im Kampfe Europas gegen den großen hybriden, in manchen Friedenstaten aber gesegneten Verräter republikanischer Freiheit: »Es war kein Krieg, von dem die Kronen wissen, es war ein Kreuzzug, war ein heilger Krieg« . . . Damals formte sich die ernste, richtunggebende Gestalt des durch Scharnhorst, Gneisenau, Clausewitz und den deutschen Idealismus geprägten Offiziers, formte sich nach zeitweiliger Irritation durch die Zweifel der Metternichzeit das politische Wohlbehagen einer erst in späteren, Argwohn erregenden Friedensjahren in Vaterlandsmüdigkeit umgeschlagenen Freude am Wehrdienst. Unter dem Soldatenkönig, bei Prinz Eugen, in den Söldnerheeren eines frühen Spaniens und Frankreichs hat die Abenteuerlichkeit des auf gute Formen der Werbung und lungernde Asoziale angewiesenen Mannschaftsbezuges das sich als Ziel abzeichnende Legalitätsprinzip auf eine harte Probe gestellt. Ein vom Enthusiasmus im Stich gelassenes Volksheer vereinigt die Nachteile des moralisch unbeteiligten Söldnerheeres mit den Nachteilen einer für alle Wehrdienstunwilligkeit erzeugende Argumente gesteigert anfälligen Masse, ohne den vom kleinen Berufsheer gebotenen Vorteil praktischer Überschaubarkeit, rigoroser Auslese, besserer disziplinarischer Beherrschung und eines höheren Ausbildungsstandes von Krümpercharakter zu haben.

In Preußen war eine dem Skurrilen genäherte Überempfindlichkeit gegen bestechungsverdächtige Situationen moralische Größe hohen Funktionswerts. Was es hinter dieser puritanischen Sorge unserer Väter um eine Weste ohne auch nur den kleinsten Fleck doch an verschwiegener Käuflichkeit gegeben haben kann, lag im Rahmen hoheitlicher Galanterie: Adel, Titel, Orden, Ehrenamt, Dotation. Bismarcks Fürstenkrone und Friedrichsruh, Moltkes Grafenkrone und Kreisau waren berechtigte Dotation. Die an die Simonie der Kirche vor Luther und den gegen die Goldene Bulle von 1356 verstoßenden Stimmenkauf in der Kaiserwahl erinnernden korruptiven Untertisch-Vergünstigungen der Hitler-Ära stellten einen groben Rückfall in die Zeit moralischer Kritiklosigkeit dar.

Die Frage nach einer mit Ehre und Gesetz nicht kollidierenden Form der Honorierung außergewöhnlicher Dienste wiederholte sich bei uns nach 1948. Nicht nur, daß der vom taktischen Kredit

Adenauers getragene Versuch, das staatsbürgerliche Lebensgefühl neu aufleben zu lassen, Respekt verbreitende Mittel der Ehrung erforderlich machte, – die Militär-Demiurgen waren vor die besondere Alternative gestellt, das neue, unter so problematischen Bedingungen zu schaffende Offizier- und Unteroffizierkorps entweder mit neuartigen Aussichten und Vorteilen wirtschaftlicher und berufsrechtlicher Art auszustatten oder es wieder in einer der früheren Stilverhältnissen nachgebildeten Sonderrolle aus dem Rahmen des Staatsdienstes herauszuheben. Der Mittelweg, den man einschlug, ist weder der Forderung eines wirtschaftlichen Anreizes noch dem staatsbürgerlichen Geltungsbedürfnis des als Ersatzbasis in Frage kommenden Kreises gerecht geworden. Der neue Soldatenberuf ist weder ein gut bezahlter, ein zweites Berufsleben nach dem Abschied in Aussicht stellender Job noch das Muster eines die ritterliche oder knappschaftliche Ehrenrolle wiederaufnehmenden Standes geworden, sondern die Situation eines flach im Sande verankerten, auf Sparflamme gesetzten »Bürgers in Uniform«. Je mehr die Dissoziation des Raumes ins Funktionelle die autoritären Einflüsse entschärft und in positive Valenzen verwandelt, desto entschiedener fällt der profanierten Existentialverhältnissen zueilende Truppendienst in die Rolle einer der regierenden Majorität dienenden Alarm- und Ordnungshilfe. Das ist nicht mehr viel an männlichem Glanz, aber gerade eben das, was das heutige Verhältnis zwischen Volk, Staat, Idee, Weltanschauung und Ziel zu bieten hat.

Der Dienst im Wilhelminischen Heer war kein Geschäft. Der Sold eines Unteroffiziers setzte eine Frau vom Lande, eine billige Dienstwohnung, Truppenarzt für sich und die Familie und einige Dienstleistung seitens der Untergebenen voraus. Das Gehalt eines Offiziers reichte in den Subalternstufen nur mit verwandtschaftlichem Wechsel, je nach Regiment von verschiedener Höhe. Heirat vor dem Dienstgrad eines Rittmeisters, Hauptmanns oder Kapitänleutnants setzte das »Kommißvermögen« und Garantie für mindestens dreitausend Mark im Jahre voraus. Auch den höheren Offiziersdienstgraden blühte kein Weizen. Der große Moltke mußte sein Einkommen noch in Majorsjahren durch die Arbeit als Schriftsteller aufbessern. Was damals der Offizier zu erwarten hatte, war wirklich nur sachliche Ehre und eine das Stilmilieu sichernde Exklusivität, erst in den späten Jahren auf 1914 zu durch grundsatzwidrige Geldheiraten in Kommerzienratskreise und ein gewisses Playboy-Kavalleristentum aus städtischem Patriziat, neureichem Grundbesitz, Industrie und Finanz durchbrochen.

Der Lohn-Gehaltssoldat mit Berufsförderung zu Arzt, Ingenieur, Meteorologen, Fluglotsen oder Verwaltungsinspektor ist ein unnatürlicher Schritt in die rationale Schablone. Die rationale Symbiose zwingt ihn uns auf. Doch sei nicht vergessen, daß er ein vom soldatischen Lebensgefühl wegführendes Gleis bürgerlichen Zweckdenkens darstellt.

Situation Bundeswehr

Daß der Westen die ihm zugefallenen Deutschen trotz Kriegsschuld, Unmenschlichkeit und Expansionsdrang schon so bald, wenn auch nur begrenzt, aufrüsten würde, war ein nicht vorauszusehender Wechsel des Standpunkts und gleichzeitig auch ein unbegreiflicher Optimismus. Denn wie konnte man erwarten, im traditionsgestörten Deutschland wieder eine zu neuem militärischem Dienst bereite Jugend zu finden? Woraus sollte, nach dem »Tradition Schluß« befohlen, die Schule zu einem Tummelplatz der Destruktion gemacht und militärische Erziehung zu einer völkischen Abwegigkeit gestempelt worden war, eine neue Bereitschaft, mit der Waffe zu dienen, kommen? Und selbst dann, wenn es nie Diffamierung und Denazifizierung gegeben hätte, – der Schock des Geschlagenseins, die den soldatischen Charakter abbauende Verstädterung, das Fehlen einer Verstand und Gefühl zu waffengesinnter Initiative sammelnden Idee wären mit den immer bedenklicher werdenden, trockene Trunkenheit spendenden Drogen Menetekel genug gewesen, den Auftrag für undurchführbar zu halten.

Was von der Inneren Führung gegen die Wiederkehr der Gefahr eines aufgeblasenen Sich-Brüstens erdacht worden ist, war der Abstieg in eine krämerhaft verbürgerlichte Dienstauffassung. Eine mit Pflicht in den Tod begründete Ehre gibt es nicht mehr. Die als Gnadenbrot für die Stunden zwischen dem Dienst geschenkte Narrenfreiheit, wie sie das

»Tadelt nicht die Taten der Soldaten,
Laßt sie herzen, laßt sie küssen,
Denn wer weiß,
Wie bald sie sterben müssen«
naiv umschrieb, hat, seit der Tod in der Schlacht nicht bei Kombattanten, Pferden, Packesel und Kriegshund stehen bleibt, ihre makaber-frivole Rechtfertigung verloren. Korps und Kasino sind nicht mehr eine die dienstliche Hierarchie gesellschaftlich überspielende Kultstätte, sondern profane Berufssituation. Der neue Soldat ist Teil der zivilen Welt. Die bürgerliche Säkularisation geht mit einem ins Auge springenden Verlust an geschichtlichem Stellenwert einher. Was er ist und tut, ist nur noch ein Job.

Die europäischen Territorialstaaten gehören einer unter heutigem Geltungsmaß liegenden Größenklasse an. Doch sind die größeren unter ihnen in der sozialen Umdimensionierung, die sie erfahren haben, nicht so klein geworden, sich mit einem passiven Phäakendasein zufrieden geben zu müssen. Sie verkörpern einen Zwischenrang, der gerade eben noch einen in die Aktion treibenden Glauben an die Erreichbarkeit eines gewissen Selbstschutzes zuläßt. Im Falle »Westliches Deutschland« wird diese euphorische Annahme durch die spektakuläre Brillanz des Wirtschaftswunders begünstigt.

Die Schweiz – klein wie sie ist – erscheint geschichtlich erst wenig verbraucht. Der Religionskrieg, der Zwinglis Leben gefordert, die inneren Reibungen, die es später gegeben, die völkischen Substanzverluste durch Söldnerdienst, die Einmischung des Pariser Revolutionskomitees und die dem Schweizer Nachrichtendienst unter dem Stichwort »Tannenbaum« zu Ohren gekommenen Drohungen Hitlers sind ohne große Folgen geblieben. Eine kaum durch Krieg und nie durch Revolution gestörte bürgerlich-bäuerliche Routine gibt dem Gerüst der drei, in den östlichen Kantonen rätoromanisch unterfütterten und durchsetzten Volksteilen eine mit Naivität gesättigte Sicherheit. Das Schweizer Märchen ist kein Modell, das auf einen in Konkurs geratenen Trümmerstaat übertragen werden kann. Führungsskelett und Konstruktion des bergtrainierten, in gut gerüsteten Stellungen erheblichen Festungswertes hockenden, Gewehr, Helm, Rock, Hose und Stiefel ins Privatleben mitnehmenden Miliz paßt nicht in die Gefahrenlage eines aus mitteleuropäischer Konkursmasse geborgenen Nachfolgestaates.

Erreichen die Kriegsmaschinen Wirkungsbreiten und -tiefen von Unvernunft, entsteht ein Pazifismus der Angst, der ethisch ebensowenig wert ist wie ein nur der Ausweglosigkeit zu verdankendes Christentum. Die Radikalität der nuklearen Mittel zwingt, so hofft man, trotzdem zu einer panikartigen Rückkehr ins Konventionelle. Das Stadium, in dem uns Entschiedenheit, die dabei ist, sicherer erscheint als ein Laborieren in Halbheit und Scheu, liegt an. Die von politischen Sektierern empfohlene Parole »Kraft durch Schwäche« ist Selbstbetrug. Was haben Holland, Belgien, Dänemark von ihrem Versuch, sich herauszuhalten, gehabt? Nichts außer dem späteren Ruhm, unbeteiligt gewesen zu sein.

Innenpolitisch unentbehrlich geworden, holt der Soldat wieder auf, in einer ihm nicht gleich einleuchtenden Rangierung allerdings. Sein neuer Auftrag ist innere Ordnung und Kalter Krieg. Weder der Riesenstaat heutiger Schicksalstufe – USA, Rußland, China – noch der die internationale Geltungsgröße verfehlende Provinzstaat kann ihn als inneren Faktor des Kalten Krieges entbehren. Ein zu Treue und Herrschaftlichkeit der Gesinnung zurückgekehrter Wehrdienst könnte auch, die alten Vorgänge übertreffend, eine Disziplin und Enthusiasmus verbreitende Schule des Bürgers zu Rechtswilligkeit und Respekt, Hingabe, Wagemut, produktiver Illusion sein, wobei es weniger darauf ankäme, das Verständnis für Liberalismus und Demokratie, als neues Vertrauen zu der Möglichkeit einer täuschungsfreien Kameradschaft mit Glück und Leben zu wecken.

Die Angst wird zu einem moralischen Thema immer erst dann, wenn es in ernstem Versuche mißlingt, sie in Tapferkeit umzuformen. Der dem moralischen Urteil das Grundmaß liefernde kategorische Imperativ stützt sich auf Enthusiasmus, Illusion, kritische Stellungnahme und moralische Formel, wobei die soldatische Tapferkeit ihren Schwerpunkt in Enthusiasmus und Illusion, die zivile den Schwerpunkt in einer sich moralisch ermannenden Stellungnahme hat. Denn Feigheit ist keineswegs Eigenschaft, sondern nur Übermaß an totem Gang im Gegensteuer, ein Versagen also des die Feigheit verhindernden, Selbstkorrektur bewirkenden rationalen und irrationalen Antriebs.

Gedrilltes Auftreten ist ein heutigem Geist widersprechender Luxus äußerer Schau, imponierend, aber nicht mehr als das. Drill und Formation haben ihre Rolle im Kampf an zersplitterte Schützenkette, rollende Festung, locker operierende Artillerie, sich im Gelände verteilende Schallmeß- und Beobachtungstrupps und Arbeitsteams weitergegeben. Die Möglichkeit, Befehle selbstherrlich zu interpretieren, nimmt mit der taktischen Auflösung zu, gleichzeitig allerdings verstärkt und vervollkommnet sich die über Sprechfunk gehende Führungskontrolle. In Konkurrenz zu dem der Fernmeldetechnik zu verdankenden Zuwachs an Führungseinfluß wächst die Gelegenheit, sich eine der äußeren Depersonifizierung durch die Anonymität der Schlacht entgegentretende Selbständigkeit zu geben. Den Kampfwert einer Truppe am äußeren Bild erkennen zu wollen, ist angesichts dieser Umstände beinahe ebenso abwegig wie taktische Lagen des Krieges mit den Konstellationen im Schach zu vergleichen: Im klaren Zueinander der Positionen hier steht dort die Dämonie moralischer, taktischer und waffentechnischer Ungleichheit und das Mysterium des Glücks gegenüber.

Der Geruch von Stall und Stiefel ist Öl- und Benzindunst gewichen. Die Technik rückt auf und bewirkt den Eintritt zivilisationsaffiner Charaktere ins Führungsgeschäft, der den Stil des Ganzen verändernde Aufmarsch des Fachsoldaten, die etappenlastige Zunahme des Heeresgefolges und einen die Biederkeit des Treueverhältnisses persiflierenden Rollen- und Einkommensvergleich mit Rüstungsarbeiter, -kaufmann, -ingenieur. Der Soldat ohne soldatische Funktion wird durch Materialprobleme, Rechnungsfragen und den nachrichtendienstlich immer anspruchsvoller werdenden Kalten Krieg in die Höhe getragen. Mars hat sich landsknechtsfremden Formen zugewandt, die dem rationalen Opportunismus entstammen.

Taktische Aufklärung, strategische Aufklärung, Planung, Technik, Kalter Krieg fordern logisch wache und fachlich geschulte Intelligenzen. Doch soll nicht nur gedacht, geplant, geprüft und verglichen, sondern auch geführt und gekämpft werden. Den praktischen Führungsstil lehrt nur der Dienst in der Truppe. Die Mode gewordene Zurücksetzung des Troupiers im höheren Stellenplan ist höchstens bedingt gerechtfertigt. Im Kampf selbst jedenfalls sind Männer wie Rommel, der zwar ein infanterietaktisches Buch ersten Ranges geschrieben, nie aber im Generalstab gewesen ist, oder wie Marcel Bigeard, ehedem Resistance, Algier und Indochina, jetzt Staatssekretär im Pariser Verteidigungsministerium, Charakter der Wahl.

Daß die Grenzen zwischen Krieg und Frieden verschwimmen, zeichnet sich immer deutlicher ab. Um so erstaunlicher war es, wenn der Bonner Sachbearbeiter im offiziellen »Bild des Soldaten« den Einfluß der Zivilisation und die Akzentverschiebung zwischen Raum und Zeit unbeachtet läßt. Die Arbeit nahm auf Atomkrieg, Recht des Widerstands gegen einen für verbrecherisch gehaltenen Befehl und die mit Baudissins »Bürger in Uniform« verbundenen Konsequenzen einen von Zitaten überquellenden Bezug, von der Verschiebung im Bild des Soldaten war aber mit keinem Wort die Rede. Nach diesem Schwulst vertaner Bildung waren Strenge und praktischer Realismus des vor dem Osten warnenden Montgomery eine zu soldatischer Nüchternheit zurückführende Erholung.

Daß Weißes Haus und Pentagon, durch die Verderbtheit nationalsozialistischen Geistes verprellt, nicht von heute auf morgen Hitlers Rolle als Riegel gegen Petrograd, Moskau und Stalinow in ihr Konzept aufnehmen konnten, war zu begreifen. Zu begreifen war auch, daß ein von Emigranten einseitig beratener, in den europäischen Zusammenhängen wenig erfahrener amerikanischer Generalstab den aus der Lage zu lesenden Fingerzeig nicht gleich erkannte und Trümmer der Tradition, die zu retten lohnend gewesen wäre, mit dem politischen Verbrechen in einen Topf warf.

Die Dienststelle Blank war in Ankauf und dienstlichem Gebaren anfangs sehr eng auf die Instruktion und die Wünsche der zu Verbündeten gewordenen westlichen Sieger angewiesen. Sie begann im Stil eines Jobs für Verteidigung, hatte mit hinkenden Idealen zu operieren, stand vor einer disziplinarischen Situation, die Entscheidungen wie Ahndung des Ungehorsams und der unerlaubten Entfernung in die Hände militärisch unerfahrener, vielleicht sogar feindlicher Richter legte, hinter sich ein Volk, das Desertion, Sabotage, Geheimnisverrat und Schlafen auf Posten gleichgültig oder sympathisierend gegenüberstand. Die Parole »Freiheit« war allein nicht genug, sittliche Energien in Gang zu setzen.

Möglichkeit eines neuen Leitbildes

Der von den neuen Führungsvoraussetzungen geforderte Offizier braucht mehr als die von Tradition und Wandervogel diktierte Bereitschaft, vorleben und vorsterben zu können. Die neue Nuancen entwickelnde Gegenwart braucht Weisheit des Weltgeistes und Klugheit des Fuchses für eine ins Übermenschliche gesteigerte Vielfalt der Kampfperspektive. Auch der Untergebene erwartet einen jedem Sattel gerechten Herrn, der dies, ohne sich anzubiedern, erkennen läßt.

Der Frontoffizier, der von seinen Leuten etwas will, vermeidet die großen Worte, – Max Frisch in seinem »Dienstbüchlein« (Frankfurt, 1974, Seite 31): »Das konnte auch ein Leutnant nur sagen, solange wir ihn nicht kannten: das Vaterland erwarte von uns. In der Mannschaft wurde das Wort kaum gesprochen: es gehörte den höheren Vorgesetzten. Sogar ein Hauptmann ist besser daran, nicht Vaterland zu sagen, sondern: unsere Armee. Was das Vaterland von uns verlangte, das bestimmte ja die Armee. Je höher der Offizier, desto vertrauter schien er mit dem Vaterland zu sein – Euer Vatterland . . .« Profaner Instinkt sei besser als Pathos, das Disziplinargefälle aus kleinbürgerlicher und kleinbäuerlicher Achtung vor dem zivilen Stande des Offiziers sicherer als ein dienstlich erzwungenes Übergewicht. In der von Frisch berichteten Situation hatte Schläger- und Faulenzermentalität keinen Platz, man fühlte sich nach einer mit der dienstlichen Regel zusammenfallenden konventionellen Vermutung gruppiert. Erst der Wirbel der Schlacht hätte die Geltungsakzente des Standes durch eine Rangierung nach Wert des Charakters ersetzt. Zunächst jedoch hatten gesellschaftliche und dienstliche Markierung die Oberhand: »Ich erinnere mich nicht«, schreibt Frisch voller Zutrauen zur Vernünftigkeit dieser Lage, »daß ich damals unsere Armee je mit Ironie gesehen habe. Meistens war das Gelände schon zu ernst . . .« (Seite 69).

Ein Heer der Verstädterten ohne den Eigensinn eidgenossenschaftlichen Stolzes, ohne die Bastion aus Fels und Eis im Rükken wäre gegen die Eindrücke der Epoche zu wenig gefeit, um vergleichbar zu sein. Diesen zu kompromißbereiter Unentschiedenheit Erzogenen, die der weicher Welle huldigende soziale

Liberalismus kultiviert, fehlt das Rückgrat eines Terror und subversiver Infiltration gewachsenen Widerstands. Und im staatsbürgerlichen Effekt ist ein solches vom Bewußtsein der Vorzüglichkeit ausgehendes, bei Rauschgift endendes avantgardistisches Schwärmertum keinen Deut harmloser als ein offener, ordnungsfeindlich profilierter, Zähne der Wut und Geist der Verachtung zeigender Nihilismus.

Als der einer pazifistischen Dogmatik nicht sehr angenehme Gedanke einer kausalen Einheit zwischen Krieg und Frieden seinen Welt und Geschichte verwirrenden Höhenflug antrat, war es die aus Aufklärung, Französischer Revolution, Idealismus und Aufstieg des Bürgertums kommende aktive Unruhe, die den entscheidenden Antrieb gab. Daß nicht mehr soldatisches Denken und bankiertechnisches Denken allein die Probleme des Krieges zu meistern vermochten und gewisse neue Perspektiven des Geistes, der Technik und der Versorgung einbeziehen mußte, wurde dadurch zu einer Frage der praktischen Existenz, daß der scheinbar zu großer Rolle berufene Dritte Stand als Führerreserve, Führerersatz und Elite versagte und den Gegenstand seiner Aufgabe einer wachsenden Rasanz des Arbeiters und den durch ihn beschworenen Zersetzungsfakten überließ.

Dies die öffentliche Erwartung enttäuschende Zurückbleiben hinter Auftrag und Thema kam den antibürgerlichen Kritikern vom Range eines Heinrich Heine und eines Ferdinand Lassalle früh zu Bewußtsein. Und es hat auch nur ein paar Jahrzehnte über die feldherrnmordende Cholera hinaus gedauert, bis die Fabel von der zweifelhaften Rolle des Friedens – Belsazars Dämon gleich – Buchstaben von Feuer zu schreiben begann. Inzwischen hatte sich eine militante Intelligenz um die gedanklichen Positionen Saint Simons, Proudhons und Louis Blancs gesammelt, hatten auch Marx und Engels ihr Manifest in den Kampf geworfen.

Schließlich waren sich die beiden politischen Aggregatzustände so ähnlich, daß man das Ausbleiben eines lange fälligen Friedensvertrages spurlos vergessen konnte. Damit verlor auch die Wehrdienstverweigerung den entscheidenden Teil ihres Sinns: denn wir sind ja – ob Wehrdienstverweigerer oder nicht – einem etwaigen Kriegsgeschehen schon allein durch die äußere Tatsache unserer Anwesenheit unentrinnbar einverleibt. Der konventionelle Krieg hat allen Anstand verloren. Anfangs noch in die täuschenden Zeichen eines glücklich ausbalancierten Friedens gekleidet, dann in Einsatz der Wirtschaft, der Massenmedien, der Symbole und der terroristischen Erpressung ins Totale ausgleitend, wird er immer offener zu einem bis an Kindbett und Krankenstube vordringenden, vor keinem Tabu haltmachenden, partisanenhaft kämpfenden, wirtschaftlich isolierenden, mit Granate, Bombe und Mine die Hungerblockade verbindenden Krieg. Rufmord, Gift, Dolch und Schuß aus dem Hinterhalt genießen eine Beliebtheit, wie sie aus früher Zeit schwacher Hoheitsverhältnisse bekannt ist. Der Anreiz, sich in räuberischer Rechtswidrigkeit der vom zivilen Lebenskampf gebotenen Hinterhalte zu bedienen, findet auch aus dem Bedenken gegen einen Krieg mit nuklearer Technik Zuwachs und Zuzug.

Der Feind bewegt sich zunächst im Bereich der Symbole, der Gesinnungen, der Technik, des Geldes und des Geschäftes. Die Formen sind Formen des Friedens. Der Übergang zu einer offenen Feindseligkeit vollzieht sich unauffällig in kleinen Schüben. Auch später Sieg und verlorene Schlacht sind sich auf eine erregende Weise ähnlich. In dem von Moral, Technik und Wirtschaft überfluteten Anfang gibt es kaum noch Stellung und Stahlgewitter. Führung und Diplomatie beschönigen noch lange die Lage.

Der Soldat von heute ist genau so verändert wie der Raum, in dem wir leben. Die rationale Symbiose dieser Epoche verlangt einen Soldaten, der etwas von Jargon und Charakter des Managers, den Eigenschaften eines aktiv gewordenen Praeceptor Germaniae und den Interessen eines Technikers an sich hat. Was verlangt wird, ist zwar kein Bürger in Uniform, doch eine Breite der bürgerlichen Information, die neu ist. Das »scatter his ennemies« als Thema allein ist überholt. Der Krieg braucht das Leitbild »Frieden«, der Frieden den Krieg als Modell, zwei nur in Dichte und Spannungslage verschiedene Phasen eines zeitweise ungestört fruchtbaren, zeitweise kritischen Kontaktes. Es meldet sich hier die seitens Hans von Hentig schon zwischen 1918 und 1933 vorgetragene Paradoxie, daß der heutige Feldherr ein frühzeitig den Frieden bedenkender, die physischen Schrecken abkürzender, um die Heilung der Schäden besorgter Pazifist sein sollte.

Wenn der die militärische Dienstpflicht gutheißende Impuls versagt, ist das vorwiegend Folge eines Verfalls der Eltern, Umwelt und Schule anvertrauten Pflichtbegriffe, der Ablösung des heroischen Ideals durch die Parole »Wohlstand« und des Auftretens gewisser, die Unterstützung versagender Lücken im Leitbild. Manchmal kommt ein zu Mißtrauen und Widerstand reizender Rekrutenoffizier mit seinen Gehilfen hinzu. Aber auch weiche Welle wäre kein Weg. Denn wie der Arbeiter die Anbiederung seines Chefs als peinlich und unecht empfindet, registriert auch der Klarheit und Strenge erwartende junge Soldat eine übertriebene Großzügigkeit in der Disziplin als eine zu Unaufrichtigkeit führende Schwäche, der man nicht trauen möchte. Aus »ersten Menschen« Soldaten zu machen, setzt erzieherisches Geschick, Gleichmäßigkeit des Verhaltens und Führungskraft voraus, die Schwung entfaltet, Rekorde an Geduld entwickelt und durch Formel und ehrliches Vorbild besticht.

Das Staatsfragment Bonn war dadurch innenpolitisch in eine heikle Lage versetzt, daß die Sieger aus Kansas, Paris und London einen »Aufmarsch der Unbelasteten« eingeleitet hatten, der auch dunklen Charakteren Vorschub geleistet und antitraditionellen, autoritären Aktivitäten den Weg gebahnt hat. Während Lenins, Trotzkis aus der Präzivilisation übernommenes Manipulationsobjekt ein nur im Groben vorbereiteter, konstruktivem Zugriff offener Rohstoff gewesen ist, war das Manipulationsobjekt Bonn von Schuld und Irrtum belasteter Schicksalsraum mit einem Übermaß führungspsychologisch unbequemer Vorurteile, Irrtümer und Ressentiments, gegen den sich das für Freiheit und demokratischen Glauben eintretende Leit- und Erziehungsgerede nur bruchweise durchsetzen konnte.

Der durch den aufs Politische übergreifenden Triebehrlichkeitsruf und die politisierte Rauschgiftorgie auf die Spitze getriebene Argwohn gegen die Ansprüche stellende Ordnung ist so zäh und so groß, daß auch Engelszungen versagen würden: wie Dunstglocke, Verkehrschaos, Grundwassertiefstand und Gift in den Lebensmitteln sind auch agitatorische Zersetzung und trockene Trunkenheit nicht ohne die Hilfe einer die Lücke in Einsicht und gutem Willen gewaltsam schließenden Autorität zu bewältigen: Standrecht bei Terror, Todesstrafe bei Handel mit Rauschgift und langjähriger Freiheitsentzug auf Werbung für den Genuß . . . Ohne ein so extremes In-Front-Gehen wird das westliche Europa – Nordamerika nach sich ziehend – der von Marx und Engels verkündeten Expropriation so gut wie widerstandslos anheimfallen und an Rauschgift, Mangel an Bewegung, Indolenz, Unglaube, Phasenverschiebung in der Erotik und Widerstand gegen die Pflichten auferlegende Struktur zugrundegehen.

Das auf den Generalstabstypus »höherer Führer« eingestellte Leitbild ist ins Wanken geraten. Natürlich verlangen die beiden Aggregatzustände des modernen Krieges Kenntnis und Bildung, wie sie ein Derfflinger und ein Blücher nicht hatten. Gleichzeitig aber leistet man mit der einseitigen Bevorzugung des Generalstabstypus Intelligenzen Vorschub, die zwar Planungsverstand besitzen, es aber an einem dem Nebel der Ungewißheit gewachsenen Instinkt, einer aus der Vision der Front schöpfenden Phantasie und Härte der Konsequenz fehlen lassen.

Das neue Leitbild enthält daher wieder Akzente vermehrter Achtung vor dem Wert des truppenerzieherisch begabten, funkenschlagenden, Mensch und Lage fordernd und führend erfassenden Praktikers im Kommando. So war Rommel. De Gaulle lief in beiden Geleisen und wohl auch der Cromwell-Charakter Montgomery.

Zurück- und erhaltengeblieben ist, nachdem der Krieg zu exorzistischem Unsinn geworden, ein über den Truppendienst hinausgeratener, auch in anderen Kategorien lebender Stabilisations-, Erziehungs- und Verteidigungsexperte, dessen zentrales Augenmerk auf die Entwicklung eines neuen staatsbürgerlichen Charakters und der Propaganda- und Terrorform »Kalter Krieg« gerichtet ist. Auch Marcel Bigeard sieht den Sinn des Soldaten in seiner Rolle als Gegengewicht gegen den als »Feind im Frieden« zu betrachtenden Untergrund. Aus der praktischen Exekutive, die republikanischen Garden und der Gendarmerie gehöre, hält er den Soldaten heraus.

Herrschaft des Zwecks

Jedes Zusammenleben enthält Elemente des Zwecks. Schon die Selbsterhaltung ergibt es. Jeder Zusammenschluß ist eine unbewußte Verständigung sich eigentlich kreuzender Interessen. Das entschuldigt den Opportunisten nur halb. Denn es erhebt sich über dem egoistischen Engagement ein großes, denkender Phantasie und konstruktiver Liebe übergebenes Zielaggregat mit einem aus der Dialektik des neuen Lebensraumes gespeisten Wettbewerb der Impulse, von denen nur einige vital-egoistisch, die anderen ethisch und kontemplativ sind. Diese zweite, über die physische Basis gelagerte Welt tastender Liebe, duldender Rücksicht, hilfreicher Höflichkeit ist in Gefahr, von einem opportunistischen Rationalismus überwältigt zu werden.

Die Korrelation zwischen Wille, Kraft und Einsatz und objektivem Erfolg ist verlorengegangen. Weder rechtliche Gleichheit der Ausgangslagen noch das Walten eines charakterlich durchentwickelten »Willens« garantiert die beanspruchte Anerkennung. Unsere durch Aktivität und hohes Spiel ermüdete, durch Rückschläge sicherheitslüstern gewordene Epoche zeigt, während das Erlebnis der physischen Gefahr abgerückt und vertuscht ist, neuartig aus der sozialen Situation und dem Lebenskampf bezogene Momente der Unsicherheit und des Mißtrauens. Es spukt der Verdacht, die an uns herangetragenen Notizen zur Situation und die Argumente, die vorgebracht werden, nicht für uneingeschränkt ehrlich halten zu dürfen: die Angabe des Vermieters, die Zusage des Personalchefs, der Qualitäts- und Betreuungshymnus des Verkäufers, die Wahlversprechungen des Parteiredners, an die Presse gegebene Information eines Ministers. Wir vertrauen nicht mehr. Überall wittern wir halbe Wahrheit, halbe Verläßlichkeit, Hintertür. Unser Leben ist das eines bewaffneten Hasen, der offenen Auges auch in Halbschlaf und Ruhe gegen Adler und Jäger sichert.

So ist es nicht nur in den Berufen, die zu existentieller Auseinandersetzung zwingen, nicht nur beim Arzt, der seine diagnostische, therapeutische und menschliche Treffsicherheit an Tod und Gesundheit erprobt, nicht nur beim Statiker, der eine Brücke von Mastspitzenhöhe verantwortet, nicht nur beim Deichhauptmann, der mit Erde, Stein und Schleuse gegen Sturm und Wellen kämpft, nicht nur bei dem Piloten, der zwischen Cañon und Urwald notlanden muß, nicht nur beim Kapitän, der im Brüllen des Nebelhorns seine 20 000 Brutto-Register-Tonnen mit Besatzung und Gästen den südlichen Saum der nördlichen Eisbergdrift entlangsteuert, – so ist es in allen, ein Profil voraussetzenden Berufen, die dazu zwingen, auf den weltgerichtlichen Offenbarungseid gefaßt zu sein und in einem klaren Verhältnis zu sich und der Welt zu bleiben.

Manche Charaktere segnet die Schöpfungsordnung mit einem solche selbstzerstörerischen Anwandlungen abfangenden Optimismus. Es sind das die Menschen, die sehr wohl das belästigende Wissen um Faulheit, Schwäche, Angst und Befangenheit haben, mit diesem gefährlichen Wissen aber nicht das Gefühl einer schuldhaften Lücke verbinden. Mir selbst ist weder im militärischen Dienst, noch in psychologischer, noch in ärztlicher Arbeit je der Gedanke gekommen, die mir durchaus bewußte Unzulänglichkeit meines Charakters und Könnens zu Gegenstand des Gewissens und Thema einer Schuld zu machen. Immer war die ernüchternde, zu Bescheidenheit mahnende Kenntnis meiner Grenzen von einem stabilisierten Gefühl vitaler Befugnis begleitet.

Die von einem unerschütterlichen Selbstgefühl Gekrönten sind unseren Anspruch auf Kultur des Charakters enttäuschende Günstlinge einer billigen, vor Unredlichkeit nicht zurückschreckenden Eudämonie, deren seichte Sicherheit keineswegs Ausdruck objektiver und daher beneidenswerter Überlegenheit, sondern eher das Zeichen einer die Nuancen des Lebens nicht erkennenden Arroganz ist. Nur objektive Aufnahme der die Wirklichkeit üblicherweise bestimmenden Unsicherheitsfaktoren und ein echter, in der Sache fußender Sieg über Zweifel und Ratlosigkeit ergibt ein Verhältnis zum Leben, das hieb- und stichfest ist.

Nobilitierung durch Tageserfolg

Die Monarchie hatte zur Dokumentierung als Elite und ständisch umrissene Fachprominenz einen Offiziers-, Industrie-, Kommerzial-, Finanz-, Entdecker- und Kulturadel geschaffen. Die Standeskarriere im dynastielosen Staat geht formlos über die Geschicklichkeit, sich zu verkaufen, den Kompromiß zwischen opportunistischem Anspruch und die Bereitschaft, sich als Abhängiger arbeitsteilig verwerten zu lassen, hinweg. Der das kindliche Gemüt betörende Satz von einer ausgleichenden Gerechtigkeit, die jedem Verdienten seinen natürlichen Lohn zukommen läßt, ist Mystifikation. Das Glück winkt nicht dem mit seinem Gewissen sich Quälenden. Es winkt dem Robusten, der sich, ein nützlich planendes Denken gewohnt, an Recht und Regel nur soweit gebunden fühlt, wie es zu gefährlich wäre, sie zu verlassen.

Damit verraten sich — im Auseinanderlaufen der Wege — Zivilisationsfavorit und Kriminell-Entgleister als Spielart eines Typus. Aus dieser, dem Harmoniedogmatisch-Fixierten schwer verständlich zu machenden Paradoxie erklärt es sich, daß man ins Auge springende Lebenserfolge weniger in gehobener als in der Sphäre einer navigationstüchtigen, durch gängige Leistung und unkomplizierte Wunschlage populär gewordenen Mittelmäßigkeit findet. Hinter einer zwielichtigen Gentlemanfassade nistet sich eine Scheinwelt verdorbenen Anstands und sich tarnender Halbkriminalität ein, die den Politiker auch dann interessieren muß, wenn der Staatsanwalt keinen Anhalt hat, einzugreifen. Die verwirrende Wirkung ist tatsächlich groß. Dem, der keine in der Macht befindlichen Opportunisten imponierenden Bezugspunkte hat, sind viele Türen verschlossen und Treppen verstellt. Dadurch wird auch die von der sozialliberalen Zivilisationsorgie gepriesene Gleichheit der Ausgangslagen zu Phantom und Chimäre. Die äußere Gleichheit der Bedingungen kann nicht Beziehungskurzschluß und die konstitutionelle Ungleichheit aus der Welt schaffen, der auch Plato seinen Respekt erwiesen hat.

Das Gesetz der Auslese hatte sich in dem vom Kampf Mann gegen Mann abrückenden Kriege auf die anonyme Konstellation zu verschoben. Der auf das Niveau der modernen Errungenschaft gelangte Krieg bot wohl vermehrte Gelegenheit, den Verstand zu gebrauchen, wem nützte das aber? Gewiß, Klugheit erkundete besser, machte bessere Befehle, war geschliffener, umsichtiger, vielleicht auch aufkommender Panik gegenüber fester, tapferer, zu Stabilität und Selbstbeherrschung eher befähigt. Doch hatte die bessere Intelligenz letzthin keine größere Aussicht, die Zufälligkeiten der Gefahr zu überstehen, wie es auch nur sentimentaler Aberglaube gewesen ist, zu meinen, daß sich Freund Hein zuerst und am liebsten gerade die Besten holte. Das moderne Geschoß trifft wahllos, Starke und Schwache, Kluge und Dumme. Und nicht selten scheint es, als ob der in den Dienst der Zivilisation getretene Gott der Schlachten sein besonderes Vergnügen daran hätte, durch unerwartete Schläge ins Hintergelände — Fernartillerie und Flieger — antidarwinistisch zu wirken.

Nicht viel anders ist es im Lebenskampf motorbefahrener Straße: auch der Unfall schlägt blindlings zu. Der leichtfertige Ignorant reißt den soliden, tüchtigen Fahrer in die Katastrophe hinein. Rowdies am Steuer, die sich im scharfen Auffahren über Fairneß und Regel im Überholen hinwegsetzen, jagen den Friedfertigen mit weniger Härte in panische Reaktion. Je mehr Technik und Routine, desto entschiedener drängt sich der Verantwortung, Ehre, Traum und Gefühl verschmähende Charakter vor, desto anfälliger wird der Opportunist, hier als friedlicher Bürger, dort als anspruchsbetonter Gentleman. Sein Erfolg ist Taktik und Tagesglück. Die Rolle ist kurz. Sie stirbt mit dem Ende der Leistung.

Effektelite

Die Standeselite, noch wurzelnd in Schicksalstufe I, war nicht zeit-, sondern raumaffin. Vom Raum kam sie, aus einer statisch betonten, von Gott, Treue zu Dynastie oder Gegenkaiser und Stil getragenen, gegen jeden mit dem Terror des Termins arbeitenden Druck überempfindlicher Herrenkultur, — darin rettungslos überholt, sagt der den Führungsvorsprung einzelner Familien nicht mehr begreifende Meisterschüler aus der Klasse der Opportunisten.

Auch der Offizier war im Laufe des 19. Jahrhunderts eine

Landsknecht und Glücksritter entwachsene Standeselite geworden. Ihn bestimmte – als ein Relikt aus der Glanzzeit dynastischer Bindung – der Ehrgeiz, nobel zu sein, und ein ins Grenzenlose reichender, Nachteil, Leib und Karriere vergessender Enthusiasmus. Wer nicht bereit war, Glanz und Elend dieses Berufes zum Stolz des Lebens zu machen, und, statt auf das Flattern der Fahne zu hören, seine Kräfte zu dosieren begann, versäumte das Wunder der Wandlung ins Superpragmatische.

Der mit Scharnhorst und Moltke gehenden Elite ist die äußere Ehre nie wichtig gewesen. Kommandeure, die ihr aufgeriebenes Regiment persönlichen Ruhmes wegen noch einsatzfähig gemeldet und ins Feuer geworfen haben, waren unwürdige Opfer einer herren- und adelsfremdem Ehrgeiz entlehnter Überbewertung der äußeren Ehre. Echter Elite ist, was die Leute sagen, egal. Sie wirbt nicht, bedrängt nicht, drückt sich aber auch nicht, wenn die Welt zu drohen beginnt. Sie und der in seinem natürlichen Triebgefüge gebliebene Arbeiter treffen sich meistens im Urteil über die Schäbigkeit kleinbürgerlicher Angst um das äußere Ansehen.

Die um Tradition, Scholle und Glaube gruppierte Standeselite war kein stagnierender Sumpf. Sie war Bewegung. Zustrom und degenerativer Verlust hoben sich auf. Vor achthundert und mehr Jahren war es ein vitaler Auslese und Ausmerze unterworfener Uradel, vor sechshundert bis vierhundert Jahren ein ständisch formiertes Patriziat, anschließend als dritte und vierte Welle ein Schwert- und Amts- und ein Industrie- und Finanzadel.

Anders die auf Effekt eingestellte Funktionselite des sozialliberalen Staates nach 1945. Ihr fehlen geschichtliche Tiefe und der den Argwohn, mißachtet zu werden, hintanhaltende Stolz, der Großmut, Fehler einzugestehen, und der innere Schutz vor fataler Beflissenheit. Standeselite läßt auf sich zukommen. Funktions- und Effektelite rennt. Rennt um den Erfolg. Rennt, gesehen zu werden. Die der Effektelite genäherten Erfolgsfamilien des Früh- und Hochkapitalismus hatten ihre Führungstauglichkeit meist schon in der dritten Generation verbraucht. Das strukturschwächere Bürgertum altert schneller als die alte dynastisch stabilisierte, nicht von ständiger Nachschubbewährung abhängige Privilegialstruktur.

War ehedem Aufstieg in eine der Führungsschichten standesmarkanter Umstand, und zwar Lohn aus geistiger Tat, soldatischem Heldenstück, verwegener Fahrt um ein bis dahin noch unbekanntes Kap oder einem königlichen Planen in Karawanen, Schiffen, Lagerhäusern und Finanzen, war die präzivilisatorische Standeselite im allgemeinen noch stark und gefestigt genug gewesen, nicht tragfähige Zwischenglieder im Generationsverlauf ohne Nachteil für soziales Niveau und Ruhm des Hauses zu überbrücken, ist für die neue Effektelite mit einem ersten Versagen in ihrem funktionellen Auftreten Schluß. Diesen durch den Glanz des Namens vertuschten Bruch in der Kette hat neidische Umwelt anderer Standeslage unversöhnlich übelgenommen. Denn nicht jeder hat Sinn genug für das rührende Bild und den Charme eines schönen Endes, um die Trümmer einer bedeutungsvollen Vergangenheit noch weiterhin als einen Gegenstand des Respektes anerkennen und dem Drang der Abtretenden, sich noch eine Menschenlänge zu behaupten, mildernde Umstände zusagen zu können.

Auch das Ende stabilisierter Privilegien ist ein Ausfall an Struktur. Daß die alte Standes- der neuen Effektelite das Feld geräumt hat, ist den Verschiebungen im geschichtlichen Rahmen nach nur natürlich. Präsozialismus aber und autoritäre Demokratie billigen einen aus der ständischen Exklusivität kommenden Führungsnachwuchs nicht mehr. Sie erstreben eine Funktionärselite, die sich, wenn gesinnungsrückgängig, altersschwach oder politisch unerwünscht, ohne einen standesdynastischen Rest zu hinterlassen, auflöst. In der Effektelite verliert oft schon die nächste Generation den Anschluß an das vom Vater erreichte Niveau. US-Amerika: steile Kurve hinauf, steiler Sturz zurück. Dort wollte man eine Res publica, die schwankende Situationen in das politische Lebensgefühl einkalkuliert und feste Größen meidet. Privileg und Spielregel wich man aus. Man schuf Dienstverhältnis auf Zeit und Dienstgrad auf Widerruf.

War die Standeselite durch feudalen Rang und lehens- und eigentumsrechtlichen Anteil an Stetigkeitsfaktor und Struktur zur Institution gemachte Raumbezogenheit, ist die auf Leistung und Tempo dressierte Effektelite auf die Aktivität der Person übertragene Zeitbezogenheit. War die eine Herrentum im

Raume, ohne sich um etwas kümmern zu müssen, das von außen kam und auf Zeitdruck ausgerichtet war, unterliegt die Effektelite degradierender Zivilisationsversklavung. Spiegelt sich in Gesicht und Charakter der Alten Land, Heimat, Dauer und geschichtliche Tiefe, ist die neue Elite vage Sphäre zeitdruckgejagten, die Illusion verschmähenden Zweckbürgertums.

Im Aufstieg zu Wirtschaftskapitänen sind es nicht selten Handwerksmeister gewesen, die im Erahnen noch unentdeckter, unbegangener Wege rechtzeitig ins große Risiko gingen, Fabrikanten spekulativer Produkte von wirtschaftsgeschichtlicher Chance wurden und Anwärter auf Titel und Ehrendoktor. Sie waren in ihrem Aufstieg begleitet von Ingenieuren und Chemikern, die neue Gedanken und neue Methoden entwickelten. Es wurden schließlich die Besten unter ihnen zu Unternehmern der Siemens-, Krupp-, Borsig-, Henschel-, Röchling- und Millerklasse, lanciert durch Finanziers vom Range der Bethmann, Rothschild, Oppenheim, Speyer-Elissen, Merck und Schröder, die sich in ähnlicher, wenn auch nicht so weit ausholender Weise an die Spitze der Entwicklung gesetzt haben wie einige Jahrhunderte früher die Medici, Becherer, Fugger, Welser, Tucher und Imhof. Der zur Führung Gelangende wird im Wechsel des Rollenniveaus automatisch zum Herrn. Seine Spielart mag aber neureich-brutal sein.

Zwischen Standes- und Effektelite schoben sich Forscher und Gelehrte, die aus adeliger oder bäuerlicher Schicht zu dem Lorbeer, der schon über Katheder, Krankensaal und Laboratorium hing, noch weiteren Ruhm erworben hatten, die Röntgen, Bergmann, Mommsen, Boeckh und Wilamowitz, doch auch Künstler wie Menzel und Lenbach, vom Lithographen oder von Maurer zu Protokollführern einer mit Spannung erfüllten Spitzenepoche geworden. Eine der Effektelite vorweggreifende höfische Kuriosität war der persönliche Adel, – eine den familiären Anhang vielsagend ausschließende Ehrung mit Vorbehalt, gerade eben erträglich als Lohn für exotische Akte soldatischer Tapferkeit.

Totalitäre Staaten wollen Gefolgschaft, die sich fügsam das Murren verkneift. Eigenleben soll es nicht geben. Transparenz ist gerade soweit sicherheitsdienstliche Formel, wie es sich um das Aufspüren die neue Linie gefährdenden Widerstandes handelt. Die Koalition der Brandt-Guillaume- und der Schmidt-Maihofer-Phase fordert für die Reste eines geheimdienstlichen Apparates, den sie als Sammelpunkt eines reaktionären Hintergrundes fürchtet, Transparenz. An eine Transparenz des eigenen Tuns wird nicht gedacht. Auch Rußland verwendet den Kunstgriff der Durchsichtigkeit nur zur Beherrschung des Anhangs, nicht zur Rechenschaft über eigene Intimität.

Das Examen ist zu einem Machtmittel der Nivellierung geworden. Im Immatrikulationsgeschäft unserer Universitäten arbeitet das Prädikat als tote, dem erfolgshörigen Lerner den Vorzug gebende Ordnungsmaschine. Die schematische Auswahl- und Zulassungsregel fegt – als Berechtigungsnachweis gegen die fortschrittsfeindlichen Restpositionen und das Empfehlungsunwesen aristokratischer und bourgeoiser Kreise zunächst sehr überzeugend – die noch aus früherer Phase erhaltenen Reste an Stil und Struktur zum Fenster hinaus. Ursprünglich begründete Ordnungshilfe, sind jetzt Examen und Prädikat sozialistische Waffe. Auch ist der auf ein Fach fixierte Spezialist in Bildungsenge, Begrenztheit des Charakters und Unwahrscheinlichkeit politischer Seitensprünge gewerkschaftlicher und sozialistischer Konzeption bequemer als die soziale Prägnanz einer Standeselite, die dem Kollektivsieb widerstrebt und über Autorität, Regal und Waffendienst erst spät zunächst noch zögernde Beziehungen zum Prüfungswesen gefunden hat.

Während im kaiserlichen Deutschland der zur Erfüllung seiner staatsbürgerlichen Pflichten Bereite, der etwas gelernt und den Ansatz für ein gewisses Format hatte, eine mit hoher Wahrscheinlichkeit aufwartende, seinem Enthusiasmus und seinen Fähigkeiten entsprechende Chance besaß, bietet die Zivilisationsdemokratie nicht die geringste Gewähr für einen dem menschlichen und dem intellektuellen Ziel entsprechenden Weg, – es sei denn, man ist Test-Norm-Fall. Aber auch ohne die kollektive Aktivität in Herdenbildung und Rubrizierung hätte das verwandtschaftliche Aushandeln der Personalien im Exklusivbereich bei der Unübersichtlichkeit der Strecke und der Baufälligkeit der noch vorhandenen vetternwirtschaftlichen Informationsbrücken keine, den Weg der Reproduktionsgelehrigkeit zum Computer störende Zukunft mehr.

Das Unbehagen gegen den Offizier, dem man vorwarf, nur Fassade zu sein, war in der Kaste der Akademiker besonders lebendig. Nährstand, Verwaltung und Wissenschaft fiel es schwer, einen Stand, dessen Inhalt formale Vertretung der Obrigkeit und Bereitschaft zu Situationen, mit denen niemand rechnen wollte, als produktive Position anzuerkennen. Lieber sah man dann ein hochgespieltes Schmarotzertum und die Karikatur eines Menschen, die der Berliner »Fatzke« nennt. Daß in den auf Schau eingestellten Regimentern und Bataillonen oder dem als Abstellgleis mißliebig gewordener Kavalleristen mißbrauchten Train neben dem Zweifel erregenden Exklusivgehabe solide Vertreter Moltkescher Regel, pflichttreu und um eigene Einsichten bemüht, ihren Dienst taten, hat der bürgerliche Leistungspedant unbemerkt gelassen.

Allerdings enthielt auch das Vorurteil gegen die im Berufssoldaten steckenden menschlichen Werte eigenes Ressentiment und die Angst, diesem Favoriten des Anspruchs gesellschaftlich nicht gewachsen zu sein. Jeden Neuling hat es einige Zeit und einige sich ermannende Selbstbesinnung gekostet, in einem Offizierkorps heimisch zu werden und den Wert der eigenen Person mit dem, was die anderen zu bieten hatten, in störungslosen Einklang zu bringen. Zum Glück hatte in unserer alten Welt Geld nur soweit Bedeutung, wie es notwendig war, den äußeren Stil zu bewahren. Sonst durfte der Preuße, auch wenn er Offizier war, arm sein. Das Motiv der Armut war, durch Ausnahmefälle dynastischer Verschwendung kaum gestört, geradezu so etwas wie heroische Ausgangsformel.

Natürlich fiel jedem, der aus diesem Zauberreich unopportunistischer Hingabe an ein staatspolitisches Prinzip in die Welt eines illusionslosen Lebenskampfes kam, die Umstellung nicht leicht. Die Angehörigen unserer Alterslage sind daher meist von der den Forderungen unseres inneren Ruhmes widersprechenden, demoralisierend, konfektionierend und nivellierend wirkenden Zivilisation ohne zeitgemäßen Nutzeffekt überrollt worden, wenn wir Glück hatten, mit einigen kurzlebigen Höhepunkten des Erfolges beschenkt, – was uns, da Prominenz mehr massenmediale Erfindung als Zeugnis eines Wertes ist, nicht weiter schlimm erschien. Heute kann, wer mit Vierzig Elitejahre hatte, mit Fünfzig und Sechzig so restlos vergessen und so tief abgerutscht sein, daß kaum noch die eigenen Kinder vom vergessenen Ruhm ihres Vaters wissen. Physiosozialer Raum und Zeitakzent wollen persönlichem Range nicht wohl.

Aber auch opportunistisches Denken wäre für den, der das Leben aus seiner Totalität bewältigen soll, keine zum Ziele führende Hilfe. Mag der uns umgebende Kampf um Bett und Brot eher kalten, robusten, nehmenden Naturen auf den Leib geschrieben sein als Mensch mit Gefühl und Feinsinn, – unser Glück liegt doch bei produktiver Illusion und den Orten des Heimwehs, die uns vor dem Isolationsdilemma eines opportunistischen Rationalismus bewahren. Selbst ein aus Irrtum und Transzendenz gezauberter Idealismus ist für das innere Schicksal ergiebiger als eine Zweck-Vernunft, die in Alleinsein und Unglück versagt.

Die – soweit noch gesund – für Volk, Land, Heimat lebende Standeselite war Boden und Schwert, Gott und Geist, Mitmensch und Kreatur nehmend und gebend verbunden. Sie stand über der Zeit, fußte im Raum, schuf und wartete, während die neue Effektelite zweiter Schicksalstufe luxurierendes Tagesereignis ist, an die Tüchtigkeit eines in der Funktion verdienten Mannes geknüpft.

Der Super-Spezialisierte aber läuft Gefahr, Opfer des Arbeitsmarktes und Spielball der Drahtzieher zu werden.

Ende der akademischen Respektschicht

Eine opportunistische Oberflächenintelligenz bedroht Kultur, Intimsphäre und Gemeinschaft. Nicht, wie Plato es sich gewünscht, der an einem über dem Niveau des Tages liegenden Prinzip Orientierte, der Philosoph, sondern ein bunter Verein der Interessenvertreter aus einzelnen Führernaturen, vielen Managern, einigen Banausen und einer Handvoll hinter imaginärer Barrikade kauernder Moralisten beherrscht die Gesellschaft. Die Zahl der an Zweck und Bild, Ziel und Bilanz ausgerichteten Köpfe ist klein: ein paar Wirtschaftskapitäne, ein paar Juristen, ein paar Techniker, ein paar Führungsriesen, die mit den Aktivitäten der Epoche Kontakt und Schritt halten, von einem gewissen Format an nicht auf eine pragmatische Anpassung an den Stil der rationalen Symbiose beschränkt, sondern autonome, die präzivilisatorische Irrationalität mit Planungsprofil verbindende Größe. Einem akademischen Durchschnitt von heute ist ein dem Rang alter Respektschicht genäherter Standort nur über eine dem zivilisatorischen Lebenskampf angepaßte Form des beruflichen Einsatzes und des gesellschaftlichen Auftretens erreichbar. Daher sollte man auch dem Diagnosen und Therapien verkaufenden Arzt, dem in Streit- und Patentwerten denkenden Anwalt, dem in Terminen denkenden Ingenieur die merkantile Kundenpflege nicht übelnehmen.

In dieser Sphäre utilitärer Schäbigkeit hat der Standesdünkel ausgespielt. Wegen ein paar Lektionen mehr, streicht man sich nicht heraus. Das Studium zählt kaum, die Länge der Studienjahre schon gar nicht. Um schöner Themen willen bewegter Geist ist nicht gefragt. Die Zivilisation gedeiht ohne ihn. Sie braucht aus akademischem Stall nur einige kluge Köpfe, die Grundlagen zu erforschen und die von diesen her gewonnenen Formeln in technische und kaufmännische Modelle umzusetzen. Sonst braucht man nur noch eine Fülle fachlichen Fußvolks, – Juristen, Truppen-, Amts- und Kassenärzte, Veterinäre, Bauräte, Lehrer, Pfarrer, Geologen, Meteorologen, Apotheker und was es sonst noch gibt.

Das Schwungrad der Zivilisation bewegen durch Zufall und Konjunktur Erwählte. Sie schneiden besser ab als die mühselig durch Fach und Examina geschleuste Intelligenz, verdienen mehr und erkennen frühzeitig, daß äußerer, manchmal auch der innere Lohn eines Studiums und schwieriger Anfängerjahre, dem Nutzen verglichen, der dem Favorisierten ohne fachliche Superbildung zufällt, lächerlich klein bleibt. Ihn dünkt es weltfremd, was Studenten und angehende Akademiker im Auge haben: ein Bündel verstiegenen Anspruchs auf ideellen Plunder. Eine geniale, in Akten des Gebens überfließende Besessenheit würde man eher akzeptieren und billigen.

Eine als Station der Elitebildung zu betrachtende Respektschicht gibt es nicht mehr. Die Bruchstücke, die man noch findet, sind entmutigter, versimpelter, merkantilisierter Rest. Vergeblich suchen Korps, Burschenschaften, Landsmannschaften, Turnerschaften, schlagende und nicht schlagende, farbentragende und schwarze Verbindungen wieder Anschluß an das Antiphilisterium der Zeit vor 1914, den alten Übermut, das alte Selbstbewußtsein. Es ist paradoxes Bemühen.

Uns überflutet der pragmatische Intellektualismus eines von hunderttausend oder mehr Individuen getragenen wirtschaftsökumenischen Verflochtenseins. Nicht ein Problem, nicht Bildung, nicht Klärung eines Hintergrunds ist diesem Kreise Bedürfnis und Ziel, sondern praktische Tat für einen kollektiv verbreiteten, sozial begründeten Wohlstand.

Damit eröffnet sich eine Sicht, aus der wir das zarenfrei gewordene Rußland als ein Extrem der Zivilisation, des Kapitalismus und der rationalen Symbiose begreifen, das in Größe des Einfalls und Gewißheit des Planens eine politische Spitzenleistung darstellt, die, gewalttätig manipuliert, allerdings den Anschluß an Wissenschaft und Kultur nicht ausläßt. Die politische Uminstrumentierung unserer Universität aus der humanistischen Exklusivität in eine Leistungsanstalt ohne individuelle Größe stürzt die letzten Voraussetzungen für Möglichkeit, Wiederentstehung und neues Gedeihen einer aus dem geistigen Leben kommenden Respektschicht. Sie ist Verlust an Struktur und elitebildendem Faktor.

Achillesferse Gesinnung

Die Gesinnung ist Führungskern unseres Widerstandes gegen Niveauverlust und Verpowerung. Produktiver Idealismus und objektive Kraft entscheiden, ob und wie weit es uns gelingt, aus Innen- und Außenwelt das Vergnügen an kritischem Ziel und Thema im Lebenskampf zu schöpfen, das die dem Jammer des Alltags wehrenden Impulse freisetzt, etwaigen Fehlschlag zur Bagatelle entwertet und uns zu Herren der Lage macht. Dem Zivilisationsfavoriten üblichen Stiles gelingt das nicht. Er nimmt die kollektive Einkreisung ernst und vergeht in Enttäuschung und Zweifel, wenn sich der Durst nach Freiheit, Gleichheit, Brüderlichkeit und die Hoffnung auf eine bessere Welt als verstiegenes, nicht in den Chancen unseres Lebens enthaltenes Anliegen verrät. Fortschritt und Brüderlichkeit sind schwer zu versöhnen. Fortschritt – dieser Fortschritt jedenfalls – gehört der Welt des Opportunismus, Brüderlichkeit aber höherer Sphäre an.

Die Gesinnung ist Kernpunkt des Widerstands gegen verpowernden Einfluß. Nicht Geld, nicht einmal äußerer Aufstieg bewahrt uns vor der Gefahr, in eine Abhängigkeit ohne Rückgrat gezogen zu werden. Denn Prominenz, die verpowert und im inneren Stil auf den Hund gekommen ist, gibt es in Masse. Retten kann nur die Gesinnung, das Bewußtsein eigener Ehre und der Befugnis, eine eigene Instanz zu bilden. Wenn abgetakelte Aristokraten und die verbrauchten Ableger einer bürgerlichen Elite vor dem seines Wertes an der Werkbank und in der politischen Versammlung bewußten Arbeiter zu Boden gegangen sind, so trug der lebenskampfuntüchtig machende Persönlichkeitsverlust die Schuld. Ironisierung des gesellschaftlichen Leerlaufs in Blättern der Simplizissimus-Klasse und Sozialkritik bei Strindberg, Schnitzler und Thomas Mann waren nicht nur Spiegel, sie waren auch Angriff, – im Gegensatz zu der genialen Güte, mit welcher der jüdische Galizier Joseph Roth – ein großer Geist – die österreichische Atmosphäre vor und um 1918 gezeichnet hat.

Werkstudent und Rekrut kennen die lauernde Reserve, mit der das tarifgesteuerte Volk Schlachtenbummler oder Verirrte aus anderer Schicht beiseiteschiebt, – jene seltsam geschwollene

Stimmung gespannten Mißtrauens, die auf Zusammenbruch der Fassade wartet. Einige dieser ungerufenen Außenseiter sind soziale Naturtalente. Man nimmt sie mit einem kleinen Rest an Vorbehalt in die offenen Reihen auf. Anderen mißlingt es, die Distanz zu überbrücken. Sie verhalten sich zu künstlich, und der ihnen entgegentretende Argwohn bleibt. Noch andere, unwürdig Liebedienernde scheitern, als opportunistische Überläufer erkannt, an ihrer Unechtheit.

Tragikomischerweise besitzt das in Erkenntnis und Folgerung revolutionärste, eine automatische Expropriation verkündende Lehrbuch der sozialen Mechanik, »Das Kapital«, ein extremes Muster kritischer Aggression, alles an schwarzer Magie und Schwere des Wortes, was den Bildungs-Benachteiligten sonst so argwöhnisch und aufsässig macht. Keiner der Assoziationssozialisten, aber auch kein Sorel, kein Stirner, nicht einmal der so reich fazettierte Lassalle hat die umwälzende Formel und den unter die Haut gehenden Ton zustandegebracht, der dem pseudohegelianischen Kopf aus der jüdischen Bourgeoisie Triers auf so unwahrscheinliche Weise gelungen ist, unterstützt allerdings durch die sehr praktische Freundschaft mit Engels. Wahrscheinlich ist diese Ungeheuerlichkeit paradoxen Erfolges der einzige Fall, in dem der Geist der Geschichte eine die Ruhe sprengende Theorie so gierig verschlungen und in seine Problematik aufgenommen hat.

Der Marxismus hat sich schattenwerfend neben das Christentum gestellt. Durch Engels und einige sachlich beherzte Zwischenträger gefördert, die den Blick in die Schriften des Meisters entbehrlich gemacht und aus den Stichworten »Unternehmergewinn«, »Mehrwert«, »Akkumulation des Kapitals« und »Expropriation der Expropriateure« eine Art Kanon sozialistischen Grundwissens gemacht haben, das materialistisch-destruktiv auf das Ende des alten Gefüges wartet, hat er das Christentum in seinem geschichtlichen Positionswert beinahe eingeholt. Aber Ideologie ohne aufbaukräftige Illusion hat nie viel Lebenserwartung.

Die feudale Welt registrierte ihn aus der Nachsicht des Sich-nicht-für-beteiligt-Haltenden zunächst nur halb. Was die sozialdemokratische Phantasie an die Wand warf, blieb fürs erste intellektuelle Finesse und außerhalb der persönlichen Sorge. Die konventionellen Kreise sahen die staatsbürgerliche Gesellschaft in Ordnung und Einheit gewohnter Perspektive. Sie ahnten noch nicht, welcher Zwiespalt und welche Gewalt in der sozialen Frage verborgen waren. Noch bewegte die Autorität sich lautlos in friedlichen Formen. Die Konventionellen zogen an einem Strang, meistens aus ähnlicher Familie, meistens Reserveoffizier, der eine bei den Jägern in Ratzeburg, Eberswalde, Bückeburg oder Hirschberg, der andere bei der leichten Artillerie in Verden oder Fulda. Die Ingenieure fielen noch nicht ins Gewicht. Die Arbeiter verteilten sich geräuschlos über das Land, außer in einigen Ballungszentren und in parlamentarischen Demonstrationen, deren Ernst noch nicht anschlug. Auch der Arzt war kein Dolmetsch der Zeit, – wohl durch den Umgang mit Krankheit und Tod ein Mann von Gewicht, mehr aber kaum, und keine das Wesen der Welt erfassende Größe. Man nahm ihn als fachlichen Wichtigtuer nicht immer ernst. Der einer mystischen Schematik dienstbare, fordernde und beschwörende Pfarrer bewegte sich in den Maßstäben seines Amtes manchmal so außerhalb des gesunden Menschenverstandes, daß man ihn in die rationale Hierarchie kaum einordnen konnte. Erst, als das Offizierkorps aufhörte, Platz der Noblesse zu sein, und die aristokratische Gutswirtschaft ihr soziales Gewicht verloren hatte, schloß sich mehr Adel der bürgerlichen Intelligenz an. Was es vorher an personellen Brücken zur Hochschule gab, war, wie gesagt, auf exklusive Verbindungswege zu Jurisprudenz, Forstwesen, Bergbau und katholischer Theologie beschränkt.

Der ohne Kenntnis des menschlichen Triebdunkels in die Uniform geratene spätwilhelminische »Einjährige« war ein das militärische Ordnungssystem durchbrechender Sonderfall, – einerseits belächelt, andererseits gebraucht. Im Krieg von 1914 hat er oft Gutes und Glänzendes geleistet und nur da eine traurige Rolle gespielt, wo er in naiver Variante gehäuft oder als exorbitanter Einzelfall auftrat und sich ihm Unreife, Mangel an Instinkt, Umständlichkeit, Romantik am falschen Platz, Fehlgreifen in der Wahl des Wortes und das Ausbleiben eines der Schwäche enthebenden Gefordertseins in den Weg stellten. Die Volksarmee Hitlers hat den bildungsbevorrechtigten Freiwilligen nicht übernommen. Der Geist der allgemeinen Wehrpflicht schloß jede Begünstigung der im Geltungsrang bevorzugt gewesenen Schichten aus. In gleicher Richtung lag der als soziale Kontaktschule gedachte Arbeitsdienst. Es hat aber schon vor Hitler eine Beförderung ohne Familie und höhere Schule gegeben, – auf den Wogen geschichtlich rasanter Tage jedenfalls und nicht nur beim ersten Napoleon.

Sozialismus und Zivilisation so in Einklang zu bringen, daß etwas an irrational orientiertem Idealismus erhalten bleibt, gelingt nur mit emotionaler Unentwegtheit und rationalem Instinkt. Ob wir Marxist sind oder konservativ, Revolutionär oder Biedermeier, ist mehr eine Frage des Temperaments und des Wechselspiels zwischen Verstand und Gefühl, der Spannung zwischen Begriff und Instinkt und das Ergebnis einer durch das Verhältnis zwischen Charakter und Umwelt bestimmten Konstellation. Am Phänomen der Willensfreiheit arbeitet außer den Einflüssen von außen auch die konstitutionelle Determination der Persönlichkeit. Wir sind nur so weit frei, wie wir Hindernis ringsum und Netz unseres Wesens durchbrechen können.

Nicht selten sind Männer auf einem unerwarteten, Wesen und Vorzeichen widersprechenden Platz. Es begegnen uns Menschen, die eigentlich Gehilfen des Aufruhrs sein müßten, als Vertreter der Legalität, und zu Männern des Friedens und der Disziplin in geordneter Lage bestimmte als Gehilfen des Aufruhrs. Die Vernunft geht bisweilen krumme Wege. Aber das wissen wir ja. Mit Gott ist es auch so.

Dem charakterlich Ausgeglichenen liegt der Affektbegriff »Klassenkampf« fern. Er muß sich zur Stimmung des idealistischen Neides künstlich erregen, behält daher auch in voller marxistischer Kapitulation einen stillen Rest an Verständnis für einen das Recht der Struktur begreifenden Widerspruch, wie umgekehrt der ins bürgerliche Lager übergegangene Marxist, wenn er die Unruhe des sozialen Neides erlebt hat, nie zu einem blinden Jasager in konservativem Schema werden wird.

Die psychosomatische Praxis stößt auf eine in der Gesinnung entgleiste Jugend: den durch die Kirche Abgestoßenen, den durch Establishment und Traditionsübertreibung Gereizten und den tugendboldigen Opportunisten, der, zu schwach und zu unehrlich, das Distanz, Mut und Überlegenheit und klares Bekenntnis fordernde Kunststück eines die Struktur negierenden Nihilismus nicht zustande gebracht hat. Dies zwischen der Lust,

sich als Geist der Verneinung gehen zu lassen, und der kleinbürgerlichen Behinderung, den Impuls zu vollziehen, spielende
Mißverhältnis hat die Abkehr unseres Lebens von der Natur
und die Entstehung eines der natürlichen Situation entfremde-
ten Charakters gestützt und beschleunigt.

Termintreue der Mutter und Stil ihrer Liebe nehmen Gesinnung und Lebensgefühl eines Kindes gleich nach der Geburt in
die Zange. Schon die Art der Aufnahme in das menschliche Mit-
und Gegeneinander und der Stil der ersten Konfrontation mit
Autorität und Hindernis geben dem in diffuser Unbewußtheit
schwimmenden Lebensgefühl frühe Akzente, die zu Glaubens-
willen, Arbeitspferd, Funktionär und Nihilist einen ersten ver-
haltenen Grund legen, – ein anspruchsvoller Gedanke, der nicht
ganz so übertrieben ist, wie auf den ersten Blick es erscheint,
und die Vorstellung ausschließt, im Menschen ein Material vor
Augen zu haben, aus dem man Einheitsstile gleichen Verwen-
dungscharakters machen könnte. Nachwuchs ist nie Material.
Nachwuchs besteht aus Menschen verschiedenster Anlage, verschiedener Erstinformation, verschiedener Geistes- und We-
sensart.

Die Zahl der Elitefähigen ist durch Natur und erste Information begrenzt. Es ist das der staatsbürgerlich gängige, leicht aus-
tauschbare, bequem niederzuhaltende Funktionär, der auf das
summarisch denkende, Differenz in Konstitution und Erscheinungsbild unterschlagende Kollektiv am besten anspricht. Ohne
meist selbst die Tragweite seiner Verwertbarkeit und die mecha-
nischen Schrittmachereigenschaften seiner Zivilisationstreue
überblicken zu können, ist er gewachsener Anwärter auf einen
mit Dunst, karzinogener Vergiftung, Lärm, Chaos und Straßenverkehr, Phasenverschiebung zwischen Gefühl und Sexus,
Promiskuität, Destruktion des Charakters und Verfall des Staates erfolgreich beschäftigten Absolutismus.

Uns Heutigen fehlt der Überblick über Volk und Staat,
den altgriechische, norditalienische und hanseatische Städte in
Staatsform geboten haben. In unserem Parlamentarismus gibt
es keine Möglichkeit, sich ein direktes Bild der zu Abgeordne-
ten- oder Kabinettsfunktion Präsentierten, ihrer Herkunft, ihrer Wurzel in der Struktur, ihrer Rolle in der Gemeinschaft,
ihrer charakterlichen und praktischen Chance zu machen.

Die allgemeine Unübersichtlichkeit unseres Lebensraumes, in dem die Nuancen untergehen und meist nur klingender Lohn und massenmediale Propagierung Beweiskraft erlangt, ruft die Gefahr eines immer mehr wachsenden Übergewichts der opportunistischen Prominenz hervor. Der demokratische Kontakt, vom Parlamentarismus vergeblich garantiert, geht mit Zunahme des Abstands zwischen den Menschen und der als ein Augenscheinlichkeit vorspiegelnder Nebel wirkenden Anonymität im lebenstechnischen Fahrplan unter. Die Lücken in der Verständigung sind so groß, daß man bei Abgabe eines Wahlzettels nur im Rahmen allgemeiner geschichtsphilosophischer Orientierung weiß, was man tut. Die Information aus dem Wahlkampf befriedigt nicht. Der Einschlag an Propaganda macht irre. Man argwöhnt aus einem allgemeinen Wissen um die große Konjunktur einer nicht zu fassenden Halbkriminalität diskrete Hintergründe, doch sind die Situationen im allgemeinen nicht so unsauber, daß man eindeutig argumentieren kann. Diese Frage nach dem von der offiziellen Information abweichenden Hintergrund berührt einen der peinlichsten Punkte im Aspekt der Schicksalstufe. Wir sind in Verlegenheit, suchen einen Ausweg. Wissen aber nicht wohin. Die liberale Demokratie funktioniert nicht. Den Absolutismus mögen wir nicht. Die konstitutionelle Monarchie ist nicht mehr da.

Der Niedergang der Universität, das Fiasko der Bildungsberufe ist weitgehend Folge einer Verlagerung der akademischen Initiative von logischem Humanismus und humanistischem Weltbild in einen pragmatischen Realismus, der von produktiver Illusion und dem erzieherischen Wert erloschener Kulturen nichts weiß. Das rekonstruktive Erlebnis der Antike war für die staatsbürgerliche Erziehung mehr wert als Geschäftigkeit in Gedächtnis und Wissen. Wer das erfaßt hat, weiß gleichzeitig auch, daß der diffamierende Angriff auf Gesinnung und Ehre subtilste Form des Kalten Krieges sein muß. Mit Ideenreserve und Gleichmut trifft er das Gleichgewicht zwischen emotionalem und rationalem Regulativ.

Der Intellektuelle ist ein die Elemente seiner Wirkung aus Analyse, Akzent, Parodie, Vergleich und Pointe beziehender, zwischen den Argumenten jonglierender, physiosozialer Improvisator. Kälte des Charakters sichert ihm den Abstand, eigene und anvertraute Interessen ohne störendes Gefühl verfolgen, und die emotionslose Neutralität, die Söldner seiner Systematik ohne Skrupel und Sentimentalität um sich sammeln und an die strukturentscheidenden Punkte delegieren zu können. Der Verstand ist zu Selbstzweck und Verachtung emotionaler Skrupel hochgespielt.

Der in allen Schichten vorkommende Irrational-Primitive mag den Intellektuellen, mag den aus Gnade und Gefühl gelösten Opportunisten, mag den Geist blockierenden Dünkels und die Verständnislosigkeit für den gewissen, nicht so hellhörigen und selbstsicheren Naturen zustehenden Anspruch auf Nachsicht nicht. Die sogenannte arbeitende Klasse wurmt ein als schwarze Kunst betriebener Verstand besonders. Der Arbeiter fühlt sich, soweit die Kraft des Armes reicht, sicher an seinem Platz, doch aufs Glatteis geführt, wenn ihn ein seine Unterlegenheit taktlos herausstellendes Auftreten brüskiert. Ihn ergreift dann ein handfestes Bedürfnis, das Gewicht seiner Vorteile in derbem Gegensatz geltend zu machen.

Es bleibt dabei: Gesinnung ist Kern jedes Widerstandes gegen die Schäbigkeit.

Schmalspur »Spezialist«

Das Vaterland war eine Welt begründeter Würde, in der Armut keine Erniedrigung, Einkommen und Besitz keine Aussage über den wahren Rang eines Menschen war. Nicht die äußere Bedeutung entschied. Was entschied, jedenfalls bei uns in Preußen, waren Name, Ehre, Stil und unbegrenzte Bereitschaft, Verantwortung zu tragen. Das hat sich geändert. Heute floriert der Gewaltige, der sich die Situationen unterwirft, und der die Situationen bestätigende Funktionär. Sie beherrschen die zivilisatorische Symbiose: der eine als Herr des großen Konzepts, der andere als Führung im Ausführungsrang.

Die liberale Initiative will, sich vor Zwischenfällen zu schützen, klare Sicht und einen Zustand, den sie durchschauen kann. Die Durchsichtigkeit aber bleibt trotz eines so überragenden Anteils an Klarheitsmotiv auf das Grobe beschränkt, es halten sich irrationale Einflüsse und ein Rest an Rätsel und Unerwartetem. Mit Recht legt Reinhold Schneider in der Novelle »Taganrog« seinem Zaren den Satz von der Zeit, die es dauere, bis uns der Wert eines Ereignisses klar vor Augen tritt, in den Mund.

Es ist das ein meisterhafter Trick der Zivilisationssozialisten, Menschen zu züchten, die ihren Horizont mit Rang verwechseln, ohne Subsidien aus Idealismus, großer Unruhe und Sphäre der Illusion ihrer Wege gehen und daher so leicht und so sicher in Griff zu nehmen sind, daß keine unerwartete Aktivität zu befürchten ist. Die Spezialisierung auf die Spitze zu treiben, ist einer der dezentesten und elegantesten Wege, den unruhig denkenden Teil des Volkes an die Kette zu nehmen und in einen reproduktiven Pragmatismus zu pressen, der individuelle Aufsässigkeit und Elitegelüste ausschließt. Das Ende des Adels und des Klerus als ständische Führungsdualität hatte die »Akademiker« zu einem vaterländisch-antiopportunistischen Widerstandsnest gemacht, das in Umfang und Publizität ein stärkeres und wirksameres Gegengewicht hätte sein können als der inzwischen nun auch ins Bürgerliche einbezogene, aber selbst in Preußen noch mit Soupçon betrachtete Offizier. Doch blieb das Zwischenakt. Der akademische Stil- und Ordnungsfaktor bewährte sich nicht. Statt Vorbild zu sein und zu kämpfen, verfiel er Genuß und Bequemlichkeit. Bald wird auf dem Boden einer auf Prädikat und äußeren Lernerfolg eingestellten Zulassung und Kontrolle da, wo es ein respektables Bildungswesen gab, eine kleinbürgerlichem Sozialismus oder autoritärer Demokratie vorgreifende segmentale Funktionärserziehung herrschen.

Der Spezialisierte sucht in Routine und Organisation seine Rechtfertigung. Er spielt in dem von ihm verwalteten Segment die Rolle eines den Nichtspezialisierten mundtot machenden Geltungsanspruchs. Daß die Addition einzelner Spezialbefunde nie dasselbe sein kann wie Erkenntnis aus einer Sicht, beunruhigt ihn nicht im geringsten. Er setzt sich beispielsweise in selbstsicherer Naivität pseudonüchtern darüber hinweg, daß ein auf die Funktionslage der Schilddrüse angesetzter Test ohne Vorgeschichte und Klinik in der Subalternerkenntnis eines segmental begrenzten Gesundheitsingenieurs steckenbleibt. Den Eingefleischten irritiert es auch nicht, wenn ein nachbarschaftsblin-

der Internist neben der Möglichkeit eines sich an Nerv und Ge-
fäß abspielenden Prozesses die Frage statischer Beschwerden
durch deformierte Fußgewölbe und falsche Belastung der unte-
ren Extremitäten zu prüfen versäumt. Spezialistischer Einseitigkeit gegenüber ist das mayoklinische Perfektionsmodell immer
noch besser und als Vorbild für eine ungeniale Durchschnitts-
routine weniger gefährlich als der das empirische Datum intuitiv
überflügelnde Sprung in die Totalperspektive, die nur zu leicht
in unkontrollierte Imagination gerät. Sich Intuition und Kom-
binationstalent anzuvertrauen, ist nur Intelligenzen gestattet,
die sich, rational diszipliniert, vor Exzessen ihres Gespürs zu
schützen wissen.

Gerechterweise sollte man sich dann auch der Fälle erinnern,
in denen es nicht ohne die Hilfe eines Spezialisten geht. Es gibt
solche Fälle, in denen das allgemeine Können des Ärztlich-Be-
lehrten nicht ausreicht. Doch ist der Super-Engpaß-Fachmann
nie voller Kenner der Situation, oft nur ein geltungspsycholo-
gisch verwöhnter Zivilisationsgehilfe, dem die Treue zu Werk
und Epoche mit schematischem Wohlstand und einer ohne innere Entwicklung bleibenden, begrenzten Funktion gelohnt wird:
ein zu Unrecht als Vertreter einer geistigen Führungsschicht aus-
gegebener, vor den Problemen höherer Ordnung ausweichender,
in billige Sicherheiten geflüchteter Philister, der überlegen tut, es
in Wirklichkeit aber bei einem subalternen Wege nicht scheuenden Opportunismus bewenden läßt und seine Machtbedürfnisse
in einem eng umschriebenen Auftrag abreagiert.

Verbindet sich ein solcher, durch Zweifel und Argwohn hellhörig gemachter, entlarvungstoller Verstand mit fanatisch-fas-
zinativem Erregtsein, dann entsteht, einer Stichflamme ähnlich,
ein den Kontakt zwischen rationalem und irrationalem Impuls
zündender Kurzschluß, ein dogmatischer Exzeß im Stile Robes-
pierres. Der gedanklich gereizte, affektiv ins Toben geratene
Verstand erfährt eine den Boden des Anstands und des Rechts
verlierende Denk-Affekt-Explosion.

Den Zügeln entglittenes, emotional gereiztes Denken ist immer Gefahr. Das Gleichgewicht zwischen rationalem und emotionalem Regulativ ist der Kernpunkt innerer Ordnung. Nicht
das Ringen um Selbstbeherrschung gibt uns die Ruhe eines festen Gleichgewichts. Was uns stabilisiert, ist der Antagonismus

zwischen rationalem und emotionalem Impuls. Er ist auch Schlüssel zum Problem der Erziehung. Ein das Zusammenspiel zwischen logischer Information und Charisma vernachlässigender Realismus bringt nicht die Charaktere hervor, die gleichzeitig Gnade des inneren Friedens und Resolutheit des Lebenskampfes bieten.

Einzelfall Mediziner

In der Medizin ist die segmentierte Einzelperspektive wohl »am schärfsten akut«. Der humanistische Ehrgeiz, ein volles Bild vor Augen zu haben – früher Ehrensache auch für den Arzt – ist der bildungsgefährlichen Gewohnheit gewichen, dem Spezialisten den Vorrang zu geben und ihn so zu behandeln, als ob er trotz seiner Beschränkung auf ein Segment Urteilsbefugnis fürs Ganze hätte. Wenn klinische Ordinarien hochgespielte Teilgebiete an einseitig spezialisierte Mitarbeiter abgeben und diese Delegation auch auf den Vorlesungsbetrieb ausdehnen, ist das ein Verzicht auf universelle Autorität, die praktische Diagnose und praktische Therapie in direkter Beziehung wiedergutzumachen haben.

In der Fakultät allerdings regiert das Schisma. Wer in ihr etwas werden will, muß sich zu einer gelassenen Annahme des Zufalls entschließen, der ihm das eine akademische Zukunft versprechende Forschungsthema in die Hand spielt. Den ruhmvollen Alleingang selbständiger Initiative gibt es nicht mehr. Wer sich in den akademischen Betrieb einfädeln will, muß seine Einfälle teilen, andere mitnehmen, auf das Monopol in der Sache verzichten und ein die Rolle als Arzt für Jahre beiseiteschiebendes spezialisiertes Engagement auf sich nehmen und Weg und Frucht, um sie nicht an eine unlautere Konkurrenz zu verlieren, wie eine geheime Kommandosache behandeln. Die Situation ist alles andere als würdig und in Verbindung mit dem zwischen Ehrgeiz und Resignation treibenden Dilemma der Einbuße des Kontaktes zum Ganzen ein bedrückender Verlust an moralischem Besitzstand.

Diese Einbuße an moralischer Sicherheit findet in der Zunahme der fachlich nur noch halb durchschaubaren Hilfsmittel eine unerwartete Bestätigung. Der Einblick in die pharmazeutische Produktion ist trotz fachlicher Allgemeinbildung und den Präparaten beigelegten Waschzettels meistens so wenig erschöpfend, daß von einem ernsthaften Urteil über die chemische Struktur kaum die Rede sein kann. Wer kennt Physik und Technik radiologischer Geräte und nuklearer Methoden über die Grenze eines in die mittleren Erkenntnisbereiche führenden Zweckwissens? Wer wehrt sich mit dem eigentlich von der Sache geforderten Nachdruck gegen die meist mit viel zu kleiner Zahl und Addierung eigentlich unaddierbarer Befunde zu einem inhomogenen Addierungskonglomerat arbeitende Statistik?

Der Weg und Wert des Symptoms wird weniger durch den informativen Einfluß der Situation als durch Arbeitsstil und Produktivität des Diagnostizierenden bestimmt. Das Genie seiner Erkenntnis gibt dem empirischen Material die entscheidende Wendung. Der diagnostische Arbeitsprozeß beginnt bei den Tatsachen, vorurteilslos, theorielos, wenn möglich. Er wechselt aus der Phase zögernder Neutralität in eine Phase sichtender, koordinativer, kritischer Oberhand des Verstandes, endet in logisch packender Augenscheinlichkeit. Jeder Fall nimmt seinen eigenen Weg. Jeder Fall hat seine eigene, die offizielle Legende nicht selten überraschende Theorie.

Mensch und Leben stellen in der verschieden gelagerten, doppelten Kausalität des den Vorgang eines akausalen Wechsels zwischen psychischer und körperlicher Beschwerde begünstigenden physiosozialen Raumes eine reaktive Konstellation im Stile schwebenden Gleichgewichts dar, in der es Beleg und Statistik, nie aber Beweise gibt. Den Gesunden beunruhigt das nicht. Er weiß von der Unvermeidlichkeit einer gewissen Fehlerquote. Das beste Gewehr streut, das beste Denken streut, jede handwerkliche Arbeit streut. Auch klinisches, juristisches, ökonomisches und technisches Urteil streut. Aufmerksamkeit und Aktivität sind nicht konstant. Nie bleibt der an jedem Urteil beteiligte Affekt absolut mißweisungsgleich. Es schwanken Distanz, Schärfe des Erkennens, Sinn für das Wesen der Dinge und die Kraft, einengende Routinebegriffe und sich einmischendes Ressentiment niederzuhalten. Insbesondere den in den Lebenskampf geratenen Frauen fällt es schwer, die mißweisungsbedingten Anwandlungen unerwünschten Zweifels an der Legitimation in Charakter und Sache zu neutralisieren. Der aus der sozialen Schwäche der weiblichen Position zu erklärende Zwang, Schutz in einem aufs Höchste gesteigerten Können und einer besinnungslos gehäuften Erfahrung zu suchen, trifft sich mit einer besinnungslosen Scheu vor Überraschung und Regelwidrigkeit.

Eine den freien Beruf wirtschaftlich beinahe schon jetzt über den Kopf wachsende Gesundheitstechnik (Radiologie und Nuklearmedizin um 1,2 bis 1,3 Millionen DM Niederlassungskosten, Innere Medizin mit Röntgen und Labor 0,4 bis 0,5 Millionen DM) lockt zu verstärktem Angriff aus sozialistischem Lager. Auch die von Bismarck aus der Taufe gehobene, politisch unentbehrlich gewordene, eine illoyale, unphysiologische Patientengesinnung fördernde, den ärztlichen Heloten kultivierende Pflichtkasse treibt die Entwicklung segmentalem Spezialismus und in anonymer Zweckerledigung florierenden Zentren und Ambulatorien zu.

Die Verpowerung des trotz »Thema Mensch« effektiv geistigsten aller nichttechnischen Intelligenzberufe bedeutet so viel wie sein Ende als fachliche Einheit. Statt die Aspekte in theoretischer Evidenz zu vereinigen, führen Grundlagenforschung, neue Wege chemophysiologischer und physikalischer Diagnostik, neuartige Medikation der Psychosen, neue Indikationen für eine Substitution und neue Formen chirurgischen Eingriffs einheitswidrig auseinander, – eine das Motiv des materialistisch-reproduktiven Lerners und entsprechender Leistungsmaßstäbe aufnehmende Tendenz!

Dabei braucht der Kampf gegen Krankheit, Lebensangst, Müdigkeit und Tod ähnlich wie der Kampf gegen Anarchie und Aberglauben unwiderstehlich-elastische, sich selbst vergessende, auf den anderen gerichtete, gleichzeitig robuste und sensitive Charaktere. Raffer, Pathetiker, Lohnarbeiter und nur auf die Erfüllung der Vorschrift bedachte Naturen eignen sich nicht. Die seigneurale Natur wird gebraucht, zu stolz und zu großzügig, sich von opportunistischen Vorstellungen einfangen zu lassen. Politischer Tiefstand brütet nichts Gutes aus, aus dem Konkurs von 1945 ist daher neben einer Fülle Unantastbarer ein amorphes Fußvolk zwielichtiger Hippokratiker hervorgegangen, das lieber Schlängelwege halbkrimineller Abrechnungstaktik in Sonderleistung, Krankenschein und strikter Vermeidung wirtschaftlich nicht ergiebiger Maßnahmen einschlägt, als es bei einem bescheidenen Wohlstand mit Haus, Sennhund und heilem Gewissen bewenden zu lassen.

Ein Glanzstück berufsständischer Verpowerung stellen oft auch die Verhältnisse dar, unter denen die medizinischen Universitätsassistenten arbeiten, manchmal fünf bis sechs in falsch gelüftetem, unruhig-stimmbeladenem, telephon- und besuchsgestörtem, meist auch verrauchtem Raum, zwischen Bedeutung und Bagatelle hin- und hergeworfen, nicht in der Lage, einen ruhigen Ort zu Diktat, Nachlesen oder experimenteller Überlegung zu finden. Von Gunst, Einsicht und Großzügigkeit des Chefs abhängige Dienstbefreiungen zu Kurs- und Kongreßbesuchen gleichen den Mißstand nicht aus. Selbst der klinische Neubau ist oftmals Verdruß: Enge des Raumes, Umständlichkeit der Wege, Belüftungs- und Beleuchtungselend trotz moderner Technik, dazu die den Menschen entwurzelnde, Ruhe, Konzentration, Vertiefung und Leistung gefährdende, ein materialistisches Funktionsmilieu entwickelnde Rufanlage.

Es ist, als ob Chef und Verwaltung gegen diesen den Feinfühlig-Gewissenhaften am härtesten treffenden, guten Willen vergeudenden Verschleiß an Bereitschaft und Kraft blind sind und von der Müdigkeit nach vierundzwanzig oder sechsunddreißig Stunden Samstag-Sonntag-Dienst nicht wissen wollen, in denen Arzt, Technische Assistentin und Pflegepersonal Kilometerstrecken in Flur, Krankensaal und Krankenzimmer zurücklegen, oft todgeweihten, nicht selten auch asozialen Fällen gegenübergestellt. Eine in dieser Linie liegende Überforderung war das von den Zeitungen ausgeschlachtete klinische Pech des jungen Dr. R., eines der Münchner Universitätsassistenten, der sich, obwohl an der Geschwürstelle ein Loch in der Magenwand war, Sonntagabend spät durch das asoziale Erscheinungsbild eines Betrunkenen dazu verführen ließ, ein Haftfähigkeitszeugnis zu unterschreiben.

Der Medizin zu Ehren erinnern wir uns gleichzeitig auch des praktischen Fortschritts in der Abkehr vom Spiel des Wunders und im Übergang zu einem wissenschaftlich kontrollierten Denken. Das Verlassen der philosophischen Imagination im Übertritt zu einer demütig-anspruchslos beim Aspekt des Baders anknüpfenden Empirie hat damals ein schwer wiederholbares Maß an Mut und Zielgewißheit gefordert. Der Wechsel von Gott und

Magie zu Nüchternheit der Sicht und des Handelns war eine Bewunderung verdienende Wende von unvollziehbar gewordener, nur in faszinierender Episode noch nachzuerlebender Weite des Winkels: es ist fast wie ein Schock, vom Isenheimer Altar zu hören, daß er ein medizinisches Instrument der Antoniter gewesen ist, dem die Kranken ähnlich, wie wenn heute bestrahlt wird, zur Therapie zugeführt wurden. Wenn dieser erste Teil der Therapie nicht ausreichte, wurde sie durch die Sainte Vinage ergänzt, ein aus einem über die Gebeine des Heiligen gegossenen Wein gewonnenes Elixier, das im Krankenzimmer getrunken werden mußte. Das war bald nach dem Jahre 1000, in einem klösterlichen Lazarett unter der Aufsicht einer nach damaligen Maßstäben ärztlich ausgebildeten Geistlichkeit. Anfangs waren es am »Antoniusfeuer« Erkrankte, später, als die Vergiftung mit Mutterkorn erloschen war, Haut- und Geschlechtskranke. Daß die rationale Medizin rückblickend für diese naiven Verhältnisse nicht viel Verständnis aufbringt, ist zu verstehen. Was sich im Blitzlicht zeigt, erinnert aber auch daran, daß der Arzt ein corpus mysticum vor sich hat, das sich dem Griff der Sinnesorgane und des Verstandes, wenn ein bestimmter Punkt erreicht ist, entzieht.

Mannesrolle der Frau

Maske und Stellung im Lebenskampf

Die Frau von heute entwürdigt die ihr im großen und ganzen gelungene Emanzipation durch ein ihr Geschlecht versteckendes Erscheinungsbild. Sie gibt sich auf Mannesart, dabei peinliche Zwischentöne erzeugend, die in Richtung der vom unglücklichen Weininger zu früh und zu genial entworfenen Skala der Zwischenstufen gelagert sind. Es ist so weit, manchmal nicht mehr sicher entscheiden zu können, ob es sich bei der Person, die uns begegnet, um ein männlich zurechtgemachtes Mädchen oder einen weiblich zurechtgemachten Jüngling handelt. Die Avantgardistin macht sich, ohne zu bedenken, was sie anrichtet, ein Vergnügen daraus, das Geschlecht, soweit nicht ihr Busen die Absicht verdirbt, im New Look untergehen zu lassen. Sie spielt George Sand in Jeans.

Daß diese verzwitternde Annäherung ausgerechnet in einer so sehr Technik und Rationalismus hörigen Epoche geschehen würde, war in unserem Aufruhr gegen Bart, Plüsch und Portière nicht zu erwarten gewesen. Und daß es 1970/75 von revolutionärer Eitelkeit geschwollene junge Männer mit Amtskettenputz und das Gesicht verhüllendem Langhaar geben würde, war gleichfalls nicht zu denken gewesen.

Zivilisation und Sozialismus ergänzen sich in der Tendenz zu nivellieren. Auch die Anpassung der Frau an das Bild des – weiblich modifizierten – Mannes ist eine dahin gehörige Nuance: die Hose an Stelle des Rocks, das Haar in Dürerlänge, die hohen Stiefel, das Leder auch als Jacke oder Mantel. Ob dieser hochgestiefelte Reptilienlook der Karriere der Frau beim Manne wirklich nützlich ist, bleibt zweifelhaft. Immer noch ist der dezentere Reiz das Signal für den höheren Wert.

Daß die immer lustiger wuchernde Unverfrorenheit in der Bezugnahme auf den Sexus, die es mitunter schwer und manchmal unmöglich macht, zwischen Adam und Eva oder Dame und Dirne zu unterscheiden, Fortschritt, Geltungszuwachs, den Gewinn an Freiheit und moralischer Chance bedeutet, bestätigt sich nicht. Eher artet die von den tänzelnden Demagogen der Mode verhängte Leibeigenschaft zu einem dem Sozialismus in die Hände arbeitenden Faktor der Individualitätszerstörung aus. Die uns unbefugt strapazierende Stilsaison drängt in die Spur eines von uns selbst nicht gewollten Geschmacks und Aufwands. Sie unterwirft uns willkürlich geschaffenen Formen des Dessins, des Schnitts, des Materials, des enthüllenden Verhüllens. Wir spüren Drahtzieher und Kollektiveure, von denen wir eigentlich nichts wissen wollen. Auch das ist präsozialistisches Schrittmachertum.

Mangel an weiblichkeitsschonenden Berufen

Die Umgruppierung im qualitativen Verhältnis der beiden Geschlechter läßt der einzelnen Frau keine Wahl: sie muß mit. Aus dem Recht auf Emanzipation ist ein Zwang geworden. Sich den Elan und die Betrachtungsweise des Mannes anzueignen, ist unvermeidlich. Die aus der Schule Entlassene muß etwas lernen, um später, wenn nötig, ein eigenes Leben führen zu können. Sie muß Ernst machen mit einer beruflichen Initiative und sich einen Dialekt des Arbeitsverhaltens zulegen, der sich den Leistungsformen des Mannes anschließt. Was anfangs Gasse der Freiheit gewesen, ist nun Versklavung. Die auf Abruf in eine Ehe wartende höhere Tochter stirbt aus. Auch der Spielraum ländlicher Verhältnisse, in denen notfalls immer noch Platz war für einen Gescheiterten oder vom Glück verlassenen Menschen aus der Familie, hört auf. Selbst Millionärskinder lernen Berufe, manche wohl nur, weil es Mode und Geste in der Gesellschaft ist, andere aber aus sachlicher Vorsicht, denn man weiß ja nicht, wie lange man eine Millionärstochter sein wird, wieder andere mit dem Vorbehalt, sich bei erster, lohnend erscheinender Gelegenheit in die ehelichen Büsche zu schlagen und den Staat um den zu dem verlassenen Studienplatz beigetragenen Aufwand zu prellen.

Je mehr sie sich in rationale Symbiose und Opportunismus verstrickt, desto schwerer fällt es der in den Lebenskampf eingetretenen Frau, die übernommene maskuline Aufgabe zu erfüllen. Mit der Natur unverträgliches Extrem ist die Unternehmerin, die in pausenlosem Einsatz ihren Mann stehen soll. Juristin und Ärztin sind andere Extremfälle maskulinoformen, emotionalen und rationalen Einsatzes, während Architektin und Bauingenieurin meist in die zweitrangige Rolle an Zeichenbrett, Baustelle und Bürosessel fallen, die Veterinärin in Prophylaxe und Fleischbeschau steckenbleibt, sich die Kunsthistorikerin in Museum, Journalismus oder Kunsthandel ausblutet, die Chemikerin sich, ohne als Frau zum Tragen zu kommen, im Labor aufreibt, die Physikerin immer mehr zu absurder Unwahrscheinlichkeit wird, die Psychologin sich in handwerksschwachen Enthusiasmen verausgabt, die Soziologin in der Flucht aus dem Fach oder in einem staatsmoralischen Notstandsgebiet endet, die Photographin, wenn es über Paßbild und kleines Familienportrait hinausgeht, über Reportage und public relations Geschäftsfrau und die Apothekerin mit Seltenerwerden der freien Rezeptur mehr und mehr zu einer sich wirtschaftlich lohnenden Kombination zwischen Verkäuferin und verantwortungsgehobener Fachkraft wird. Der weiblichen Natur eher verwandt, aber nicht gerade krisenfest, sind Gartenund Innenarchitektur. Eine berufspolitische Burleske ist der Problemkreis »Computer und Datenverarbeitung«, dem eine arbeitsphysiologisch naive, vorwiegend statistisch orientierte Berufsberatung Hekatomben nicht planungsintellektuell gearteter Intelligenz zugetrieben hat, die den Dienst am Abstraktum nicht leisten kann.

Der einen Rat für seine Tochter nach Schulschluß verlangende Patient setzt in Verlegenheit. Ihm ist ja mit dieser Liste, die er selbst kennt, wenig geholfen, zumal unter den zu erwähnenden Möglichkeiten schon deshalb die meisten keine sind, weil sie dem Mädchen durch ein bestehendes Vorurteil prima vista verbaut sind. Wer will noch außer einem wenig verbreiteten Typ reiseeifriger Beschäftigungsfanatikerinnen in den entwurzelnden Flugdienst, wer will angesichts politischer Unsicherheit des Diensttherrn, allgemeiner Anarchie der Jugend und einer hilflosen Feindseligkeit der Eltern noch Lehrerin werden, was tue ich, wenn das Mädchen die Bibliothek als Lebensgebiet ablehnt, weil diese zu sehr Lager und zu wenig Leben wäre, wenn sie sich der Ausbildung zur Dolmetscherin nicht unterziehen will, weil ihr Sprachen »nicht liegen«, die Apothekerin, weil sie zu sehr an Geschäft und Verkäuferin erinnert, die Buchhändlerin, weil man in diesem Beruf zu affektiert und zu schlecht bezahlt sei, die Krankenschwester, weil die Arbeit zu makaber und zu sehr nach Sisyphus sei, die Sekretärin, weil ihre Arbeit zu pingelig und zu ungesund, die Köchin, weil alles zu primitiv, und die Gärtnerin, weil ihr Geschäft zu anstrengend, zu unsicher und zu romantisch sei?

Der Geist der Geschichte hat der sich aus dem Patriarchat freikämpfenden Frau als Lohn für den Verzicht auf ihre besondere Rolle als Chef der Etappe wie weiland Beelzebub Jesu auf dem Berge alle Herrlichkeit auf Erden versprochen: »Das alles sollst Du haben, wenn Du vor mir niederfällst und mich anbetest« . . .

Schafft es die mit der Errungenschaft lockende Zivilisationsteufelei, die sich zur Selbständigkeit als Glied der Gesellschaft erhebende, dem Patriarchat entronnene Frau über die lockenden Sprüche des Rationalismus soweit hörig zu machen, daß sie Duft und Grazie ihres Ursprungs bis auf das Letzte verliert und vergißt? Ist die nicht ausbleibende Anpassung an die männliche Art des Lebenskampfes nur ein lebenstaktisches Zugeständnis auf Widerruf oder echte, auch die Substanz bemühende Veränderung?

Das Ja oder Nein fällt nicht leicht, zumal wir die Jahrhunderte weiblicher Emanzipation mitzuverrechnen haben, die als Anlauf vorangehen. Einstweilen wissen wir nur, daß viele der durch die Prüfungen hastenden oder Lehrzeiten absitzenden Mädchen in Wirklichkeit keinen Beruf wollen. Ihnen genügt ein gut bezahlter Job auf Zeit und das ihren sozialen Gebrauchswert beweisende Alibi als äußere Unterlage für die trotz bösen Vorbildes immer noch für die natürlichste Lösung gehaltene Heirat. Einerseits zieht es sie, selbständig und beteiligt am allgemeinen Leben zu sein, eigenes Geld und Feld zu haben, mannesähnlich anerkannt zu werden. Andererseits kommt sie von der Rolle einer Hüterin des Herdes, des guten Geistes im Versorgungsdienst, nicht los. Zwar spürt sie den Reiz, den es darstellt, an Wohlstand und Eudämonie aktiven Anteil zu haben, doch verkennt sie auch nicht, wie sehr sie der auf Touren gebrachte Lebenskampf in Planungsbezug und Anspruch an rationaler Initiative überfordert, so daß sich der noch gerettete Rest an Instinkt gegen weiteres Hineingezogenwerden in die Mannesschlacht zu wehren begonnen hat.

Charakterliche Annäherung an den Mann

Verschiebung des qualitativen Verhältnisses der Geschlechter zueinander über Aufnahme der Frau in den Lebenskampf und Ende der patriarchalischen Familienstruktur ist durch den Krieg, der das Gros der Männer an sich gerissen hatte, in bezeichnender Weise beschleunigt worden. Schon bevor der Qualm sich gelegt, war eine Masse kriegsverwaister oder geschiedener Frauen in Stellen, Risiken und Verantwortlichkeiten eingerückt, die den Mut, die Besonnenheit und die Energie eines Mannes verlangten. Nach der Kapitulation dann mußten viele dieser Frauen für die Familie weitersorgen, da der Mann, vielleicht reklamiert gewesen oder vorzeitig aus der Gefangenschaft zurückgekommen, als politisch Belasteter zu einer primitiven Hilfsarbeit verurteilt war. Unterhaltshilfen, Renten, Pensionen waren illusorisch. Das Vermieten überflüssig gewordener Zimmer, in den Jahren nach 1914 einkommenverbessernder Ausweg vieler Witwen, fiel nach dem großen Verlust an Wohnraum durch die Zerstörungen weg. Der einer verwitweten Frau in der Blüte der Jahre sonst offene Ausweg einer neuen Heirat litt unter dem Seltenheitswert der ehelich noch nicht versorgten Männer.

Die im Kriege mit dienstverpflichteten Frauen gemachte Erfahrung hatte das Mißtrauen gegen ihre Einsetzbarkeit außerhalb der Erziehungsberufe, des Haushalts und der schwesterlichen Caritas widerlegt. Man hatte gelernt, sie allgemein zu verwenden.

In diese gynophile Wendung flossen neue, von Kapitalismus, Technik, Termindruck und der Flucht aus den konservativen in fortschrittliche Ideengebilde diktierte Impulse: antiromantische Umstimmung auf Opportunismus, Taubwerden gegen die Flüstertöne des Instinkts, Abrücken von den Unvorsichtigkeiten verharmlosender Glaubens- und Sinnbegriffe, Kreuzzug gegen Establishment, Ehre und Mannesstolz und die von arbeitsteiligem Funktionär und deprofiliertem Managertum ausgehende

Aktivität. Schon das Rom um Christus, das Rom des sechzehnten Jahrhunderts, Reformation und Große Revolution hatten eine gewisse, für den Gang der Geschichte aber bedeutungslos gebliebene Berührung mit den zivilisatorischen Vorhuterscheinungen. Die rationale Durchdringung unseres Lebensbereiches zu einem Raum aus zweierlei Impuls, zweierlei Schicht, zweierlei Schicksalsgewalt ist Errungenschaft aus der Zeit nach 1900.

Ehedem vertrat der Mann die Familie in Verkehr und Auseinandersetzung mit der öffentlichen Gewalt, vor den Mächten der Finsternis, vor den Mächten der wirtschaftlichen Existenz. Die Frau blieb Etappe. Sie wartete, richtete den Tisch, hielt den Ofen warm, war dienende Herrschaft, wie sie Goethe in »Hermann und Dorothea« beschrieb. Er hatte in Beruf und Kneipe eine ihrem häuslichen Griff entzogene Gelegenheit, seine zu Hause vielleicht nicht zu voller Entfaltung kommenden Talente zu Worte kommen zu lassen, – zwei Leben nebeneinander. Dieser Vorsprung entfiel, als sie mehr und mehr Eingang in den vorher von ihm allein geführten Lebenskampf fand. Während der Stammtisch sein Privileg eines patriarchalischen Reservats verlor, hörte auch die Bildung auf, sein Monopol zu sein. Schule und Massenmedium verwischten den Unterschied zwischen fachlicher Kenntnis und nur aus der großen Krippe geschöpftem Wissen. Je näher sich die Zivilisation dem Charakter einer geschichtlichen Stufe genähert hatte, desto mehr hat der Mann vom Monopl des Verstandesgebrauchs, des Risikos und der satrapischen Rechte eingebüßt. Es war Schluß mit dem Märchen von einer der Frau nicht erreichbaren männlichen Intelligenz, dem in Schopenhauerscher Verbitterung sogar ein Haller Ordinarius (der Psychiater Moebius in später Mitte des neunzehnten Jahrhunderts) auf den Leim gegangen war. Es verteilte sich die soziale Militanz auf beide Geschlechter.

Die Anerkennung als gleichberechtigte Größe geht aber doch nicht so glatt, wie avantgardistischer Eigensinn meint. Der vom Manne kommende Widerstand ist auch da, wo er dezent bleibt, von spürbarer Wirkung. Außerdem ist zu bedenken, daß sie, in den Plus-Varianten durchaus fähig, den Mann zu ersetzen (es hat nicht umsonst eine Maria Theresia, eine Katharina von Rußland, eine Viktoria von England, eine Madame Curie, eine Droste-Hülshoff gegeben), ebenso intelligent, ebenso zäh, ebenso konstruktiv, in ihrer vitalen Verfassung aber doch anders ist. Rationale Initiative und taktischer Impuls stellen ihren vitalen Stil umstimmende Anpassungen dar. Das schwierige und verantwortungsvolle Leben als Ärztin, Juristin, Geschäftsführerin oder Vorzimmerdame verändert den Charakter. Die Übernahme programmierender, analytisches, konstruktives und begrifflich-formales Denken fordernder Aufgaben setzt intellektuelle Reaktionen in Gang, die in Haushalt, Kinderstube und Kaffeekränzchen unausgelöst bleiben würden, jetzt aber im Lebenskampf mit der zunächst verwirrenden, dann aber stabilisierende Instinkte weckenden Notwendigkeit zusammentreffen, Job und Funktion defensiv und offensiv so in Griff zu bekommen, daß dem konkurrierenden Mann die Lust, seine Mitarbeiterin auf den zweiten Platz oder in die Rolle der Hilfsarbeiterin zu drükken, vergeht. Diese sich vielfältig wiederholende taktische Klippe zeugt eine lebenstüchtige Frau. Sie ist aber, wenn sie es geschafft hat, anders geworden, vermännlicht, entcharmt und durch den Verlust das Lebensgefühl füllender Illusion ernüchtert und verarmt.

Es sind das Berufe, die jeden verändern, die Frau aber mehr. Die zivilisatorisch geprägte Ärztin hat ihre zarte Seele verloren. Hat sie wirklich erlebt und gesehen, was zur Kenntnis der großen medizinischen Fächer gehört, ist sie geschlechtswidrig verhärtet, frivolisiert, objektiviert. Jede die Winkel ausleuchtende klinische Arbeit ist so etwas wie Defloration. Es gibt keine Jungfrau im ärztlichen Stand, auch wenn der Hymen noch heil ist. Ein erschöpfendes Eindringen in Wesen und Lage eines in seiner biologischen Totalität zu erfassenden Menschen fordert ein sich selbst exponierendes, hemmungsloses Eingehen auf sexuelles, familiäres, moralisches und berufliches Engagement. Will sich die ärztlich tätige Frau mit den betreuten Menschen und ihrer Sache voll identifizieren, darf sie ebensowenig vor der Frage nach Geschlechtsleben und venerischer Krankheit wie vor der Inspektion des männlichen Genitale und einem rektalen Abtasten der Prostata zurückschrecken. Auch bleibt ihr ebensowenig der Blick in den Abgrund, Dolce vita und Kriminalität, wie die abortive Mitschuld erspart, die in duldendem Geschehenlassen bestehen kann, – unfreiwilliger Übergang aus der jungfräulichen Weltfremdheit einer Noch-Verschonten in das Verständnis beteiligungsbereiten Mitwissens. Denn wes der Patient bedarf, ist nicht Halbgott und Würdenträger. Er braucht einen die Nöte teilenden, im Kampf mit Tod und Teufel gefestigten Führer, der durch Nähe und Abstand Vertrauen verbreitet. Das moralisch und sinnlich festgefahrene alte Mädchen, auf dem Katheder und in altertümlich verwalteten Kindergärten vielleicht noch fossile Zulässigkeit, wäre hier an der klinischen Front nur ein Irrläufer, untauglich, das Dilemma zu heben und den Kontakt zu schaffen, der den in die Enge Getriebenen aufhorchen läßt.

Die Frau kann in tüchtiger Variante genausoviel wie der Mann. Trotzdem wäre es falsch, sich über die psychophysische Formel alter Rollenverteilung und die Erkenntnis, daß es sich bei dem nicht piratisierten Mann um eine naive, prärationale Grundform handelt, ignorierend hinwegzusetzen. Die Frau ist anders. Schon die physischen Sonderrollen, derer sie sich rühmen kann: Konzeption, Geburt, Aufzucht und die allgemeinen Impulse und Bindungen, in denen sie ihre Sphäre entfaltet, sind dem männlichen Wesen zuwiderlaufende, mit den Planungsbedingungen des heutigen Lebenskampfes kollidierende Eigenheit.

Der in Situationsbezug, Instinkt, Intuition und konstruktiver Phantasie begabten Medizinerin kann das ihr diffuses Ergriffensein in eine zivilisationstüchtige Formel umgießende autoritäre Planen fehlen. Sie versackt in rational nur halb genutztem Fleiß. Daß dies halbe Versanden nicht Niederschlag eines intellektuellen Mangels sein muß, sondern ein Überschuß an unangepaßter Intuition sein kann, begreifen die Kinder der Zeit meist erst zu spät. Sie erkennen auch nicht, wie leicht exquisit sensitive Naturen in der Verzweiflung, ihren Anspruch auf geistige, ästhetische und sittliche Nuancen nicht wahren zu können, in eine subtile Neurose mit schweren Schwankungen des inneren Gleichgewichts geraten.

Die dem vollen Lebenskampf ausgelieferte Frau ist ihrer Rolle nur dann gewachsen, wenn sie Mutterschaft und Familie fallen oder signifikant zurücktreten läßt und eine mannesähnliche, Rückfall in Hausfrau und Mutter ausschließende, in Planungskönnen, Gleichmut und Härte kulminierende Rationalität entwickelt, was dann meistens Ende ihres natürlichen Liebreizes und der Subtilität ihres Lebensgefühles, aber auch einen quantitätsbiologischen Rückgang bedeutet, der Volk und Rasse in Frage stellt. Schon in den nächsten Jahren sind wir soweit, einen Rückgang in der Zahl der Schulkinder registrieren zu müssen, der quantitäts- und qualitätsgenetisch höchster Alarm ist, was man politisch auch dann nicht widerstandslos über sich ergehen lassen dürfte, wenn man den nationalen Enthusiasmus Franzosen und Russen zu überlassen bereit ist. In dieser Sicht droht wirklich Spenglers These vom Untergang des Abendlandes, und es ist rückblickend nicht ganz leicht zu verstehen, wenn eine in die Tiefe blickende Frau wie Lou von Salomé diesen in die Tragik der Geschichte weisenden Punkt in ihrem Emanzipationsoptimismus unbeachtet lassen konnte. Haben diese Frauen nicht bemerkt, daß die mit dem Zerfall des Patriarchats verbundene Mobilisation eine genetische Lage herbeiführen würde, die eine Erhaltung des Volks und eines elitefähigen Anteils in Frage stellen würde?

Die Frauen sind nicht dümmer, aber soweit sie vollwertige Varianten ihres Geschlechtes sind, Charaktere von einer Struktur, die anders ist, – einer Struktur, die als Nebeneigenschaft auch im Manne steckt, in seinem Erscheinungsbilde aber zurücktritt. Auch die Männer, läßt sich ergänzend sagen, sind nicht dümmer oder klüger, sondern lediglich Spielart einer Struktur, die anders ist, – einer Struktur, die als Nebenstruktur auch in der Frau steckt, in ihr aber der Regel nach nicht das profilierende Übergewicht hat. Zwischen männlich betontem Mann und weiblich betonter Frau gibt es bis zur Hormonparität gehende Nuancen, wobei allerdings der Unterschied zwischen männlichem und weiblichem Chromosomensatz flüssige Grenzen zwischen den Geschlechtern auszuschließen scheint und die Anomalität eines doppelgenitalen Zwitters aus der Wirksamkeit zweier verschiedengeschlechtlicher Chromosomensätze nebeneinander erklärt werden müßte. Doch sind das Gedanken, nicht mehr. Wir halten uns praktisch daran, daß auch männliche Frau und weiblicher Mann, wie es das Standesregister besagt, immer noch Mann und Frau sind. Daß die in dieser Frage steckende Problematik Gefühls- und Sexualnuancen birgt, die von nur lesbischer über die auch-lesbische Frau bis zu dem auch-homosexuellen Mann reichen, ändert an dieser formalen Prämisse nichts. Wir bleiben trotz unseres aus dem Leben genommenen

Wissens um den besonderen Reiz und die besondere Wirkung latent lesbischer Frauen und latent homosexueller Männer bei der biblischen Version eines funktionell eindeutigen Nebeneinanders. Sie ist auch politisch das Beste. Gleichzeitig aber registrieren wir gern, wenn das avantgardistisch vorgeprellte Mannweib die Mär vom schwachen Geschlecht endgültig als eine konfabulative Gefälligkeitssicht entlarvt hat und die Zartheit im Bilde einer Frau sehr oft Quelle einer besonderen, dann wohl geschlechtsspezifischen Kraft empfindsamer Durchsetzung ist.

Die von der Zivilisation erzwungene Umsteuerung aus irrational-sensitivem Situationsbezug in eine, die Initiative des Mannes nachahmende Planungshaltung ist eine mit neurotischer Gereiztheit belastete Form der Konstitutionsüberfremdung. Die aktiv in Kampf und Zivilisation Eingefädelte ist gezwungen, ihrer Natur widersprechend anders zu sein. Die rationale Symbiose vergewaltigt ihre Gefühle, schluckt, was an Scheu und arbeitsteiliger Resignation in ihr steckt. Der Weg, sich eine der Position des Mannes ebenbürtige Stellung zu erkämpfen, – ist verklemmtes Ertrotzen und kein Erobern. Sie hat sich, wenn ihr der Durchbruch glückt, zu einer aus dem Situationsenthusiasmus in die rationale Optik verlagerten Nüchternheitsvirtuosin entwickelt, – die – fachlich meist päpstlicher als der Papst – in einer innerlich aufreibenden Kipp-Position zwischen Situations- und Planungsbezug jongliert.

Diskretes Matriarchat

Der intellektuelle und energetische Durchbruch in produktive, die bisherigen Grenzen des Geschlechts sprengende Unruhe war durch die Salons einer Rahel von Varnhagen in Berlin, einer Gräfin d'Agoult in Paris, einer Cosima Wagner in Bayreuth, die Pflanzstätten einer gesellschaftlicher Formen sich bedienender, der Autonomie eines dem Manne ebenbürtigen Eigenlebens zustrebender frauenrechtlicher Impulse gewesen sind, vorbereitet. Die Lücken, die dieser Prozeß des Sich-Aufwertens über das Vehikel des Esprit hinterließ, fielen im Stimmungsbild des Salons nicht auf. Erst in späterem Wettbewerb zeigte sich, daß die neue arbeitstüchtige, aus gestautem Nachholbedarf profitierende Remonte mit einer unkulanten, oft sehr hinderlichen Zurückhaltung zu rechnen hatte. Der Mann bremste den Aufmarsch der Frau an allen ihm selbst interessanten Punkten. Es wurde zu unausgesprochener Praxis, die Kollegin auf nachgeordnete, schnell deprofilierende Hilfs- und Fließarbeit abzudrängen.

Viele der im Beruf stehenden Frauen sind durch den Antagonismus zwischen einem physisch-konservativen Ehrgeiz zu heiraten und einem intellektuell-revolutionären Ehrgeiz, den Männern das Patriarchat zu versalzen, in eine zwischen Weibchen und Persönlichkeit gestellte libidinöse Ambivalenz versetzt. Sich dem zu entziehen und sich von der physiologischen Ausgangslage zu trennen, gelingt nur einem Verstand, der die Feder führt, und einer dem männlichen Habitus genäherten Spielart, doch auch dieser nur dann, wenn sie eine Ehrgeiz und wirtschaftliche Ansprüche erfüllende Form des Berufes gefunden hat.

Die naiv-eheliche Orientierung wird aber auch dadurch erschwert, daß die in ihren menschlichen Folgen übersehbare Lebensbeziehung seltener wird, das Fragezeichen, ob es gut gehen wird, immer größer, der in Aussicht gestellte Besitzstand – emotional, moralisch und materiell – immer fraglicher, die Gewähr, das bürgerliche Muster zu erfüllen, immer zweifelhafter, wobei der weibliche Teil noch dadurch ungünstiger abschneidet, daß über Herkunft, Motiv und Charakter des taktisch überlegenen, Zickzack laufenden Mannes vorher meistens schwerer etwas zu erfahren ist als über die durchweg offeneren Verhältnisse des eigenen Geschlechts.

Selbst Frauen, die alles an Kraft für das Studium aufgebracht, oft auf Tanzen, Skilauf und Liebe verzichtet und die Nacht verbissenem Lernen geopfert haben, überraschen uns, einige Zeit am Ziel, mit dem absurden Geständnis, zu dem so mühsamen Beruf nun doch keine Lust zu haben: ich sehe zwei Ärztinnen vor mir, kluge Mädchen mit erstklassigem Examen und klarem Charakter, die, könnten sie es, bedenkenlos und ohne Bedauern, ihren beruflichen Ehrgeiz einem natürlichen Leben in der Familie opfern würden. Daß diese Weiblich-Fixierten schließlich aus der Monotonie des Nur-Frau und Besorgerin-Seins nach einem Jahre lebenskampflosen Glücks in die Sphäre zurückstreben, in der sie als Faktor gefragt waren, setzt der Tragik die

Narrenkappe des Komischen auf. Wer den nervösen Reiz eines aktiven Eingefädeltseins in die Welt gekostet hat, bleibt in bedürftiger Unruhe, – so gibt es Firmenchefs, Prokuristinnen, Reporterinnen, Ärztinnen, Anwältinnen, Steuerberaterinnen, technische Assistentinnen, Dolmetscherinnen, die mit der sozialen Aktivität auf Gedeih und Verderben verwachsen sind.

Eine dritte Gruppe der zu grundsätzlichem Verzicht auf die Eigenart ihres Geschlechtes Bereiten trägt Maske, Bluse, Schlips und Hose, in Sex und pseudomaskuliner Koketterie einen Stil forscher Situationsergreifung entwickelnd, und sich kühn, manchmal auch ohne persönliche Freiheit zu wollen, zu Triebehrlichkeit, Sexus und Eros bekennend. Der feminine Schwächling hat hier besondere Chancen: er liefert der Herrschsucht der Emanzipierten das Feld für ein geheimes, zunächst noch im Vorsitz des Mannes verstecktes Übergewicht.

In der Zeit unserer Väter war die Frau meist der den Herd betreuende, die Arme öffnende und die Flamme des Gemütes nährende Engel gewesen. Männliche Militanz, besseres Fußfassen im Bett, Wegfall der mit Einsamkeitsangst verbundenen Scham vor der Scheidung, durch die Pille vermitteltes neues Gefühl gefahrloser Möglichkeit freieren Lebens, gesellschaftliches und berufliches Auftreten in eigenem Namen und der Eintritt in gewisse, der Mannesrolle ähnliche Lebenspositionen schon als den Anfang eines neuen Matriarchates zu deuten, wäre aber verfrüht. Es wäre schon deshalb verfehlt, weil auch das Matriarchat eine familiäre Grundstruktur ethischen Vorzeichens braucht, wie sie das heutige, auf fragmentarische Summation angelegte Kollektiv nicht mehr zu bieten hat. Weder das Matriarchat noch das Patriarchat hat die Indikation der Epoche. Beiden fehlt es an bürgerlichem Goodwill und traditioneller Illusion. Insofern ist auch die Kontroverse zwischen Esther Vilar und der als eine der vielen Opponentinnen aufgetretenen Ursula von Kardorff ohne Belang. Gewiß, es gibt seit Menschenbeginn eine der inneren Konstellation entspringende, dem Mann überlegene stille Macht der Frau. Deswegen aber mit Esther Vilar von einer Dressur zu sprechen, die eine perfekte Unterwerfung des Mannes bedeutet, ist eine auf Sensation angelegte, den möglichen Einzelfall zu einer allgemeinen Tatsache erhebende Übertreibung.

Mißstand Erziehung

Das Prinzip des Erziehens

Erziehung ist Mobilisation bestimmter, die Entwicklung vortreibender Erkenntnis- und Erlebnisreize und gleichzeitig Führungseinsatz gegen Triebgewalt, Kurzschluß und Fehler in Grundsatz und Ziel. Erziehung bezieht sich auf den einzelnen Menschen, auf das um staatsbürgerlichen Geist und die Kraft zur Selbsthilfe ringende Volk und auf die nach Faszination und Erlösung lechzende Menschheit.

Schon beim Säugling beginnt sie als Umsteuerung aus der Nehmens- in die Hindernis- und Gebenslage. So früh genommen, ist die bittere Pille des »Doch-nicht-Könnens-wie-man-will« schonend und besser wirksam. Ein so früher Beginn unseres Trainings für die als Leben bezeichnete Hindernisbahn ist System aus Liebe und Härte.

Das Kind braucht einen Wille und Trieb durchkreuzenden, zu mutigem Widerspruch reizenden Erlebnisstart als Vorschuß auf die pädagogische Katalyse, die schließlich die letzten Voraussetzungen schafft für Demut, Objektivität, Abstand, Liebe, Rechtsempfinden und Vertrauen zum Wunder der eigenen Kraft.

Den von gesinnungsschwachen Müttern gepriesenen, der Verantwortung ausweichenden Weg ohne die Hilfe eines autoritären Effektes kann es nicht geben. Alle Erziehung ist autoritärer Effekt, vielleicht allerdings in platonischer Form. Auch in Mac Neills Gedanken und Vorschlägen handelt es sich nicht um eine Anklage der Autorität und ein Bestreiten ihres Wertes, sondern nur um Warnung vor der Gefahr einer aufs Äußere beschränkten Dressur und des Mißbrauchs einer nur aus äußeren Umständen abgeleiteten Macht.

Der in dem Schlagwort »antiautoritäre Erziehung« investierte Argwohn gegen elterliche, geistige und magische Gewalt unterliegt dem sachlich beirrenden Fehler, daß er den Unterschied zwischen ideeller Größe und pädagogischem Drasticum, zwischen der Position eines imponierenden Werterlebnisses und den technischen Mitteln äußerer Gewalt, wie Diffamierung, Prügel, Strafarbeit, Freiheitsentzug und sentimentale Erpressung, zu beachten versäumt. Eine enttäuschte, gegen die konservative Art, Konsequenzen zu dosieren, zornig gewordene Jugend hat aus ihrem Widerspruch gegen die Regeln eines für veraltet gehaltenen Glaubens einen polemischen Job gemacht, der altes Leitbild und altes Engagement durch eine Theorie der soupçonneusen Scheu, sich nochmals dem für Sirenengesang gehaltenen Epos des Idealismus anzuvertrauen, ersetzt.

Der Schlüssel zu dieser modernen Welt ist rechnendes Denken, Denken in Kilometern, Pfunden, Kalorien, Zugfestigkeitswerten, Funktions- und Gelingenserwartungen. Den an der neuen Konstellation beteiligten Komponenten bedeutet es nichts, ob Ziel, Begeisterung da ist und im Menschen noch immer Glück der guten Tat, höhere Einsicht und die Freude an Einsatz für Familie, Stand, Kirche, Recht und Staat ihre glühenden Kreise schlagen. Die rationale Symbiose braucht keine menschliche Seele, sie braucht Verstand, baut auf die Solidarität der Opportunisten. Sie macht einsam, sperrt uns in das Wechselspiel zwischen Trieb und Verstand. Der von der rationalen Symbiose ergriffene Mensch ist auf ein vergnügliches Verhältnis zu Egoismus und Ja des Erfolges angewiesen. Es nimmt aber auch der zykloide Situationsenthusiast den Weg in die Fänge des Rationalen und einer die lässige Lüge betreibenden Welt.

Nie war es richtig, die Kinder des Spielalters in die Sorgen der Eltern einzubeziehen. Das Kind, das ersten verschwommenen Begriffen gemäß die Funktionen rangiert, braucht Jahre romantischer Geborgenheit und hoffnungsvollen Streifens durch die Asphodeloswiesen kindlicher Phantasie, bis die Zeit, sich dem Leben zu stellen, gekommen ist. Der Erlebnisproviant aus den Tagen schonungsvollen Jugendglücks ist eine entscheidende Hilfe für den Kampf ums Leben.

Letzthin entgeht die Seele, woher sie auch kommt, nicht dem die Epoche im Ganzen bezeichnenden Druck des in die Nüchternheit treibenden Rationalismus. Im glücklichen Falle hebt sie eine produktive Illusion aus dem Opportunismus der Schläue in die Sphäre ideologischer Augenscheinlichkeit, materialistischer Manipulation in die produktive Gewalt eines rational kontrollierten Idealismus. Diese als Illusion bezeichnete stimulative Augenscheinlichkeit ist als Faktor bekannt. Daher datiert das Interesse des anarchistischen Untergrunds, die illusionären Effekte mattzusetzen. Die Schlacht um das Bild der Zukunft wird nicht so sehr in politisch formuliertem Angriff wie in einer die subjektive Produktivität vernichtenden Taktik der Ernüchterung geschlagen.

Das Verhältnis zwischen rationalem und irrationalem Anteil ist von Fall zu Fall verschieden. Der eine denkt, der andere fühlt intensiver und mehr. Schon deshalb gibt es kein universelles Rezept der Erziehung, keine pädagogische Regel, die allen gerecht wird. Jeder Fall hat sein eigenes Gesicht, seine eigene Theorie. Schule ist aber immer Schablone, und dem von der Natur deklarierten Individualismus der Erziehungspraxis ist die Kathederhaltung von heute noch weniger gewachsen als das kleine Gymnasium unserer Kindheit mit 5 bis 6 Schülern in einer Klasse.

Mehr denn je kommt es auf eine Wertgefühl und Erwartung des Kindes richtig erfassende Haltung der lehrenden und erziehenden Instanz an, zündende Momente in Stoff, persönlicher Wirkung und die Fähigkeit, ungeachtet der vom Lehrplan gezeichneten Linie ein persönliches Relais zu schaffen, das selbstgefälliges Sich-Bespiegeln, Ressentiment, egozentrische Arroganz und die Genüßlichkeit der Halb-Gebildeten ausschließt. Die Situation ist diametraler Gegensatz zum Rationalfanatismus des den Rückfall ins Irrationale als eine neue Gelegenheit, sich an tarnungsbedürftige Instinkte zu verlieren, geißelnden Heinrich Mann. Rationaler Symbiose und Integration liegt ein fundamentaler Schuß irrationaler Aktivität zugrunde, bleibt aber in der rationalen Fassade unbemerkt.

Je mehr mit Einbuße an weltanschaulicher Evidenz und Zunahme des Mißverhältnisses zwischen Freiheitsverkündigung und vermassungsbedingtem Freiheitsverlust die ererbte Erlebnismatrize schwindet, desto schwerer kommt der Besitz an Ideenreserve und idealistischem Auftrieb gegen den demoralisierenden Einfluß materialistischen Denkens an.

Gut und Böse sind relative Begriffe, in denen Konstitution, Situation und persönliche Betrachtungsweise determinativ zusammenfließen. Lombroso hat mit der Figur des geborenen Verbrechers einen Menschen gemeint, der durch anlagebedingten

Mangel an moralischer Vorstellung und Gefühl zu einer Asozialität verurteilt ist, die meistens im Zuchthaus endet, in einer Welt der Lüge und der Manipulation aber auch legale Karriere zu machen die Chance hat. Bedenklicherweise zieht der arrivierende Funktionär und Opportunist eine Kulturgefolgschaft von gleicher, Ethos und Geist belastender Eigenschaftslosigkeit nach sich.

In seinem Einfluß auf das ethische und das logische Gewissen – Filialen eines Mechanismus – hat der Lehrer Seele der Jugend und Schlüssel der Zukunft in seiner Hand, so daß es für Terror und Untergrund keinen besseren Angriffspunkt gibt. Daß wir in einem kaum zu überbietenden Tiefstand unserer pädagogischen Kultur angekommen sind, zeigt schon der pädagogische Speisezettel mit einseitig naturalistisch, auf Ressentiment und Triebkultur eingestellten Stoffen. Schiller, Kleist, Hölderlin, Goethe und Storm haben Grass, Kirst und Remarque den Platz freigemacht. Möchte man da seine Kinder auf eine deutsche Schule schicken? Man möchte es nicht, aber man muß es.

Ein besonderes Kapitel zu Schule und Elite sind zweiter Bildungsweg und Numerus clausus. Während der sogenannte zweite Bildungsweg Schulmäßig-Ungeförderte zu unbegründeten Erwartungen ermutigt und zum Teil in neurotische Sackgassen führt, ebnet der an das Prädikat im Abitur anknüpfende Numerus clausus einer Gebrauchsqualität Mensch den Weg, die für den Liebhaber eines guten charakterlichen Stils indiskutabel ist und auch fachlich nur Reproduktion verspricht.

Tugendboldige Lerner und charakterlich unreife, ihrem Aufstieg nicht gewachsene Nutznießer der protektionistischen Situation sind nicht die Menschen, die ein freier Staat und eine diesem entsprechende Führungsschicht brauchen. Nie ist Zahl der Sprachen, die angelernt sind, nie Kenntnis der Chemie und der Physik, nie das Wissen um mathematische Probleme für die Brauchbarkeit eines Menschen in Führungsrollen entscheidend, alle diese Kenntnis läßt sich in beruflichem Anlauf nachholen. Was nicht nachzuholen und nicht korrigierbar ist, ist die Gesamtposition des Charakters in seiner Abhängigkeit von irrationalem und rationalem Impuls. Aus den Fakultäten endgültig Fachschulen machen zu wollen, ist versteckte Verbeugung gegen jeden, neue Elite- und Standestendenzen begünstigenden Vorsprung in den persönlichen Eigenschaften. Vor Charakteren hat eine schwache Staatsordnung Angst.

Der sinnlichen Orientierung, dem Instinkt, dem Gefühl, der Intuition – den irrationalen Elementen unserer Intelligenz – folgt der Verstand als sichtende, koordinierende, säubernde und konstruktiv hinzufügende Instanz. Der Verstand hat das letzte Wort, ist aber nicht richtungsentscheidend. Richtungsentscheidend bleibt perzeptiver Eindruck, emotionaler Impuls, die von Intuition und Gefühl getragene Augenscheinlichkeit. Auch Neill hält die Erziehung des die Sinnesorgane und den Instinkt betreuenden Gefühls für wichtiger als ein Training des Gedächtnisses und des Verstandes. Selbst die von uns als Werk des Verstandes angesprochene Zivilisation hat einen den favorisierten Rationalisten brüskierenden Problemeinschlag, der ein Feld ist für irrationale Fahndung und Einfädelung.

Es hat durchaus einen Sinn, zwischen kalten und warmen Naturen zu unterscheiden. Aus dieser volkstümlich geläufigen Differenzierung spricht nicht nur das Gefühl eines Laien. Tatsächlich gibt es Intelligenz mit einem Verstand, vor dem sich die irrationale Regung verkriecht, und dem Leben enthusiastisch verbundene Charaktere, die mehr Ahnung, Reflex, Entschlossenheit, Fühlung als umrissene Aktivität, Determination und Keil sind. Jeder aber wird in Zivilisation und rationaler Symbiose – wie auch seine Ausgangslage gewesen sein mag – rechnender, wägender, introvertierter.

Das antagonistische Gleichgewicht zwischen Verstand und animalischem Charisma, rationalem und irrationalem Intellektualelement bricht zusammen, wenn sich ungesundes Emanzipationsgehabe auf das Glatteis des in die Hetze des Termins geratenen Rationalismus begibt. Der Rationale findet dann im Abstrakten Maximalformen seiner Selbstbestätigung.

Formen des Mißstands

Was verspricht dem Staat eine des zielsetzend stabilisierenden Gegenregulativs verlustig gegangene Jugend, nachdem schon das neunzehnte Jahrhundert mit einem verräterischen Drang nach Sicherheit den Weg zur Dekadenz genommen und das zwanzigste Jahrhundert in fadenscheiniger Retusche einen schicksalsmüden Zug nach Deckung gezeigt hat? Und wenn nur in einer die Sensation vor die bürgerliche Ruhe stellenden Presse und einem Hör- und Bildfunk, der die Themen des Elends, des Irrtums, der Entgleisung, der Gewalt und der Angst bis zu masochistischer Bizarre ausleuchtet?

Es wird einerseits so getan, als handelte es sich bei den Errungenschaften der Zivilisation um einen Vorsprung von schicksalsmäßigem Rang, andererseits eine degradierende Einflußnahme betrieben, die das Vertrauen zur Welt schlechthin untergräbt. Nie war der Widerspruch zwischen Borniertheit des Appells, an Fortschritt und neue Vernunft zu glauben, und banaler Geschrecktheit so groß. Es werden prometheische Erwartungen geweckt, einige Minuten später jedoch als Gerede verworfen. Das Jahrhundert nimmt den Mund sehr voll. Es verspricht immer mehr Komfort, immer bessere Gesundheit, immer längeres Leben, immer mehr Klarheit im Weltbild, immer mehr an Versöhnlichkeit. Der Zyniker Mann traf mit seinem »es wird diskret gestorben« meisterhaft Stil des Vertuschens und Schatten der Moira. Das der griechischen Tragödie so teuere Wort schiebt man beiseite, unser Triebehrlichkeit und Verstand sich anvertrauendes Jahrhundert treibt einem Zustand wohlstandsgenüßlicher Laschheit zu, in dem Kampfgeist, Neugier für Hintergrund und Problem, Freude an der Verantwortung, Kameradschaft, Stilgefühl, Vaterlandsliebe, Staatsbewußtsein und der Sinn für das Humanitäre verkümmern. Und es hat das beschönigende Überspielen der kleinen, das Wohlbehagen unseres Glaubens an Fortschritt und moralische Aufrüstung störenden Häßlichkeiten ein Scheinbild der Eudämonie zur Entstehung gebracht, vor dem die finalen, eine Phase oder das ganze Leben abschließenden Vorgänge wie Tod, Schwachsinn, Krankheit, Verkrüppelung, Kriminalität, soziale Verdächtigung und Verzweiflung in eine lähmende Beachtungslosigkeit rücken.

Die von Eltern, Lehrer und Pfarrer gebildete Erziehungsinstanz hat die argumentative Kraft verloren. Der Pfarrer ist Außenseiter geworden und der Lehrer macht in mehrheitsfreundlicher Gefälligkeit. Diese drei in ihrer Urteilskraft überschätzten Instanzen sind nicht mehr problem-, geist- und weltnah genug, den kritischen Charakter dieser Stunde voll zu erkennen. Hatte die ständische Ordnung dem Prozeß der Erziehung lebendig entgegenkommende Grundsätze dargeboten, reicht der den Tod der Geistes- und Standeselite begleitende, aus dem Bereich kurzlebiger Effektelite kommende Ideengehalt nicht aus, das in Konfektion geratene Leben in neue Selbstlosigkeit und Initiative überzuleiten. Biedermeierlich gebliebene Eltern, die ihre an den Zorn der Zeit verlorenen Kinder für die Symbole der Tradition, der Ehre und des Stiles zurückzugewinnen suchen, wecken Spott und Gelächter.

Die Kulturautomatik, aus der das Triumvirat aus Erziehung, Bildung und Religion die Form empfing, ist in die Brüche gegangen. Sie ist der Familie in die Wüste gefolgt. Die Bande aus Schwägerschaft und Blut sind verschlissen, – zu sehr verschlissen, um noch die Gewalt einer Sippe von sozialer Aktivität zu haben, und das Gelände der Stadt zu durchschnitten und eng, der Weg vom Hause der Eltern zu weit, die Gelegenheit, sich zu verstecken und ein erstes Eigenleben zu entwickeln, zu groß, der von einer ins Junkerliche abgeglittenen Bourgeoisie (Heinrich Mann) ausgehaltenen Familie die Rolle eines das Ganze erfassenden Prägestocks zu belassen.

Jene verlorengegangene Kulturautomatik lebte bis in den Anfang des Vierzehner-Krieges. Sie versandete, als auch Christentum, Stilgefühl und das Sakrament der logischen Konsequenz durch die opportunistische Aktivität überspült wurden. Die neue Generation fand ein vom Zwischenfall durchkreuztes Milieu, das weder Filter noch sicherer Boden konkreter Ziele mehr war.

Und das ist wohl gerade der Punkt, der uns am schwersten ängstigt: jenes lautlose Eindringen ethischer Indifferenz, die Überwältigung durch eine die Geschäftigkeit vorspiegelnde Leere. Zivilisationsfavorisierter Durchschnitt lebt gedankenlos-eudämonistisch, in konsumptiver Selbstgefälligkeit weiterer Verheißung seines Wohlstands zugewandt. Er wäre, ginge es eines Tages wieder hart auf hart, zu wenig geübt, zu unheroisch und zu sehr verwöhnt, der seiner rationalen Idylle drohenden Kollision – neuer Krieg, neue Eiszeit, neue Pest – gewachsen zu sein. Auch Hitler hatte es in billiger Drastik, über Churchills Worte von Blut und Tränen spottend, versäumt, das Volk, das nicht sein Volk, doch ihm in großer Masse hörig war, zu Härte im Rückschlag und als Ideenreserve wirkenden, auch einer Niederlage trotzenden Zielen zu erziehen.

Der Pater familias ist nicht selten ein vom Beruf her aufs Kreuz gelegter, durch Ängste und Skrupel in Atem gehaltener Mann, ohne Spielraum und Zeit für die Probleme der auf Liebe und Aufmerksamkeit wartenden Frau und ihrer in Ersatz des Entbehrten verzärtelten Kinder. Sein vielfach unvermeidliches Versagen steigert den von ihr ausgeübten Einfluß als Faktor innerer Ordnung und äußeren Zwecks zu absoluter Größe. Mutter und Frau zu sein, ist daher nicht mehr nur die Rolle der in der familiären Etappe bleibenden Hüterin des Herdes. Die Frau, wie sie sich heute darstellt, ist nicht nur juristisch-formal zu einer mitentscheidenden Partnerin, sondern ist auch dem Inhalt ihrer Rolle nach in die Funktion einer vollgültig beteiligten Verantwortlichkeitsfiliale aufgerückt, — stellt also eine Trias aus Mutterschaft, Geliebter und zivilisatorischer Aktivität dar. Sie soll halber Mann, ganze Frau, vom Mütterlichen herkommende elterliche Instanz und eine auf Abruf wartende, manchmal in quälender Schwebe gehaltene Geliebte sein, ohne an Weichheit der Züge, Nachsicht, Geduld und naiver Güte einzubüßen.

Auszubaden hat diese Überforderung beinahe immer das Kind, wenn es neben der Familienferne des Vaters eine enttäuschte, entwurzelte, dürstende Mutter erlebt. Dieser Fall einer ihr Kind als Gefühlsersatz mißbrauchenden Mutter ist typischer Mißstand der Zeit, — der kleine Sohn, die kleine Tochter wird überempfindlich und noch ungereift in Probleme verwickelt, die sich als neurotisierende Ungelöstheit festsetzen. Die Zahl der muttergeschädigten Kinder und schon Erwachsenen ist Legion.

Ins Berufliche abgedrängt, sehnt sich die weibliche Frau nach einer Beschränkung aufs Haus. Sie möchte wieder die Autonomie des einfachen Lebens im Stile beschränkter Häuslichkeitspflicht. Hat sie die Rückkehr zu Herd und Kindern erreicht, will sie nicht selten zurück in die Welt familienloser Initiative. Ihr dominierendes Haupt-Ich drängt in die Aktivität, das den Zielwechsel verschleppende Neben-Ich kämpft für die ursprüngliche Form ihrer Rolle. Effekt dieser Spannung ist ein Salto mortale in den Schoß des Kindes, der tragisch enden muß: entweder läßt sich das arme Gör durch die fixierende Verwöhnung zu einer nur noch eingeschränkt lebenstüchtigen Kreatur herunterwirtschaften, oder es ist durch die Peinlichkeit mütterlicher Affenliebe so abgestoßen, daß es sich bei erster Gelegenheit in verletzender Weise absetzt. Das von der ehelich unbefriedigten Mutter her bekannte Buhlen um die Gunst des Kindes: »ich lasse Dich nicht gehen . . . ich habe nur Dich« ist dann nicht zu erreichen. Mit Quängeln hält man ein Kind, das opponiert und sich schämt, nicht fest.

Die gegen das Schicksal des Muttersöhnchens Sich-Wehrenden flüchten gern in das Alibi des Viel-Beschäftigten. Sie sind nicht da. Es sind andere Dinge, die sie in Anspruch nehmen und das Vorrecht eines beruflichen Erfordernisses haben. Die halbwüchsigen Söhne flüchten in Sport und Diskothek, indem sie allen kordialen Zumutungen gegenüber ein rotzjungenhaftes Desinteresse entwickeln. Sie haben es leichter als die weniger triebsichere, mehr Skrupeln und eigenen Schwierigkeiten ausgelieferte, geschlechtsspezifisch nähere, direkter zum Neid herausfordernde Tochter.

Jede unharmonische Ehe sendet den Erziehungsverlauf störende, sich auch dem unreifen Kinde mitteilende Reize visueller, akustischer und nervöser Sphäre aus. Das Kind leidet laufend. Es leidet auch dann, wenn es den Eltern gelingt, die Feindseligkeiten auf ein stilles Schwelen zu beschränken. Man redet in der Ehescheidungsfrage meist nur von einem ungerechtfertigten, gegen das Wohl der Kinder verstoßenden Interesse der Eltern. Die Perspektive ist so völlig falsch. Oft ist es umgekehrt, daß man den Eltern aus einer gewissen volkserzieherischen Frivolität das weitere Zusammenleben zumuten möchte, der Kinder wegen aber Bedenken hat. Für diese ist es wohl fast immer besser, bei einem Elternteil in ungestörtem Frieden als in der ungeschieden gelassenen Familie und im Spannungsfeld in sich verworfener Charaktere zu leben. Scheidung kann also Erziehungsmaßnahme sein.

Wie weit Generationsproblem?

Unglück des Landes und rationale Symbiose zerreißen die Stetigkeit des Milieus. Die Erfahrung mit doppelter Moral und Glücklosigkeit der Väter hat eine allgemeine Abkehr von den

Altären mit sich gebracht: Vaterland, Kirche, Heimathaus. Was uns an Jugend umgibt, hat vorzeitig darben, organisieren und erkennen gelernt. Diese Jugend weiß, daß nur ein auf Kampf gerüsteter, taktisch gesonnener, mit allen technischen Hilfen vertrauter guter Wille einige Aussicht hat, sich zu behaupten.

Die in der Ehrlichkeit ihres Triebverhaltens und einem ehrfurchtslosen, traditionsuntreuen Verlangen, ungeschoren zu bleiben, mit der Zivilisation im ganzen eine verblüffende Stilverwandtschaft bekundende Jugend ist keine Generation der Don Carlos und Gretchen. Sie wissen sehr viel und sehr direkt von Hunger, Liebe, Schuld und Haß. Diese enttäuschte, unbotmäßig opponierende oder gammelnde, Gesetz und Ideal entwöhnte, in vegetativem Egoismus ertrinkende Jugend hat nicht mehr das Charisma des zu den Sternen hebenden und in die Siele treibenden Motivs, nicht mehr den stützenden und ans Leben kettenden Ankergrund.

In ihr verbinden sich durch die Koordinate Zeit akzentuierte, die Recheneinheit Geld geschürzte, durch ein Abstand und Kommunikation vermittelndes Recht strukturierte Leistungsform und eine seltsam nervöse Scheu, in linksrevolutionären oder neofaschistischen Umtrieb verstrickt zu werden. Daß ein gleichzeitig in der Dynamik der Epoche zu einem die Struktur verfemenden Libertinismus Emanzipierter durch eine quälende Abhängigkeit von der Struktur beherrscht und gezeichnet sein kann, ist paradox.

Die Zivilisation zwingt dazu, wach zu sein. Sie ist Tempo, Nüchternheit und Routine. Illusionäres Verweilen, weltanschauliches Grübeln, ästhetische Empfindsamkeit, moralischer Konflikt ist für sie Ballast. Maschine und kapitalistisches Maschengewebe stellen ein soziales Interstitium, ein soziales Bindegewebe her, einen währungssynthetisch organisierten, von öffentlichen Normen beherrschten Zwischenraum zwischen den Individuen. Sie verbinden, trennen, versachlichen, heben ins Unpersönliche, sparen Hand und Kopf, erst in der Werkstatt, dann auch in Büro, Kanzlei, ärztlicher Praxis, Haushalt. Neben die Hollerith tritt der Computer, neben den Automaten für Schokolade und Zigaretten automatisches Postamt und automatische Apotheke, neben den natürlichen Blick in die Welt der Blick durchs Gerät. Je dichter dieses Gedränge, desto dünner wird Bindung an Kollektiv und Struktur. Die sich pressende Fülle verstärkt die emotionale Leere. Mit Raum und Pause verschwinden Besinnung und Echo. Kino, Zeitung, Bildfunk mit oder ohne Bild erweitern den Blick, die formative Leistung aber bleibt klein. Sie hindern die Initiative, die der Charakter braucht, Form und Substanz zu sein und zu bleiben. Gemeinschaft am Bildschirm ist Trug: die Menschen sitzen da, stieren auf die flimmernde Fläche und kümmern sich nicht umeinander.

Die Gesinnungsleere eines Teils der Jugend ist keine auf Deutschland beschränkte Konkursmasse entlarvender und beirrender Jahre und einer schuldig gewordenen, vom Schicksal im Stich gelassenen Generation. Gewiß, in die kleine Wirklichkeit Deutschland fällt auch der zweimalige Zusammenbruch des vaterländischen Milieus, die Feuerwalze über den Städten, der Vermögensverlust strukturell entscheidender Schichten, die Masse der Flüchtlinge, die Unterwanderung durch displaced personal und durch Treibholz darstellende Existenzen, Fürsorgeschicksale, Kriminelle, Spieler, Spekulanten, doch auch Gewinner, die talentvoll Chance der Unübersichtlichkeit und des Mangels zu nutzen verstanden, und der Notstandserfolg der Unverwüstlichen. Im großen aber ist es nicht die Besonderheit unserer engeren Lage, sondern die Faust der Universalgeschichte, die uns nach hybridem Abenteuer niedergewuchtet hat.

Jugend ohne das Erlebnis höheren Scheines, ohne bindende, die innere Schau erfüllende Vergangenheit, ohne würdigen Anteil an einer unter das Vorzeichen konstruktiver Illusion gesetzten Struktur ist ein Spielball diffusen Interessenkonzertes und Sklave der Sensation. Schon in der Wilhelminischen Zeit hat es eine unruhige Jugend gegeben, die sich eine von der bürgerlichen Sitte abweichende Haltung herausnahm, keck genug, nicht ungefragt bleiben zu wollen und gegen leere Ansprüche der Schon-etwas-Gewordenen anzugehen. Es war dies ein ähnliches Murren und Grollen, nur daß die Aufsässigkeit auf die speziellen Umstände der Situation beschränkt war und eine konstruktive Bereitschaft im flandrischen Schlamm, im Lehm der Somme, auf den steinigen Hängen vor Verdun nicht ausschloß. Das ist jetzt anders. Die auf das Recht, unbehelligt zu bleiben, pochenden, in chiliastischer Suche nach rettender Indolenz gammelnden Teile der Jugend haben in ihrem gottesfeindlichen

Fahnden nach Gott nicht Kraft und Gehalt genug, staatsbürgerliche Sublimation zu entwickeln. Ihr hektisch-nervöses Schreien nach Freiheit für Trieb und Alleingang im Kollektiv (ein schwieriger Gedanke), nach einer autoritätslosen Lebensordnung, die nur noch technischer Zweck, ist Lärm ohne Tiefe des Engagements.

Alte Gesinnung erinnert sich eines Erziehungsmilieus, in dem die Mitverantwortlichkeit ein von allen geteiltes imperatives Bewußtsein war. Ein so weitgehendes Angewiesensein auf die Integrationsforderung des Ganzen erscheint unserer jungen Avantgarde absurd. Ihrem Pragmatismus ist es verwehrt, zu erkennen, daß es keine bessere Hilfe, Not und Gefahr, Zwang und Strapaze zu tragen, als die Leidenschaft stolzen Dabeiseins geben kann. Den zu Helden im Lebenskampf Favorisierten geht es im Umgang mit Falschheit, Lüge, Borniertheit, Materialismus vice versa nicht anders als den Naturtalenten des territorialen Krieges mit der Gefahr. Die wirklichen Helden wissen meistens gar nicht davon, daß sie das sind, da die Unkompliziertheit ihres Mutes frei ist von Skrupeln der Selbstbetrachtung und Assoziationen, die unsicher machen. So sind Landsknecht und Zivilisationsfavorit Helden aus Mangel an Störbarkeit und Problem, – tragische Größe findet sich anderswo.

Das ehedem aus Establishment und Gegenseitigkeitskontrolle bezogene Vorbild, die Richtschnur, war echtes Regulativ. Auch Ehre war nicht nur Phantom, das für Irrtum und Ehrgeiz Hekatomben ins Feuer gejagt hat. Moralische Qualität war in der Ehre am Werke, und es gab neben der Angst vor fremdem Gerede eine Tapferkeit stiftende innere Ehre, die als Zange, dem Gewissen und dem Ganzen nach dienend handeln zu müssen, ubiquitär war. Ubiquität, – sie ist über ihre große Zeit hinaus ein allem Gesunden innewohnendes Regulativ, das nur von Zeit zu Zeit und Person zu Person Thema und Inhalt wechselt, von staatsbürgerlichem über christliche, bürgerliche, gewerkschaftliche, humanitäre, künstlerische, familiäre, ökonomische und kreatürliche Maßstäbe. Es gibt eine Offiziers-, eine Beamten-, eine Kaufmanns- und sogar eine Gaunerehre. Je nach Programm setzt der eine auf inneren Stil und Treue zur Kirche und Gott, der andere auf Treue zum Staat, der dritte auf die Familie, der vierte auf neue Erkenntniswahrheit.

Die parlamentarische Mechanik für einen politisch verläßliche Daten liefernden Apparat zu halten, wäre verkehrt. Es ist das nicht wie mit einer aufgezogenen Uhr, die der technischen Einstellung nach weiterläuft. Der Amtsperiode gewordene Mechanismus ist eine in Bewegung bleibende Resultante sich ständig neu rangierender Faktoren, der man die Möglichkeit eines durch veränderte Situation bedingten Motivwechsels zugutehalten muß. Unsere prekäre Lage ist also die, daß wir nicht nur angesichts der Unübersichtlichkeit der propagandistisch manipulierten Verhältnisse nicht wissen, wen wir wählen, sondern außerdem noch nicht dessen gewiß sein dürfen, daß die zum Wahltermin verkündete Tendenz dieselbe bleibt. So entpuppt sich in der Bundesrepublik Deutschland jetzt das unter dem Vorzeichen liberaler Toleranz zustandegekommene sozialdemokratische Übergewicht als eine die innere Struktur ins Staatskapitalistische verschiebende und einebnende Verlagerung der Hoheitsverhältnisse, von der man noch nicht recht weiß, ob sie auf demokratische Diktatur, sozialistischen Parlamentarismus oder oligarchischen Absolutismus zugeht. Ausdehnung des Wahlrechts auf jüngere Jahrgänge, Rauschgift und subversive Propaganda begünstigen das Zustandekommen neuer, an einer Fortsetzung der Struktur kaum interessierter Majoritäten, die in der Hand raffinierter Drahtzieher ein demokratisches Treibholz darstellen, seines Wertes unkundig und seiner Verantwortung nicht bewußt.

Gerade das Fehlen eines über marxistisches Brüten hinausgehenden aktiven Anschlusses an eine Idee der konstruktiven Revolution macht den nervösen Exzeß der Schwärmer- und Gammlergruppen so öde, unproduktiv und gefährlich. Da ist nichts an Ansatz und Sprungbrett. Da ist nur fahles Produkt eines um die Wohltat ruhenden Poles und eines klaren Pflichterlebnisses betrogenen Denkens und eines aufständischer Erregung zum Opfer gefallenen Temperaments: die aus der Idee gelöste Freiheit ist gleichermaßen Lebensgefahr für Staat und Befreite.

Aus der Freiheit etwas zu machen, setzt Bildung voraus, Gesinnung, Kraft, Phantasie. Wenn die aus trüber Fata morgana diffusen Anstoß beziehende, ziellos demolierende Jugend ahnte und wüßte, wie schwer es ist, ohne die Hilfe eines unter die

Haut gehenden Leitbegriffes das von einem kämpfenden Leben verlangte Maß an Einsicht, Einfall und Tapferkeit aufzubringen, wäre sie um den Ausgang ihres gammelnden Spiels mit dem Feuer ernster besorgt.

Die Motive dieser als Generation des Widerspruchs auftretenden Jugend haben eine selbstverständliche Ähnlichkeit mit dem Aufruhr der Expropriierten gegen die Expropriateure. Der zum Klassenkampf hochgespielten Spannung zwischen Unternehmer und Arbeiter liegt das immer wiederkehrende zivilisationstypische Motiv des Ungerechtfertigt-Benachteiligtseins zu Grunde. Das Leben ist ohne Gerechtigkeit. Überall und immer gibt es Menschen, die besser abkommen als andere, obwohl sie weder mehr gelernt noch weniger guten Willen haben. Schwärmerischer Terror, rauschgiftverzaubert oder nicht, ist die Stimme eines der Selbstzerstörung zueilenden Nicht-Wissens-wohin. Doch auch sonst sind die Hoffnungen, die wir auf die zwischen Sechzehn und Dreiundzwanzig setzen, im Sinken begriffen. Schon das äußere Benehmen macht stutzig. Was an Feinheit des Denkens ist von einem Menschen mit Taktlosigkeit in der Form, was an sozialer Gesinnung von einem Menschen, der den anderen nicht ausreden läßt, zu erwarten? Ein solcher Verfall des Benehmens ist mehr als nur Mangel im Anstrich. Es ist ein Test für das regulative Verhältnis zwischen Verstand und Gefühl.

Formende, prägende Konstellationen sind selten geworden, seitdem sich die alte Struktur in rationaler Ökumene und im Schlaraffia moderner Homogenität verliert. Der dialektisch spielende, physiosoziale Raum hat einen prahlenden Individualismus gezüchtet, der, was er an Freiheit gewinnt, ans Kollektiv verliert. Dies vom Weltgeist geleistete Kunststück, in einem Zuge Freiheit zu geben und wieder zu nehmen, bringt den Erzieher in schwere Verlegenheit. Was hilft es dem jungen Menschen, der plötzlich bemerkt, wie eingekeilt er in taktische, durch das Spezialistentum verschärfte Hindernisse, Schablone, Schema, Anpassungslüge, Gängelei und als Mode ausgegebene Form des Erledigungsstiles tatsächlich ist?

Die Uneinigkeit zwischen heutigem Avantgardismus und alter Generation ist also keineswegs nur das vielzitierte, stereotyp zur Erklärung aller Spannungen zwischen jung und alt herangezogene Generationsproblem. Als trennender Zwiespalt viel wesentlicher ist der Ärger uns Alten gegenüber, denen man das Festhalten am Begriff der produktiven Illusion nicht gönnt, und der Wechsel im Zielgehalt, der nicht individuelle Laune, sondern universal-geschichtliche Tatsache ist. Die rationale Symbiose lebt aus kurzsichtigen Wohlstandsmotiven, denen zur Zeit eine Atempause gewährt ist.

Rolle der Schule

Der Übergang aus der Raumseligkeit eines noch vegetativen Lebens als Ortszubehör in die hektische Aktivität eines unaufhaltsame Wachsamkeit fordernden integrativen Feldes ergreift auch Bildung und höhere Schule. Das zu materialistischer Zweckanstalt verwandelte Gymnasium hatte schon gegen Ende der Wilhelminischen Ära nicht mehr den profunden Grad früherer Jahrzehnte. Damals schon bereitete sich ein langsames Umschlagen aus der idealistischen in die pragmatische Perspektive vor. Die Realschule schob sich ein. Wissenstransport und Frage der Anwendbarkeit begleitete sie. Daß eine von der praktischen Verwertbarkeit des Gelernten absehende, auf Charakter formendes Denken und Erlebnis eingestellte Erziehung schließlich auch beste Schule fürs Leben und Schule der Tapferkeit sein könnte, war Volk und Bewußtsein abhanden gekommen. Gleichzeitig verlor die Universität den Ruhm eines Sammelplatzes für sachliche Aufrichtigkeit, grundsätzliches Bemühen um Problem und Grundlage und den Stolz freien Denkens. Von der Notwendigkeit einer den Geist klärenden und die Reihen ordnenden humanistischen Fakultät als Eingang ins Ganze sprach niemand mehr. Heute wird man »Akademiker«, ohne sich je um Gott und die Welt, Gewicht und Gesicht des Geistes, Herkunft des Menschen, Wert der Idee und das Verhältnis zwischen Verstand, Gefühl und sinnlicher Erfahrung gekümmert zu haben.

Beispielsweise will man den Unterricht in Geographie an ort- und zeittypischen Situationen des bis in die Kinderstube vordringenden Tageserlebnisses orientieren, über Texas sprechen, wenn dort ein politischer Mord geschehen ist, über Sizilien, wenn wieder der Ätna gespuckt und gebebt hat. Der uns geläufig gewesene Weg von Heimathaus über Provinz und Reich zu fernem Erdteil und weiter in den Weltraum soll einer aus der Tagessicht schöpfenden, im Luxus der Subjektivität sich gefallenden Interpretation das Feld freigeben. Das mag, ist der Lehrer eine starke, zielauslösende Persönlichkeit, bessere Mobilisation des Elans und des Interesses am Stoff bedeuten. Mit einer, so sehr der Subjektivität des Schülers hofierenden Methode ist aber auch ein Grad verwöhnender Nachgiebigkeit verbunden, den wir uns erzieherisch nicht leisten können.

Eine akademische Respektschicht gibt es nicht mehr: Auslese und Gefühl der Standesverpflichtung liegen darnieder. Hochschulpolitischem Gründungsfieber, Drängen nach neuer Hochschulverfassung und der Etablierung eines das äußere Prädikat umtanzenden Zulassungs- und Kontrollverfahrens liegt wohl weniger echte Absicht, Staat und Volk einen Dienst zu erweisen, als die Vorstufe einer das liberale Alibi mißbrauchenden Sozialisierung zugrunde. Auch das Problem des zweiten Bildungsweges hat das Nebenziel eines politisch leicht zu beherrschenden, mit einer gut dotierten Stelle im Massenbetrieb zufriedenen, einen das Kollektiv gefährdenden Übermut ausschließenden Stimmvolks. Der parallel zum klassenlosen Krankenhaus laufende Ruf nach einer klassenlosen Universität verspricht nicht selbständige, richtungsbestimmende Charaktere, sondern führungsbequeme, wohlstands- und schonungsbestechliche Zweckgehilfen. Der persönlichkeitslose Fleiß des Funktionärs soll freien Charakter und Manager ablösen.

Im Wechsel menschlicher Varianten ekelt uns keine Erscheinung mehr an als eine des von Adel und Klerus geerbten Maßstabs unwürdige Bourgeoisie, die sich lieber auf schäbige Weise unterwirft, als sich in der dem Niveau ihres Ranges entsprechenden Konsequenz einem ehrbaren Leidensweg auszusetzen. Schließlich erkennt auch sie, daß pragmatisches Ausweichen oft nicht weniger gefährlich ist als Improvisation mit Mut. Meist hilft das irrational beschwingte Wagen eher durch Minenfeld und Sperrfeuer als zögernde Vorsicht, die doch nicht alles bedenkt. MacNeill würde beistimmen. Schulstoff und technische Aktivität allein leisten in der Fundierung eines Charakters zu wenig, zumal durch den Zuwachs an Tatsache und Methode bedingtes Veralten den Wert materieller Information so sehr in Frage stellt, daß auch der zivilisationsaffine Spezialist niemals ganz krisenfest dasteht: der beschäftigungslos gewordene Entwicklungsingenieur in Weltraumtechnik hat sich, in anderer Sparte überzeugend zu bewerben, ernstere Schwierigkeit als der weniger spezialisierte Banalingenieur.

Die zweckfrei gehaltene humanistische Schule war dem Ziel, den jungen Staatsbürger auf innere Unabhängigkeit, Pflicht und Verantwortung vorzubereiten, in einem unwahrsscheinlichem Grade näher gewesen als die dem Problem der charakterlichen Kultur ausweichende realistische Richtung. Daß der Humanismus trotz diesem Vorzug seine Rolle als Werkstatt des Charakters so radikal verloren hat, war eine Folge des allgemeinen Wandels ins Materielle. Technischer Komfort, Opportunismus und Sozialismus sind Informationen, denen die innere Kultur fernliegt.

Weshalb sollte sich eine durch das Debakel von 1918 und 1945 verängstigte, auch der Zukunft nicht trauende Elternschaft für eine anwendungsunsichere Schule entscheiden, die ihren Kindern wahrscheinlich größere Schwierigkeiten machen würde als die ihnen lauthals empfohlene realistische Anstalt? Warum sollte der dem Gedanken eines schleichenden Sozialismus dienstbare, dem Rückfall in Exklusivität und Standeselite feindlich gesonnene Liberaldemokrat einer seinem politischen Grundgefühl und Ziel so eindeutig widersprechenden Pflanzstätte eines auf Stetigkeit und Anschluß an alte Formen bedachten Charakters gefällig sein? Weltanschauungslose Wissensvermittlung leistet, mit Spezialismus kombiniert, für den Sozialismus mehr als Inflation, Bodenreform, mittelstandsfeindliche Kreditpolitik und eine den Abschöpfungswinkel überspannende Steuerprogression. Indem sie fachliche Provinzen errichtet, eröffnet sie der sozialistischen Infiltration exquisit gedeckte Wege.

Der Lehrer schwebt zwischen drei Fronten: Staat, Kinder, Eltern. Sich in diesem Dreieck autonom zu etablieren, wäre ein Kunststück. Niemand steht hinter ihm. Die Jugend wehrt sich, die Eltern sind soupçonneus, meist feindlich. Sie fallen auf die bequeme Version, eine dem praktischen Leben unmittelbar dienende Leistung erwarten zu müssen, herein, ohne das Wissen um den einzigartigen Wert einer Schule, die selbständig urteilende Menschen erzieht, die Reproduktion zurückstellt und freie, Gefühl und Verstand aus den Fesseln der Verworrenheit lösende Standpunkte entwickelt. Es sind meist weniger die Ansprüche des Unterrichts, die das Kind überfordern, als die Eindrücke eines durch Lärm, Dunst, Hetze, Gewalttätigkeit, Indiskretion und lässigen Trubel mißhandelnden Milieus, Quietschen der Bremsen, Brummen der Motoren, Grelle des künstlichen Lichts, musikalisch oder redend sich ergehender Lautsprecher, Brutalität der Schaufenster . . .

Die auf Diktatur des Prädikats, populäre Immatrikulation, Senatsbeteiligung der Studenten und Vermehrung der Hochschulen zielende Reform ist der raffinierteste aller Wege, einen evolutionär getarnten Umsturz in Szene zu setzen und den Abbau aller auf vorgetaner Arbeit, Mehrwert, Ruhm und Rang beruhenden Privilegien vorzubereiten.

Das antiautoritäre Experiment

Das von dem Schotten MacNeill entwickelte, die natürliche Regung des unverkrüppelten Charakters in den Mittelpunkt rückende Modell der Erziehung bediente sich eines Musters, das ähnlich abstrakt war wie der von den englischen Nationalökonomen erfundene Homo oeconomicus. Wie diese ökonomische Richtungsfigur wäre auch das von Neill entworfene, frei von Autorität erzogene Muster, dem Lebenskampf ausgeliefert, zum Scheitern verurteilt.

Hellerau und Summerhill waren Ausnahmesituation und Paradeerfolg, die außerhalb der Wunderwelt des Erfinders unmöglich gewesen wären. Es ist ähnlich wie mit dem Urschrei-Amerikaner Janow, der gleichfalls theoretisch durchaus berechtigt ist, den wiederaufnahmewürdigen Original- vom zielunwürdigen Zweck-Anpassungscharakter zu trennen, praktisch aber doch auf dem Holzweg. Gewiß, in Figur II steckt I. Und vielleicht ist es möglich, durch entlarvendes Vorgehen I aus II herauszupräparieren. Doch wie soll der in seine Trieb-Ursprungsform und präzivilisatorisch-archaische Mentalität Zurückgekehrte dem Leben von heute wirksam gewachsen sein? Ist nicht der Rückfall in die kommunikatorisch erworbene Kunstform, die er verlassen hat, unausbleiblich? Und wie soll umgekehrt der vor den Schlacken vulgären Kompromisses bewahrte Summerhill-Typ mit unserer späten Schicksalstufe fertig werden?

Schon die mit den Steiner-Schulen gemachte Erfahrung zeugt von günstiger Wirkung in der Phase pädagogischen Aufgehobenseins und schwer beherrschbarer Disposition zur Krise nach Eintritt in das unerwartete Autorität ausübende Leben: Hindernis, Widerstand, Schwierigkeit. Es gibt keinen vom Schatten des Meisters unabhängigen Weg, sein auf Zwang und Formel verzichtendes System zur Institution zu machen. In jede Auseinandersetzung zwischen Erzieher und Jugendlichen schleicht sich falsche Hoffnung auf nicht erfüllbare Konzessionen ein, – falsche Hoffnung, die Mißtrauen sät. Da ist es schon besser, gleich hart zu sein und den Pferdefuß der Autorität zu zeigen. Konstruktiver Rippenstoß und von Liebe gesegnete Härte sind nie von Nachteil.

Das Modell aber ist nicht falsch. Denn es stimmt, daß ein Kind aus dem Durchschnitt weder Krüppel noch Feigling und an Möglichkeit und Erfordernis des Lebens eindeutig interessierbar ist. Und es stimmt, daß Gefühl und Verstand antagonistisch zusammengehören, daß der junge Mensch es, in Freiheit gesetzt, zunächst einmal lernen sollte, sich außerhalb der Angst und Feindseligkeit weckenden Straße unbefangen und kühn zu bewegen, und daß ihn jede Auflehnung, nicht nur die gegen den Erzieher unfähig macht, den Reiz seines Wachstums ungestört zu genießen. Theoretisch sind pädagogische Wege ohne Angst und Opposition weckende Einschüchterung immer die besseren.

Neill hat wohl nie selbst an die Möglichkeit eines inneren Wachstums ohne Autorität geglaubt. Schleppender Indolenz und elterlicher Bequemlichkeit eine Legitimation zu geben, kann nicht seine Absicht gewesen sein. Was er wollte, war Ausschaltung aller schematisch einschüchternden, konfektionierenden Grobheit und Brutalität, war Ausschluß des Holzhammers, war die Hilfe sachlicher Evidenzen, wie sie gedanklich kontrolliertes, im Gefühlsgehalt aber echtes Erlebnis ergibt. An die faszinative Wirkung seiner eigenen Person zu denken, lag der Intaktheit seines Charakters wohl nicht.

Pädagogischer Notstand des Staates

Mit dem – inzwischen aufgegebenen – Versuch, die Preußentum und Deutschland zugeschobene Schuld am Zweiten Krieg als Folge eines die Autorität übertreibenden Erziehungsstiles zu deuten, hat sich der Westen einen schlechten Dienst geleistet. – Es war schildbürgerliche Hilfe für einen ordnungsfeindlichen oder absolutistischen Untergrund. Desinteresse an Staat, Wehrpflicht und Einsatz im Notstand, Ohne-mich-Standpunkt und Egoismus um jeden Preis sind jetzt demonstrative Routine der zornigen Jugend, die strikt bindungsunwillig ins Leben tritt. Auch die marxistische Information ändert die Indolenz nicht. Sie schärft den Argwohn, bietet aber nichts zur Erzeugung eines positiven Elans. Gefühl ist der Willkür schwankenden Triebentscheides zum Opfer gefallen. Die mit Unbesorgtheit gesegnete Triebnatur hat die Oberhand.

Man will unkompliziert sein, predigt Nüchternheit, Zweck. Jugend, die uns begegnet, ist oft verstockt, nervös, leicht zu beleidigen und auf merkwürdig wache Weise reaktionstaub und stumpf. Sie ist ein Produkt aus Hilflosigkeit und einem den irrationalen Impuls wie einen Volksfeind meidenden, auf ihre Logik stolzen Verstand. Ziel ist der aus alter Verschwommenheit gelöste, bilanzklar opportunistische, führend gefügige Mensch. Über die Schädlichkeit eines lauernden Mißtrauens setzt man sich hinweg.

Chthonisch-irrationale Sittlichkeit und die Moral des Kirchenbürgertums liegen ähnlich weit von einander entfernt wie Gefühl und Verstand. Im Verlust ihrer Macht hat die Familie ihre sittlich-moralische Ordnungsaufgabe an den Staat weitergegeben.

Der Staat hat damit ein officium nobile übernommen, für das er kaum ausreichend legitimiert erscheint. Sein Versuch, Christentum und Humanismus durch eine dem praktischen Leben vorgreifende Informationsanstalt zu ersetzen, hat den Nachwuchs Subversion und Felonie des Zufalls ausgeliefert. Ist – so fragen wir nicht ohne Angst – die liberale Demokratie noch imstande, diese aus politischer Unterwanderung und Indifferenz zu einer destruktiven Gefahr gewordene pädagogische Informationsanstalt in eine die Gedanken klärende, rationale und irrationale Kräfte kreativ sammelnde, wieder an Autorität gewöhnende, dem Charakter dienliche Haltung zurückzusteuern, ohne den Boden der Verfassung verlassen zu müssen?

Massenmediale Führung ist einer der innerpolitischen Angelpunkte. Als wir, der einige Monate später im inneren Widerstand gefallene Oberst Friedrich Jaeger und ich, auf der Straße Wünstorf-Zossen / Zossen-Wünstorf (nächtliche Dämonie der Tannenbäume und des Dynamits über dem 20 bis 40 Kilometer entfernten Berlin) die Aufgaben einer durch den erwarteten Staatsstreich veränderten Zukunft durchdachten, meinten wir von dem durchs Debakel geschleppten Rest, daß er eines Personalministers als vierter und einer die innere Führung besorgenden starken Distanz als fünfter Gewalt bedürfen würde.

Gesunde Erziehung erhält die Struktur, gesunde Struktur ist Hintergrund jeder Erziehung. Wie Struktur ohne Zufluß frischer Valenzen verkümmert, ist Wohlstandstreiben ohne Struktur Verfall des Profils: Struktur Kirche erzieht zu religiöser Gemeinschaft, Struktur Staat zu Einigkeit und Pflicht, Struktur Korps zu Kameradschaft, Einsatz, Standesbewußtsein, Struktur Gewerkschaft zu opportunistischer Solidarität und arbeitskritischem Selbstgefühl, Struktur Truppe zu Gleichschritt, Aktivität im Gefüge und Denken in unpersönlichem Rhythmus. Kaum etwas gefährdet Einigkeit, Recht und Freiheit – deutsche Version für Liberté–Egalité–Fraternité – mehr als die Unterwanderung unserer Presse, unserer Universität, unserer Schule durch die der politischen Unterwelt so dienstbare Gedankenlosigkeit aus den eigenen Reihen. Wieviel an Instinktschwäche in liberaler Toleranz stecken kann, zeigt beispielsweise die kritiklos geduldete Rolle der hämisch-satyrisch zersetzenden Vorfilme aus Warschau, Prag und Belgrad.

Der staatspädagogische Auftrag wendet sich gegen die Entfremdung von Wunder, Natur und metaphysischem Kern, gegen die weitere Zuspitzung des Zeitdrucks, gegen die Orgie des Opportunismus, gegen die mit dem Illusionsverlust verbundene Vereinsamung des einzelnen Menschen, gegen die wachsende Angst vor der Verantwortung, gegen den Niedergang des Willens, notfalls auch zu kämpfen, und gegen die Anbetung falscher Götter ...

Lob eines Lebens ohne Geachtetsein, Illusion und Wirksamkeit einer Autorität ist betörender Irrtum, Desillusionierung, Selbstbetrug, Abwendung von Begriff und Erlebnis der Ehre ist Vermessenheit ohne Maxime. Die Regeln des bürgerlichen Lebens liegen genauso fest wie die Normen der militärischen Welt. Nur ist die militärische Art, die Verhältnisse zu verwalten, mehr auf äußere Zucht und zu Papier gebrachte Vorschrift, ist die bürgerliche Art, sich zu arrangieren, mehr auf innere Zucht und ungeschriebenes Gesetz gestützt. Militärische Form beugt dem Versagen vor. Zivile Art des Pflichtgebrauches folgt freier Initiative, eingeschränkt durch das Bedenken, daß der menschliche Durchschnitt Freiheit nur in sittlich erlebter Substanz und planvoll dosierter, polizeilich gehüteter Ordnung verträgt. Wohin Anspruch auf Freiheit ohne zielvoll beschränkendes Gegenregulativ führt, zeigt der mit Radeln auf dem Fußsteig beginnende, in einem volksgemeinschaftlichen Manko ernsten Charakters endende Konkurs der Gesinnung.

Gegen das Fortschrittsgehabe sind wir voreingenommen. Hitler hat Fortschritt und Eudämonie zynisch als Gaukelei persifliert. Er hat die kritischen Naturen im Volk animos und allergisch gemacht, so daß es schwer ist, noch objektiv zu sein. Es war das eine seiner Marotten. Doch sehen wir selbst die echten Fortschritt ausschließende innere Stagnation. Das neue Leben macht begehrlich, der Blick in die Welt, die Fülle in den Schaufenstern, der äußere Komfort, die Versprechungen des Wohlfahrtsstaates, das letzthin nur scheinbare Abrücken von der körperlichen Gefahr. Sie macht genüßlich, ohne vertiefend zu wirken. Was Technik, smarter gewordene Wirtschaft und Massenmedien bieten, ist Schema, Verstädterung, konfektionierende Bevormundung, Arbeitsteilung, – alles keine Atmosphäre für den Charakter. Auch von ökumenischer Versöhnung, weltbürgerlicher Anstelligkeit und moralischer Aufrüstung erwarten wir weniger als von einer automatischen Erledigung der Gefahr des Krieges durch das Wachstum der Waffen und dem die Formen des Friedens wahrenden Eindringen des Kalten Krieges in das bürgerliche Leben. Auch der mitunter in neurotische Disharmonie führende zweite Bildungsweg ist nicht immer Fortschritt für das Glück der Person und die Stimmung in Volk und Staat, – er ist es sicher nicht, wenn etwa der über die politische Ermutigung In-die-Höhe-Geschnellte im Stil des Charakters zurückbleibt und dann als mißlungene Elite möglicherweise zu einer sozialen Störung wird.

Es werden Glück und Erfolg nicht durch den objektiven Lauf der Dinge, sondern durch ihre subjektive Bewertung entschieden. Wir haben – Halbgöttern gleich – die Macht, Erlebtes und Getanes in einem von uns zu bestimmenden Sinne zu verarbeiten und zu bewerten, gleichgültig, wie das Urteil der anderen lautet. Nicht das objektive Datum bestimmt Schicksal und Lebensglück, sondern Kraft und Einsicht, mit denen wir das Leben in die Zange nehmen. Es gibt zwar keinen ins Blaue wirkenden Optimismus: die Axt am Stamm, der Krebs im Leib, die Syphilis im Blut, das verpfuschte Examen im Lebenslauf, die Pleite im Jeu, der Blitz im Dachstuhl setzen sachliche Grenzen. Aber es liegt doch im Rahmen unserer Kraft, die das Leben verschattenden Umstände soweit erlebnisgefügig zu machen, daß ihr Akzent sich zu unseren Gunsten verschiebt.

Dem liberalen Staat entgleiten die Zügel. Er ist nicht viel mehr als verpöbelter Spielball launischer Majoritäten. Sein pädagogischer Notstand ist groß, und es sind vier kritische Punkte, in denen der Nachwuchs sein Soll nicht erreicht: Weltanschauung, staatsbürgerliches Erlebnis, Familie, Standesbewußtsein. Der liberal-demokratische Auftrieb allein ist zu schwach, einen so bedeutsamen Ausfall an obrigkeitlichem Effekt und so viel Mehrbedarf an synthetischer Integration zu decken. Freiheit wird erst durch die Wirkung führungsintern überzeugenden Inhalts zu einer Aktivität, die materiell etwas ist.

Den als sozialliberale Koalition auftretenden Kreisen fehlen Einsatz und Widerstand gegen eine Auslieferung an den Nihilismus. Es droht die Katastrophe eines neuen Kurzschlusses zwischen Affekt und Verstand, wie sie schon bei Robespierre springender Punkt war, wobei das revolutionär zu verstehen gewesene Dogma mildernde Umstände hat.

Warum überhaupt sind sozialistische Betriebe so anonym und brutal? Oft jedenfalls. Wenn es gerade im Kreise der Funktionäre nicht selten an sozialer Milde gebricht, ist das meist wohl nachwirkender Ausdruck schon auf früher Lebensstufe malträtierter und enttäuschter, nicht in den Liebeswillen des Lebens aufgenommener Menschen, über die der Sozialismus nicht als frei, aus idealistischem Denken und humanitärem Gefühl geborenes Erlebnis, sondern aus neurotischem Zwang, übermächtiger Schicksalslage und nervösem Ärger gekommen ist. Die als Sozialkritik und Kampfprogramm auftretende Aggression zieht angeschossene und gereizte Charaktere, die in der organisierten Unzufriedenheit ein Alibi für sich selbst finden, an. So läßt sich das Unbehagen chronischer Benachteiligung mit einigem Lustgewinn abwälzen.

Der pädagogische Notstand des Staates ist als die Folge eines allgemeinen Niederganges der Struktur, der Gesinnungsebbe, der Konfektionierung, des Illusionsverlustes, eines neuartigen Aufkommens metaphysischer Seelenblindheit und des Verlustes an Schoß der Natur Fatum und Unvermeidlichkeit, teils aber doch auch die Schuld einer Führung, die groteske Formen des Mißbrauchs der allmählich erkämpften Freiheit durch nihilistische Interpretation der staatsbürgerlichen Pflicht zuläßt.

Ein Rechtsstaat, der das Recht, das ihm den Namen gibt, nicht durchsetzt, hat das Recht, sich so zu nennen, verwirkt. Der Ordnungsstil Freiheit – nicht nur Befugnis, sondern auch Forderung – berechtigt niemals zur Schwäche. Im Gegenteil: Er vergattert praktisch und ideell auf unvermeidlich zwingende Art mit dem von der Obrigkeit ausgehenden Gegenregulativ.

Triebehrlichkeit

Wir bezahlen die neue Weite ringsum, die Weite des Blicks, Weite des Wünschens, des Könnens, des Wollens mit einem Verlust der Rhythmen, mit einem Verlust der sinnlichen Unmittelbarkeit, einem Verlust des natürlichen Lebensgefühles und einer allgemeinen Vergröberung der Trieblage. Unser Fuß tritt, von der Erde getrennt, auf Stein und Zement, Beton und Asphalt. Der Raum, in dem wir leben, strotzt von Schädlichkeit und nervöser Erregung. Es giftet und vibriert ringsum. Wir sind von Schallwellen eingedeckt und durch artefizielle Wärme mit oder ohne Atomreaktor klimatisch deprofiliert. Uns umgibt eine elektrostatisch und durch Kohlenstoff, Ölsprengsel, Benzpyren, Schwefel, Blei, Arsen und Kohlenmonoxyd und -dioxyd veränderte Luft. In geräuschvollen Stößen – von unkritischer Eudämonie als Zeichen des Fortschritts gedeutet – rollt ein atemberaubender Verkehr durch die Schluchten und Schneisen der Stadt. Die Menschen wähnen, sich näherzukommen: es ist aber nur soziale Schalmei, Täuschungsmanöver des Rauschgifts und Ehrlichkeit in der Triebfrage. Sie sind sich nicht nähergekommen, sie sind endgültig auseinandergesprengt.

Die Triebehrlichkeitspropaganda geht mit der roten Fahne, – doch auch mit uns, die wir Destruktion verhindern und dem Geist der Pflicht und der Ehre neue Geltung verschaffen möchten. Verklemmung und Stauung haben ein unwahrscheinlich großes Verständnis für die Frage der Triebgesundheit in uns geweckt, ohne den Blick für Gefahr und gebotene Grenze zu trüben. Das Recht, den Trieb zu gebrauchen, erscheint uns als Thema der Toleranz, doch nicht als ein Thema, das die Schule berechtigt, aus der für Religion und Weltanschauung reservierten Stunde ein Lehrfach in Sexus zu machen. Der zu verlängerter Schärpe verkümmerte Rock, das in lesbischen Motiven schwelgende Hosenkleid und eine, sexuelles Problem und technische Nebenfragen ungeziert zu erörtern, ermunternde Werbemaske ist eine Art der Ehrlichkeit, die man humorvoll-verwundert hinnimmt. Nicht mehr verwundert aber, sondern böse ist man, wenn die des Weges kommenden Nymphen schließlich den lockenden Zeichen zum Trotz zu erkennen geben, daß hinter dem ködernden Bilde nicht die erwartete Bereitschaft zu Pferdestehlen und gemeinschaftlichem Bett, sondern nur geärgerte Prüderie steckt. Die darin sich zeigende exhibitionistische Note entspricht den Verständigungsformen der Zeit. Einer konfektionierten Öffentlichkeit darf man so kommen. Zwischentöne versteht sie ja nicht. Außerdem mag die Übernahme einiger freigewerblicher Stimulationsgewohnheiten in den Hausschatz der Ehe nicht ohne Nutzen sein. Denn einige Technik festigt sie.

Was uns an der von den Triebdesignern so leidenschaftlich betriebenen Freiheit wirklich besorgt macht, ist die Gefahr des Mißbrauchs als Mittel der Destruktion. Es gibt gegen Ehe, Familie, Kirche und Staat keine diskretere, weniger auffällige, weniger Verdacht erregende Methode subversiven Eindringens in die Struktur als eine die Sitten lockernde, die Grenzen verwischende Triebehrlichkeitspropaganda, an der einiges Richtige ist. Gerade dieser Anteil an Richtigkeit gibt dem destruktiven Angriff die besondere Chance. Er findet einen Menschen, den es freut, endlich einmal freier denken zu dürfen. Er findet ihn gerade auch in den weltanschaulich abgeschirmten Kreisen. Denn Sexus im Schloß ist dasselbe wie Sexus im Arbeiterhaus. Und fast alle, die sich auf Ehrlichkeit in der Sexualität einlassen, vergessen den Pferdefuß, der mit Verbilligung der intimen Aktion, Unterschlagung der emotionalen Phase und Enträtselung des ganzen Vorgangs verbunden ist: bei der empfindsamen Frau, die Unfähigkeit, sich ekstatisch zu lösen.

Offenes Eingeständnis des Stauungsdruckes hat den – sehr fragwürdigen – bürgerlichen Ausweg, die Braut durch Puella oder kleine Verkäuferin vertreten zu lassen, unnötig gemacht. Zwischichtig wie der ganze Lebensraum geht in dem sich ausdehnenden Feld vorweggenommener Probeehe zweierlei Sexualjargon um: die aus dem Vegetativen hervorbrechende generell anonyme, nicht auf die Person bezogene und die auf das persönliche Verhältnis fixierte Libido. Wer aus der Tiefe seines Wesens liebt und seine Gefühle in sexuellen Antrieb umsetzt, tut es doppelt: aus anonymem Bedürfnis und sexuellem Kontakt schlechthin und einer auf den bestimmten anderen Menschen gezielten Wunschlage. Es ist das dann die Dämonie eines zwiefachen Erfaßt- und zwiefachen Aktiviertseins, ein als Teil der Welt und individuelle Phänomenalität erlebtes Zwiefachbegehren.

Vor vierzig Jahren war die erlebnisplazierte Frau auch ohne kritisches Wissen von Höhepunkt und Orgasmus zufrieden und glücklich. Ihr war es genug, einen Menschen, den sie mochte, in ihre Arme zu nehmen und sich ihrer emotionalen Ziele zu erinnern. Damals wußte die Allgemeinheit vom Phänomen der Ekstase erst wenig. Der liebesfunktionelle Argwohn ist erst später als Produkt des Rationalismus entstanden, der aus dem Wunder der sensitiven Transzendenz eine manipulierte Aufgabe gemacht hat.

Für viele Frauen ist das Spiel mit dem Sexus nicht mehr als eine ihrem Selbstgefühl schmeichelnde Mode. Es trifft sie sein an der Ehrlichkeit ihres Rausches zweifelnder Blick im Kerne des Selbstgefühls, wie es umgekehrt für das Selbstbewußtsein des Mannes keine schlimmere Kränkung gibt als den spöttischen Seitenblick einer unbefriedigten Geliebten auf die Schwäche der von ihm erzeugten Stimmung.

In den Bereich des entgleisten Geltungsbedürfnisses gehört auch das plötzliche Ausbrechen eines sonst hypermodern denkenden Zeitgenossen in ein bevorzugtes Interesse an der Nicht-Deflorierten. Dabei geht der geltungsneurotisch belastete Edelstart mit einer unberührten Frau fast niemals gut. Es ist falscher Impuls, Ware zu wollen, die eigentlich hätte plombiert sein müssen. Die Frau ist nicht Ware, sondern ein Mensch auf derselben Stufe. Durch Fremderlebnis vorbereitete Ehen sind durchweg besser. Mitgebrachte Erfahrung ist ein Umweg sparender, Verständnis verbessernder Faktor. Nur muß man dem anderen Menschen, um ihm eine so herzhafte Vorgeschichte gönnen zu können, wirklich lieben.

Die Onanie ist ein der rationalen Symbiose angemessener Kunstgriff. Sie legt nicht fest, verwöhnt in der Frage des Risikos und bietet eine luxuriöse Gelegenheit, zwischen banalem Gretchen und exklusiver Luxusfrau, Sexualprotz und Geist, zu wählen, ist aber doch nur ein billiger Fluchtweg, dem die den Ring egozentrischer Lebensangst durchbrechende große Verworfenheit fehlt. Außerdem hat sie über das Feld des bedingten Reflexes diskreten, passiv bleibenden Anschluß an die differenzierten Charakteren gegebene, oft aber nicht ausgenutzte homophile Alternativposition.

Der freien Liebe hat der Luftkrieg pikante Dienste geleistet. Nicht nur durch schnelle Chancen in Anschluß an den Luftschutzkeller, auch grundsätzlich, indem er unter den Rentnern mit entbehrlichem Wohnraum aufgeräumt und das möblierte Zimmer zu einer den Bedarf nicht mehr deckenden Seltenheit gemacht hat. Die wirtschaftlich schwache, der Nebeneinnahme bedürftige Schicht hat kaum noch entbehrlichen Raum. Daher haben sich die Junggesellen beiderlei Geschlechts zu kleinen Hauptmietern aufschwingen müssen, was dann zu allgemeinem Anlaß geworden ist, vom triebhaften Schnellverfahren in drängender Mondschein- oder Regennacht zur Gelassenheit eines störungsfreien Interieurs überzugehen. Gleichzeitig hat sich der Tanz in Richtung einer die Sinne hinaufschaukelnden, zwischen dreister Antwort und elysischer Delikatesse taktierenden Verkehrsform entwickelt, die an die Kohabitationsgewohnheiten gewisser Vogelarten erinnert.

Mit Wuchern der Stadt, Aufstieg der Massenmedien, Eintritt unserer Welt in ein genormtes Leben gewann die Genüßlichkeit des Konsumlöwen ein erdrückendes Übergewicht. Massenmedium, Litfaßsäule und Film schmeicheln schmarotzendem Genießer und Voyeur. Sexus ist nicht mehr Verschlußsache, sondern offenes Recht, Keuschheit ist nur noch Relikt aus verbohrter Umständlichkeit, Defloration eine Station gesunden Vitalgebrauches. Daß die verplüschte Epoche einem unverletzten Hymen zuliebe Hekatomben lohnender Tage geopfert hat, gilt als beschämende Torheit. Einen Eros ohne Sexus gibt es nicht, wohl aber einen Sexus ohne Eros. Auch an den heiligsten Gefühlen wirken Triebmomente mit, möglicherweise stumm und diskret. Das regungslose Schweigen seiner zur Ruhe verwiesenen Triebe schafft auch der sublimierteste Asket nicht.

Diese in den Alltag vorgedrungene Zuchtlosigkeit kann das Ergebnis eines allgemeinen, den Lüsternheitsbackground nutzenden Sexualempfindens, sie kann aber auch der Erfolg subversiver Herausforderung der bürgerlichen Toleranz sein. Jedenfalls sagen einer antiideologisch sexualisierten Jugend die christbürgerlichen Skrupel nicht mehr viel. Sie begreift nicht, warum sich's die Väter und Mütter in diesen Dingen so schwer gemacht haben. Daß in unseren Eltern noch machtvoll stempelnde Formen wirkten, daß ein die Triebehrlichkeit anerkennender Standpunkt heutigen Stiles, damals geäußert, Grund für eine Deportation nach Amerika gewesen wäre, ist einer Jugend kaum noch verständlich zu machen. Das erotische Weltbild unserer Primanertage, beschränkt auf Kuß nach der Tanzstunde und apokryphes Wissen um die Funktion des Bordells, löst nur noch Kopfschütteln aus. Die Jugend wittert in unseren ratenden, warnenden Worten nichts anderes als die brüchige Stimme einer sinnlos verklemmten, festgefahrenen, unangenommen gebliebenen Generation.

Der sexuelle Rationalismus ergeht sich in Strategie der Annäherung, Taktik des Reizverhaltens und technischer Liebeshilfe. Er ist weder Dorado blinden Vertrauens noch dämonischer Überschwang. Er ist triebhaftes Handeln nach Plan. Der von der alten Orthodoxie zum schwarzen Schaf gemachte Malthus – selbst anglikanischer Theologe – und seine Idee des Zeugungsplanes sind aus der Niederung des Boykotts in den Stand einer gehobenen und verfeinerten Sittlichkeit hinübergewechselt, verfemt nur noch in puritanischen Kreisen. Sich familienexpansiv im Sinne der Schöpfungsordnung gehen zu lassen, verbietet allein schon der Mangel an Raum.

Der sexuelle Rationalismus weicht auch die Grenze zur Prostitution auf. Es bleibt zwar verwerflich, sich zu verkaufen. Doch hat sich die Welt daran gewöhnt, dem bürgerlichen Mädchen eine Handvoll vorehelicher Beziehungen zu gestatten. Der lebenslaufüblich gewordene Probe- und Vorschußkontakt ist unter Pille und Penicillin in Rang und Selbstverständlichkeit technischen Situationsfaktors gerückt.

Nach 1947/48 gab es in den Kliniken kaum noch Gelegenheit, dem Studenten das etwa drei Wochen nach dem Coitus infectiosus auftretende Infiltrationsgeschwür einer frischen Syphilis zu zeigen, war es kaum möglich, die Gonorrhoen und weichen Schanker aufzutreiben, die der Hörer sehen sollte, von der Esthiomène, der vierten Geschlechtskrankheit, die nicht über Marseille und Antwerpen hinauskommt, ganz abgesehen (dafür wurden Herpes progenitalis und Soor um so häufiger).

Das Wunder der Sulfonamide, das größere Wunder des Penicillins hatten im Durcheinander von 1945 imponierend gewirkt. Später allerdings trat ein Schub medikamentös angeschossener, in Virulenz, Resistenz und Symptomatik veränderter Stämme in Tätigkeit. Es bleibt bei Rückgang der Symptomatik und gleichem Ernst der Infektion eine steigende Zahl der Fälle unerkannt: mit Abnahme des sterilisatorischen Erfolges nahm die Zahl der Mangelhaft-Behandelten zu, insbesondere bei der Schaudinnschen Spirochäte, weniger beim Neisserschen Gonokokkus, dem Erreger des Trippers, der von Lustkreisen gern als Kinderkrankheit betrachtet und um so leichter vernachlässigt wird, als gerade die infizierte Partnerin aus ihrer weniger übersichtlichen Lokalität nicht mehr die pünktlich-präzisen Warnungen empfängt, auf die sich unsere Eltern und Voreltern noch verlassen konnten.

Daß diese erneuerter Meldepflicht unterliegenden Infekte nicht nur Schönheitsfehler im Lebenslauf sind, sondern echte Gefahr für den Körper im Ganzen, wird gern unterschlagen: die Beziehung zwischen Schaudinnschem Primäraffekt und Aortitis luetica (syphilitische Entzündung des von der linken Herzkammer ausgehenden großen Gefäßes), Hirnlues, Tabes und Paralyse, die zu syphilitischen Schäden an Skelett und Innenohr führende Infektion im Mutterleib ebenso wie der Zusammenhang zwischen einer Infektion mit dem Neisserschen Gonokokkus und gewissen Prozessen in Hoden und Nebenhoden, Kniegelenk, Augenbindehaut, Gebärmutter, Eileiter und Eierstock.

Eine rational wache, sinnlich herausfordernde Mode baut stimulative Kulissen, die es beinahe unmöglich machen, die antipromiskuitive von der frei denkenden, sexuell generösen Frau zu trennen. Das exhibitionistische Werbegebaren weist dadurch oft einen falschen Weg, daß die auf Akquisition hergerichteten Damen den obszönen Stil ihrer Maske selbst nicht bemerken, viel zu sehr Reaktionsopfer, ihrer Umwelt ergeben, den Aufforderungscharakter ihres Erscheinungsbildes als persönliches Bekenntnis zu empfinden und zu bewerten.

Es ist das dieselbe paradoxe Kombination zwischen einem vorbehaltlose Großzügigkeit in der Sexualfrage ankündigendem Auftreten und tatsächlicher Unfähigkeit, frei und modern zu sein, wie der Fall des den ihr verlobten Kohabitationsanwärter bis zur Sicherung des Verhältnisses durch einen Trauschein abwehrenden Bürgermädchens, in deren Licht die Ehe tatsächlich, wie es ein amerikanischer Soziologe bitter und witzig formuliert hat, als teuerste, auf Lebenszeit verpflichtende Form der Prostitution erscheint.

Phasenverschiebung zwischen Trieb und Gefühl

Obwohl nichts anderes als eine vegetative Funktion, hat der Geschlechtsimpuls – dessen sollten wir uns achtungsvoll bewußt bleiben – ekstatische Effekte. Und zwar – o Wunder – nicht nur in den begnadeten Fällen, in denen Gefühl und intellektuelle Achtung den Trieb begleitet. Auch der auf das Triebhafte beschränkte Kontakt, der niedrig beginnt, endet, wenn er unter einem natürlichen Stern steht, in demselben außerhalb aller Vernunft liegenden Ausnahmezustand, in dem wir – für Sekunden wenigstens – alle Erdenschwere verlieren und in den Himmel tauchen, wie echter Kurzschluß aus Trieb und Liebe.

Dies ans Abenteuerliche grenzende Phänomen eines Anstiegs in der Ekstase über den eigentlichen Grad des Beteiligtseins hinaus ist aus einem uns nachträglich zufallenden Zuwachs an Eros und Leidenschaft zu erklären. Da dieser Zuwachs nicht aus der auf Trieb und Neugier eingestellten Motivlage des praktischen Falles herrühren kann, muß es sich um den Ertrag einer Anleihe aus generellem Trieb- und Liebeskonto handeln, – unser Liebesbedürfnis müht sich ja immer aus zwei Quellen, einer aus der gerade anliegenden persönlichen Bindung geflossenen und einer situationsfern-generell gelagerten erotischen Spannung und Ansprechbarkeit. Der um körperlichen Kontakt Bemühte wertet sich im Ringen um die Ekstase automatisch durch stimulationsbewirkenden Rückgriff auf sein erotisches Allgemeindepot auf.

Dadurch wird die praktische Haltbarkeit des Sublimationsbegriffes unwahrscheinlich, indem die sublimierenden Regungen aus Ratio und Gefühl nur in eine andere Tiefe und eine andere Qualität des partnerschaftlichen Erlebnisses führen und die erotisch-sexuelle Reaktion verstärken, nie aber niederschlagend wirken und höchstens aus den groben Formen plumpen Triebimpulses in die feineren Nuancen eines gepflegten Liebeserlebnisses überleiten können. Wenn ich selbst – anders als Freud und Frater Roger, der Prior von Taizé, die Wandlung des leiblichen Triebs in sittliches und geistiges Geschehen nicht nachzuvollziehen vermag und mir die moralische und geistige Aktivität nie triebabsorptiv geholfen hat, so ist das also nicht weiter verwunderlich. Denn der Weg führt bei Naturen meiner Art nicht aus der Wirrnis heraus, sondern noch tiefer in Zange und Komplikation hinein. Der gegen die Triebhaft gerichtete, die Sublimation anstrebende Kunstgriff war immer nur Schrittmacher neuer Libido, so daß mir die so heiß gepriesene Anabasis in den Frieden idealer Problem- und Gefühlsmacht eindeutig versagt geblieben ist.

Ein volkstümliches Antiaphrodisiacum ist die Sublimation jedenfalls nicht. Auch der durch ein extremes Übergewicht des Verstandes rationalregulativ begünstigte Schizothyme gelangt nicht über die Figur eines »Mönches mit Wackelkontakt« hinaus, erreicht höchstens ein skurriles, in die Abstinenz gedrängtes, aber noch immer Trieb und Spannung verhaftetes Moralprofil. Der umweltskohärenteren Zyklothymie glückt nicht einmal das. Auch die weiblich gestimmte Frau bringt es in dem Tabu sich entziehender Unaufrichtigkeit nicht weiter als bis zu effektiv geschehender oder unausgeführt bleibender Onanie. Damit müssen sich kirchliche und bürgerliche Moralisten, letzthin eines Geistes, abfinden.

Jedenfalls wird aus diesen Eindrücken eindeutig klar, daß es ohne den Erlebnisvorspann aus rationaler Billigung des Partners und emotionalem Motiv keine vollmenschliche, den Orgasmus der Frau garantierende Liebesaktion geben kann. Sexueller Rationalismus und Triebehrlichkeitspropaganda predigen eine Sexualroutine, in der jeder auf das emotionale Vorzeichen angewiesene Partner zu kurz kommen muß. Mit Verschärfung der Aufmerksamkeit wird die Häufigkeit des Orgasmus automatisch seltener. Man vertreibt seine Liebe schließlich als eine Art konfektionierter Dienstleistung, vielleicht mit technischen Änderungen. Dabei aber geht dem Empfinden das Lebenslicht aus. Die Therapie des Orgasmus geht nicht über technischen Kunstgriff, sondern über die Kultur menschlichen Wertes und einer ins Emotionale vorstoßenden Pflege des Kontakts.

Psychische Impotenz und die durch Lücken in der Erlebnissynthese verschuldete Frigidität sind meistens Folge eines die emotionale Ursache verkennenden, allzu einseitigen Appells an Vagina und Penis, – Folge des Irrtums, ein differenziertes Mädchen könne in die Liebe mit derselben problemlosen Unbefangenheit einsteigen wie in die Underground und den Bus. Diesem Irrtum entspringen die enttäuschenden Kontakte, die trotz voller Potenz auf der Werkbank (Traum und Onanie) dann doch ohne Strom bleiben. Das Bedürfnis vieler Frauen, von der nötigenden Empfindung des Mannes wildwasserartig überschwemmt zu werden, spricht auf die Van de Velde-Kollesche Erfahrungslehre nicht an. Es bedarf einer anderen, aus elementarer Tiefe kommenden Reizflut, die schwüle Gewalt zu erzeugen, die den Weg zur Ekstase eröffnet. Es mischen sich dann auch bedingte Reflexe ein, die – verwirrend und helfend – Lust am Widerstand und verworfene Botmäßigkeit mischen.

Es gibt keinen zwingenderen Hinweis auf das Bestehen einer koordinativen Parallele zwischen psychischer und körperlicher Irrationalität als das Phänomen der Ekstase. Die zum Höhepunkt führende Liebe setzt subjektiv ein, Impulse mitreißend, die sich auch objektiv abzeichnen. Die vom Stil des Empfindens fast unabhängige Reaktionskonstanz des Mannes ist für die in ihren Mechanismen labilere, meist nicht so erregungs- und empfindungskonstante Frau ein biologischer Vorteil, indem die ihm von den Dämonen zudiktierte, Seitensprung und körperliche Untreue kultivierende Stetigkeit des Bedürfnisniveaus in die eheliche Intimität eine Betriebssicherheit trägt, wie sie bei einer strikten Abstimmung der Empfindlichkeitsstile fehlen würde. Der zu Umsatz drängende Bedürfnisüberschuß des – gesunden – Mannes täuscht über Schwankungen des Interesses und die daraus folgenden Untiefen hinweg, der Frau den beglückenden Eindruck schenkend, eine Gefühl und Trieb reibungslos auslösende und bedienende Partnerin zu sein. Wie weit sie den günstigen Eindruck einer Bedürftigkeit, die auch andere Hilfen in Anspruch nimmt, zu verdanken hat, erfährt sie wahrscheinlich nicht.

An dieser gerade auch von den modernen, Ehrlichkeit als Wert an sich betrachtenden Fanatikern als heikel und nicht ganz anständig angesehenen Situation kann auch die Wahrhaftigkeitsdoktrin moderner Zweckmoralisten nichts ändern.

Letzthin steht auch die Sich-auf-ihre-vitalen-Bedürfnisse-Besinnende eher zu einer rasanten Verworfenheit mit haut goût als zu moralisierender Unergiebigkeit. Schwäche hat für die triebfahndende Frau nicht viel Anziehungskraft, – es sei denn, sie ist der Typ der verhinderten Mutter, die auf ihr Kind wartet. Gefühl und Sex verkörpern verschiedene Ebenen. Nur in ihrer Verbindung gibt es Ekstase. Immer ist auch Gnade dabei. Eine Therapie, die hier helfen soll, kann nur in der Mobilisation dieser Gnade dienender Einsichten und Gefühlswerte einen Erfolg haben. Orgasmus ist Akkord, – Akkord aus sexueller Stimulation kasuistischen oder generellen Ursprungs, ideellem Begriff, logischer Würdigung des anderen Menschen und Gefühl. Orgasmus nur aus physischem Reiz ist eine bei sexuellen Naturtalenten vorkommende Ausnahme.

Intellektuelle Erschließung und Legalisierung der Homosexualität

Der gleichgeschlechtliche Sexus kennt drei Grundformen: die hormonell-konstitutionelle, die aus verlängerter Pubertät resultierende und die der sekundären Alternativsituation. Endokrinangeborene, auf Entwicklungsverzug und Unreife beruhende und durch Reizflut, raffinierte Gelegenheit und rationale Fragestellung geförderte Form – alle drei sind Varianten der Norm. Auch die lesbische Reaktionsform ist hormonell, verlängerte Pubertät oder sekundärer Differenzierungseffekt.

Vielen Beteiligten bleibt der individuellem Differenzierungsgefälle entspringende Zweitweg unbekannt. Sie würden, hätten es die äußeren Verhältnisse gewollt, homosexuell geworden sein. Sie sind es nicht, weil die auslösende Situation gefehlt hat. Daß es eine solche zweite Möglichkeit gibt, ist oft nur an gewissen in die heterosexuelle Symptomatik eingesprengten Zeichen erkennbar. Im Verlauf des Lebens habe ich an mir nie eine Spur homosexueller Regung bemerkt. Männer waren für mich Gesinnungs- und Gesprächsgenossen, Mitarbeiter, Untergebene, Verhandlungspartner oder Gegner, – nicht mehr – fremd, einrangiert, anerkannt, verworfen. Trotzdem träumte ich in späten Jahren zweimal von koitusähnlichen Beziehungen zu einem Manne. Ähnliches erzählte mir von sich ein gleichfalls homosexueller Libido unverdächtiger Patient. Seit diesem unerwarteten Ausgleiten in homosexuelle Konfabulation, weiß ich mit Sicherheit, daß es nicht richtig sein kann, homophiles Empfinden für eine pathologische Perversität zu halten.

Zu einem strafrechtlich-politischen Problem wird die Sache erst dann, wenn sie in die Jugend unseren geschmacklichen und bevölkerungspolitischen Begriffen zuwiderlaufende Vorstellungen trägt. Peinliche Beiträge zu dieser Richtung hat in den sechziger Jahren der deutsche Film geliefert: Thomas Manns in falschen Tönen sich bewegendes Homo-Monstre »Tod in Venedig«, und Joseph Roths »Kapuzinergruft«, die der Avantgardismus der Kurbel unter dem Namen »Trotta« als ein Gemälde des Fin de siècle und eine die privilegierte Klasse eines abartigen Schmarotzertums zeihende Anklage aufgemacht hat.

Tatsächlich ist der zivilisatorische Leistungsprozeß lesbisch-homosexuellem Geist schon dadurch spezifisch gewogen, daß er die weibliche Initiative und die Persönlichkeit der Frau in eine rational profilierte, der Mannesart genäherte Haltung einweist. Der Schritt zum Mann ist unvermeidlich. Wer diesen Wechsel in eine kämpferische Führungsrolle nicht schafft, scheidet als zivilisationsuntüchtig aus. Der Lebenskampf, erfolgreich und imperative Instanz, entwickelt eine an männliche Mentalität erinnernde Triebautonomie, die zum Lesbischen prädestiniert, der Mann selbst aber in sekundärer, nicht hormonmischungssignifikanter oder auf eine Prolongation der pubertativen Wirrnis zurückgehenden Variante eine kausale Disposition, die in einzelnen Fällen sogar – Kolonialdienst, Truppendienst, Gefangenschaft – direkt zivilisationsbedingt sein kann.

Siegeszug der Neurose

Das Prinzip des erlebnisbedingten Störungsherdes

»Erlebnisbedingter Störungsherd«, – der den Begriff entscheidende Faktor ist das Erlebnis. Zentraler Punkt ist das »unbewältigte Erlebnis«, auf die psychische Ebene beschränkt oder über den Mechanismus der »Konversion« aufs Körperliche übergreifend, dies manchmal in so diskreter Form, daß die psychische Genese auch vom Patienten selbst nicht erkannt wird: Fall einer Polyarthritis, der ein Konstitutionsüberfremdungstrauma zugrunde liegt.

Dieser erlebnisbedingte Störungsherd wird »Neurose« genannt, nicht Psychose, wie es logisch und sprachlich näherläge. Die Ursache solcher Neurosen ist ein dramatisch gewordenes Konglomerat aus Lebensdrang, Geltungstrieb, Abhängigkeit, Schuldgefühl, Defektbewußtsein, Scham, Haß, Wollust, Liebe und Aggression. Es sind Mischung und Mechanismus verschieden, allen Fällen gemeinsam ist das ungewollte Auftreten gewisser Ressentiment, Opposition, Neid und Eifersucht verursachender affektiver Reize, die ihren Ursprung in verdrängter, jetzt aber katalysatorisch erregter Erinnerung haben. Ins Schema der Psychose rechnet man Schizophrenie, endogene Depression und die als Metalues, späte Form der Syphilis, bekannte progressive Paralyse. Desselben infektiösen Ursprungs ist die im Knochenmark der Wirbelsäule spielende Tabes und die im Gehirn spielende Lues. Die Epilepsie und ihre schwer erfaßbaren Äquivalente bilden eine Gruppe für sich.

Der junge, aus der mütterlichen Retorte kommende Mensch ist weder gut noch böse. Er ist in Moral und Erscheinungsbild noch nicht festgelegt, es sei denn, daß konstitutionelles Übergewicht des Trieb-Gefühlsimpulses eine fehlerhafte Ausregulation bedingt und zwingende Abweichungen zu Brutalität oder zu psychopathischer Haltlosigkeit diktiert. Gegen Ende des sechzehnten Jahrhunderts bedrohte die Melancolia das Lebensgefühl der Sensitiven. Heute ist es der das Gemüt in Verbindung mit

Mißtrauen, Aufsässigkeit und Protest verdüsternde, quälende Ärger, der aber nicht nur die Stimmung verdirbt, sondern auch handfeste Neurosen aufsteckt, – die oft schon in den frühen Lebenswochen begonnene diffuse Reaktion auf die als unzuverlässig erlebte oder durch autoritätslose Nachgiebigkeit zu falschen Impulsen ermunternd habende Mutter, ob das Kind nun, unerwartet erwachend, durch ihre Abwesenheit enttäuscht und erschüttert oder die Unermüdlichkeit verkehrten Erfüllens geschrieener Wünsche von der Nichtigkeit ihres Charakters als Instanz zu einem bald habituell gewordenen Terror der Verstocktheit ermutigt worden ist. Fehlgriff Nr. I erzielt neurotisch-diffuses Mißtrauen, Fehlgriff Nr. II hindernisuntüchtig machende, asozialisierende Verwöhnung.

Die rationale Symbiose ist für eine Umdressur aus der Konsumpassivität des Lebensanfangs in die Gebe-Schaffensaktivität der Lebenshöhe kein sehr glücklicher Rahmen. Ihr fehlt der vegetative Friede, fehlt die Raumseligkeit. Sie ist eine ständigakute, den an der zivilisatorischen Integration Beteiligten durch die zwielichtige Chance, die sie bietet, stimulierende Reizlage. Was das junge, zerebral noch nicht ausgereifte Kind – zerebrale Reife: erst neun bis zwölf Monate nach der Geburt – an Milieu und Erlebnisreiz braucht, ist durch Bedarfsverhältnisse umschrieben, die zur differenzierten Terminhaltigkeit der rationalen Symbiose keinen Kontakt haben. Schon das junge Kind ist durch den Unfrieden unseres Lebensraumes bedroht und gefährdet, um so mehr als ein weiteres Heranwachsen in der Lärm-, Dunst- und Sensationsglocke der Stadt ein Manko an schonenden und kultivierenden Umständen bedeutet, das nicht ohne Folgen bleibt.

Die rationale Symbiose fördert einen auf Gewinn und Genuß bedachten Materialismus des Augenblicks, nimmt den gebeblinden Opportunisten trotzdem nicht an. Sie braucht ihn, stellt ihn heraus, läßt ihn aber schließlich im Stich. Der von Kollektiv und bedingtem Reflex Überwältigte ist durch den Argwohn, nie mehr vollen Anschluß ans menschliche Eiland zu finden, auf ewig also zur Isolation verdammt zu sein, in die Flucht vor imaginärer Verfolgung gescheucht. Manchem gaukelt die trockene Trunkenheit noch einige stimmungsgehobene Wege vor.

Die Dissoziation des Raums in die Dialektik zweier, verschiedener Kausalität unterworfener Bedingungsfelder erklärt, daß nicht Einmarsch des Feindes, nicht Detonation, nicht Splitter und Stein, nicht das Rasseln der Raupenketten, nicht das steuerlose Kreisen des Wagens auf Glatteis, nicht der Krach des Zusammenpralls den die Neurose auslösenden Sachverhalt darstellt, sondern ein ungewollter, nicht zu steuernder Reizeinbruch aus altem, verschütteter Erinnerung entstammendem, in Assoziationen spielendem Problem. Auch die Rentenneurose des Ersten Krieges war nur Wiederbelebung eines alten, in Rentenwünschen redenden Störungsherdes: der Fall jener Schüttler, die, Almosen heischend, an der Straße saßen und ein kriegsbedingtes Rentenbegehren demonstrierten. Der zweite, moralisch anders aufgezogene Krieg kannte diese Schüttler nicht. Auch das Neurosesymptom unter Rauschgift ist das Ausklinken alter Unnatürlichkeiten und Aggressionen.

Wir sollen unsere Affekte verstecken, beherrscht sein, das Lebensgefühl nicht ehrlich zu Worte kommen lassen. Die Helden Homers hingegen durften weinen und jubeln. Es schadete ihnen nicht, wenn sie es taten, war ohne Nachteil für Ruhm und Hoheit. Die durch Zeit und Raum gehende Gleichmacherei drängt uns, Dünung unseres Wesens und Sturm und Seegang unseres Temperamentes, Schwankungen in Lebensgefühl und Affekt zu unterdrücken, sie will eine glatte See. Während Kummer und Trauer vertiefen, verbessern, schicksaltüchtiger machen, reifer, besonnener, hoffender, die in Haß pervertierte Liebe zu Kurzschlußreaktionen von kurzer Angriffsform führt, nistet sich der zu einer allgemeinen Geißel und geläufiger Zutat des Lebenskampfes gewordene Ärger als ein gereizter, gifterfüllter, die geltungsneurotische Disposition verschärfender Eifer ein.

Die von der Zivilisation favorisierte Schizothymie hat nicht die Elastizität und den Nachschub an Kraft und Elan, mit Zweifel, Rückschlag, Ärger und Geltungsbedürfnis ohne inneren Nachteil fertig zu werden. Kleine, für die Erhaltung des Lebensgefühles nicht ausreichende Erfolge und trommelnder Fehlschlag reiben sie auf. Es fehlt der für das innere Gleichgewicht so nützliche, der Situation entspringende Enthusiasmus, fehlt die Gabe, sich aus laufendem Erlebniszuwachs schnell zu erholen, wie sie die in der Zivilisation unfavorisiert bleibende Zyklothymie hat. Und da es sich in physiosozialer Krise nicht um affektneutrale

Vorgänge, sondern um eine, produktive Illusion beanspruchende, subjektive Problematik handelt, so ist es nicht das gewöhnliche Faktum eines banalen Insuffizienzempfindens, sondern eine in Erlebnistiefe Schicksalsgrad erreichende, durch Geringfügigkeit der Kompensation und ein Übermaß an pseudosouveräner Umtriebigkeit bezeichnete Variante, in der das geltungssüchtige In-die-Szene-Treten verbittert bösartige Formen annimmt. Während die Geltungsneurose im Übergang von Schicksalstufe I zu II pathetische Bilder wie die Kaiser Wilhelms II., Görings und Hitlers zu bieten hatte, bewegt sich ihre heutige Form mehr im Gleise des Opportunismus. Damals war die Theatralik naiven Sich-Aufblasens, die uns Ernüchterte überraschte, Täuschung gewährende Wohltat barmherziger Selbsthilfe. Pose erleichtert sehr die Erträglichkeit einer zum Schicksal werdenden Rolle. Aber im Rationalismus von heute ist der Geltungsneurotisch-Gestörte, gehört er in die Zyklothymie, illusionslos entlarvender Selbstanalyse, gehört er in die Schizothymie, dem Weg zu einem blockierenden Verbohrtsein verschrieben.

Der verärgerte Rationalist ist für die ihn belastende Lage fast immer taub: insofern ist die Prognose für den zivilisatorisch favorisierten Opportunisten grundsätzlich schlecht. Rat und Einsicht prallen ab. Die durch den Kurzschluß zwischen Affekt und Denken bewirkte Blockade ist zäh. Der konsultative Eingriff gelingt – wenn überhaupt – nur über eine den Charakter im Ganzen aufs Korn nehmende Revision der Aspekte.

Durch das Zusammentreffen zwischen Rationalismus und Verpöbelung ist der Ärger zu einer allgemeinen Geißel der Menschheit geworden. Wer einen gewissen Rang in sich spürt, seines menschlichen, geistigen und gesellschaftlichen Niveaus gewiß, ärgert sich nicht. Seine Bezugspunkte liegen in einer anderen Ebene. Unangezweifeltes Herrentum und geistiger Stil kennen keinen Ärger. Herrentum schlägt zu oder lacht. Und auch Geist macht sich nie mit den widrigen Affekten anderer gemein. Erst der mit dem Ende der Standeselite zusammenfallende Ausbruch eines materialistisch orientierten Lebenskampfes ohne Stil hat aus dem Ärger die geschichtliche Größe entstehen lassen, die er nun tatsächlich darstellt. Thema Ärger ist pathognomisches Alibi für den klinisch gewordenen Manager.

Der anderthalb Jahrhundert in die Zwangsjacke verlogenen Anstands gepreßt gewesene Geschlechtstrieb hat sich jetzt über Amoral, Antibabypille und Penicillin auf ein die bürgerliche Prüderie grotesk persiflierendes Unmaß eingependelt, lückenhaft nur in der auf Empfindung und Höhepunkt zurückschlagenden Vernachlässigung des Gefühls als Anfang und Kern einer erst langsam in körperliche Nähe übergehenden Faszination. Störungsherd ist also ein rational und erlebnisregulativ nicht voll auskorrigiertes Ressentiment, ein unbewußter Reizeinbruch aus nur scheinbar zur Ruhe gekommener Erinnerung, ein reaktiver Komplex um einen nervösen Affekt.

Die psychoanalytische Diagnostik erwartet im Erscheinungsbild eines neurosekranken Patienten Besitzgier, Egozentrik, vorurteilsvolles Vorwegnehmen, falschen Aspekt, Argwohn, nervösen Spannungsgehalt, emotionalen Notstand, Neid, Eifersucht, Argwohn, Ehrgeiz, Liebesmangel und Geltungsdrang. Nicht zu suchen braucht sie nach Schäden aus dem Gefühl. Denn emotionales Leiden macht nicht neurotisch, und insbesondere auch Trauer neurotisiert nicht. Lust und Trauer pflügen in die Tiefe, bereiten Saat vor, schaffen Stille und Weisheit. Sie sind für Hektik, Zorn, Aufsässigkeit und Ärger nicht zu sprechen.

Neurose ist schwelender Kern. Sie kann im Bild des Patienten Jahrzehnte hindurch unsichtbar sein, bis sie durch eine nicht als katalysatorisches Moment erkannte Konstellation mobilisiert wird. Vorboten sind:

Schuldgefühl, Angst, Ärger, Haß;
Enttäuschung;
Beleidigung des Selbstgefühls;
Neurotische Verdummung;
Sexuelle Störung;
Überempfindlichkeit und
Überfremdung an den konstitutionellen Gegentypus.

Neurotisierende Zeitumstände

Als eine Sphäre forcierter Existenzbesorgnis und des rationalen Dienstes am Zweck ist die Zivilisation kein Ort der gemütvollen Ruhe, kein Platz für ein sinniges In-die-Tiefe-Gehen. Sie ist

Exerzierplatz des Argwohns, des Egoismus, der Raffinesse, des Fahndens nach verheimlichtem Nebensinn. Des hieraus resultierenden Kampfes gewohnt, hat sich die Zivilisationsgefolgschaft eine kühne Art zu entscheiden, und ein nervöses Gespür für Umweg und Hintergrund zurechtgelegt: die den Manager, seine Lage und seine Chance bestimmenden Umstände.

Der am zivilisatorischen Integrationsmanöver dirigierend Beteiligte, eingefahren in bedingte Reflexe, leistet seinen Einsatz ohne Ideenreserve, ohne Hilfe des Gemütes, einzig und allein aus dem Verstand und einer von diesem isoliert in Gang gesetzten Spannungsenergie, – es ist das ein kühner Weg auf dem Grat, Abgrund rechts und Abgrund links, Zweifel und Wachsamkeit. Ohne inneren Schutz vor Destruktion und Ärger, fortschrittsgläubig und fortschrittsgeschlagen, in den die Epoche bezeichnenden eudämonistischen Rationalismus verstrickt, ist er mit seiner Gier, durch öffentlichen Beifall und praktischen Erfolg bestätigt zu werden, ärmer und schwächer dran als sein weniger komfortabel ausgestatteter Vorgänger aus noch unbeschriebener Generation, – es sei denn, der aus dem emotionalen Reservoir bezogene Vorschuß an Lebensgefühl, Liebe, Vertrauen, transzendentaler Evidenz und hoffender Gewißheit reicht aus, den nach Karte und Kompaß angetretenen Weg durch die nur abstrakt geortete Landschaft zu Ende zu führen.

Neurosen aus Triebkonstellation gibt es seit grauer Vorzeit. Sie wären kein Grund, die Gegenwart für besonders belastet zu halten. Mit rationaler Ernüchterung, Abbau falschen Glaubens, Introversion, Egozentrik, Hetze, Erfolgsbesessenheit und der Überhandnahme materieller Motive treten aber neue in die Kausalität durch Freiheit gehörige Umstände hinzu. Kein in stilverankerten Wertbegriffen Großgewordener kann sich widerstandslos mit dem Szenenwechsel abfinden, der den Staat zu einem Störer des privaten Lebens und des Privatinteresses gemacht hat, einen Sammelpunkt des das offene Feld scheuenden Ehrgeizes und Bedürfnisses nach Pfründe, Freundschaft zu einem Instrument des Egoismus und die Versprechen, die man gibt, zu einer Aufschub suchenden Ausflucht degradiert. Wie soll Mentalität von gestern begreifen, daß ein Wort, das gesprochen, nur noch taktische Halbheit, Zusage eines Termins nur noch unverbindliche Notiz, Zusicherung einer Qualität nur noch vor Schädigung des Rufs, Staatsanwalt und Richter ausweichende Minimalgarantie ist, und daß es heute Kriegs-, Revolutions- und Inflationsgewinner gibt, die aus Ehrenhaftigkeit ihrer Mitmenschen, Legende vom Vaterland, Legende des kommunistischen Manifests oder Legende des gutgläubig hinterlegten Spargroschens ein rasches Geschäft machen? Inzwischen hat das Geld den Charakter einer festen Größe verloren, Sparsamkeit wird mit Inflation honoriert, die terminbezogene Versicherungspolice ist in den Wind geschrieben und selbst die Treuerechte des Beamten sind in Gefahr, präsozialistischem Nivellierungsvorstoß und Insolvenz des physiosozialer Raum gewordenen Staates anheim- und zum Opfer zu fallen. Niemand kann sich auf die Früchte aus Arbeit und Pflicht mehr verlassen. In Kürze gibt es nichts Vorgetanes mehr.

Die rationale Vernuft verwickelt uns in das große Frusta der Halbheit. Sie zermürbt den aus dem Gefühl bezogenen Widerstand gegen die kollektivistische Depersonalisation. Lebenskampf und rationales Tempo treiben in die Routine beschleunigten Handelns. Sich auf Konflikte einzulassen, fehlt die Zeit. Der Friede und Ruhe ausstrahlende, ins Animalisch-Irrationale verstrickte Raum weicht Fahrplan und Termin. Motor und Fernmeldetechnik sind Gehilfen. Nüchternheit, Selbstbewußtsein, artefizielle Sensation, Urlaubsflug, Television, Fußball, Piste und das, was es an Bar und Tanz gibt, haben das Wort. Die Idole durchreflektierten Charakters passen gerade eben noch in gewisse, vom Opportunismus abgewandte esoterische Kreise, die Wissenschaft, Kunst und Glaube als Beruf erleben, passen aber nicht zu der sehr sinnlichen Selbstgefälligkeit jener die pragmatische Eudämonie beherrschenden Lebens- und Schaffensform, die von allem nichts hält, was Effekt und Nutzen behindert und ihr Interesse von der Frage »funktioniert es?« abhängig macht. Auch die Vernunft der Fabrik, den Patriarchen entglitten, wird anonym, sie verschwindet im Nebel sachlicher Ordnung. Gut ist, was Erfolg hat, – Erfolg, was zu kassieren ist. Motiv und Gesinnung treten zurück. Vergöttert wird Leistung, der Mensch wird zu einer Sache, die gemietet, genutzt und vor Schaden bewahrt wird. In dem das Rationale betonenden Beruf wird aus Hingabe Schritt ins Abstrakte, aus dem Schritt ins Abstrakte Introversion, aus Introversion Egozentrik.

Je mehr sich das menschliche Leben vom Vegetativ-Banalen entfernt, je mehr es sozialer als physischer Raum wird, desto größer wird die Gelegenheit zu ungewolltem Reizeinbruch aus verdrängter Erinnerung, desto stärker der Zug zur Neurose. Einfachen, in Eifersucht und beleidigtem Stolz gipfelnden Formen der Frühzeit – Nibelungen: Fall Hagen – sind komplizierte Assoziationen des katalysatorischen Auslösungszufalls gefolgt. Im Elend eines verplanten, nicht einer natürlichen Resonanz in der Familie teilgewordenen Seltenheitskindes entsteht ein bevorzugtes Ansiedlungsgebiet für sexuelle Perversion und neurotisches Geltungsbedürfnis. Die Empfindungslage als emotional unabgesättigtes, verquer entwickeltes Einzelkind zieht, wenn eine differente Disposition da ist, in den Einfluß lesbischer, homosexueller und paidophiler Reizstraße, die entweder latenter Steuerungsfaktor bleiben oder zu einer durch Schäden an der Gefühlsbrücke komplizierten Neurose werden. Die pragmatische Anziehungskraft gewisser neuer, abstraktes Denken verlangender Berufseinsätze lockt viele Beruflich-Schwankende in eine Konstitutionsüberfremdung ans Rationale – Datenverarbeitung ist ein typischer Fall –, die bei besserer Information der Arbeitsämter und der industriellen Personalchefs mühelos zu vermeiden wäre.

Auch der zweite Bildungsweg kennt die Gefahren einer psychologisch widersinnigen Aufstiegshilfe. Ich kenne mehrere solche unglücklichen Menschen, die wie in einem Alptraum hinter dem Pensum der Abend- oder Aufbauschule herlaufen und die Zeitraffsprünge nicht zuwegebringen, die der präsozialistisch verblendete, die Notwendigkeit eines den ganzen Menschen erfassenden Bildungswachstums vergessende Lehrplan vorsieht. Manche bleiben auf der Strecke: vor mittlerer und höherer Reife oder erst im Stadium eines Fachschulstudenten. Von den erfolgreich Passierenden gehören einige in die durch opportunistische Rasanz zu brutaler Funktionärskarriere prädestinierte Sonderklasse, vor deren Aufstieg in echte Führungsrolle uns Himmel und Hölle bewahren möchten.

Eine Berufspolitik, die ohne die Einschaltung eines eignungsdiagnostischen Filters so allgemein auf den ambitionierten Nachholweg lockt, handelt sowohl dem Geförderten wie auch der Allgemeinheit gegenüber' verantwortungslos. Was – unbeabsichtigt – oft geschieht, ist neben wirtschaftlicher Verschwendung die Förderung Ungeeigneter oder sogar Unwürdiger. Was diese Praxis falscher Demokratie an Huldigung organisatorischen Irrtums und egozentrischen Opportunismus dann in das staatsbürgerliche Milieu tragen kann, wird erst in einigen Jahrzehnten, wenn die so in die Höhe Gestiegenen selbst für ihren Nachwuchs verantwortlich sind, in ganzer Größe zutage treten: Aus der lamentierenden Aggression Nicht-Mitgekommener setzt sich ein Kreis Kulturlos-Erfolgreicher ab, der aber am Ende doch nicht stichhaltig ist, da es Menschen sind, denen idealistische Investitur und moralische Unabhängigkeit von Ertrag und Laune des Tages versagt geblieben sind. Die Insuffizienz reagiert mit Neurose, die brutale Ambition mit Führungstrieb niederen Ranges.

Stimmungslage ist autoritätslose Indolenz, in der man vom Schrankenwärter nicht mehr erwartet, als ein pünktliches Schließen und Öffnen der Schranke, vom Exhibitionisten nicht mehr, als daß er im nächtlichen Park die Hose geschlossen läßt. Ein Rechtsstaat, der seine Gesetze nicht gegen Terror und Rauschgift zu schützen weiß, ist, wie wir schon wissen, kein Rechtsstaat mehr.

Hektik und doppelte Moral einer der produktiven Illusion und des Zaubers der Romantik beraubten Welt machen uns wach. Wir horchen und argwöhnen, sind in Alarm. Es ist das noch keine Neurose, und nicht einmal Anschluß an einen erlebnisbedingten Störungsherd, aber doch erste, verstärkte Anfälligkeit. Können wir uns noch einen Lebensraum ohne Druck, ohne Zwiespalt, ohne beirrende Verantwortlichkeit und ohne die von der Menschheit selbst geschaffene Angst vorstellen?

Rationale Entmenschlichung

Das von der rationalen Symbiose über uns verhängte Schema und der von ihr über uns verhängte Opportunismus nehmen uns die Grazie und die Muße eines unbelasteten Menschseins und die Gelegenheit, sich individuell zu entfalten. Der Wohlstand, in dem wir leben, kostet uns erhebliche Konzessionen an das Kollektiv. In der äußeren Errungenschaft genießen, in der inneren Errungenschaft darben wir. Der den Zugang zur Zivilisation vermittelnde Verstand ist kaltes Feuer, – ein Feuer, das, ohne zu wärmen, leuchtet. Der Verstand bringt weder Menschen zum Glühen noch Blumen zum Blühen.

Nie war Existenz so erbarmungslos einer vielfältig zwischen den Zeilen versteckten Tücke ausgeliefert. Weniger als irgendeine andere Epoche bietet die in rationale Anonymität gehüllte Zivilisation Gewähr für das Erkanntsein nach Wille und Wert. Nie waren wir so sehr Spielball belästigender Ressentiments sich kreuzender Urteile, sich behindernder Bezüge. Nie war uns der Weg, die in Unordnung geratene Conduite zu bereinigen, so schwer gemacht. Nie ist die Korrelation zwischen Tüchtigkeit und Erfolg – im Gesichtskreis unserer Eltern noch Stütze für Standpunkt und Steckbrief – so fragwürdig und unsicher gewesen. Erfolg besagt nur, daß der Mensch, um den es sich handelt, in der Taktik des Lebenskampfes und seiner Anpassung an die Institution und die Wünsche der Über-ihn-Befindenden keine Niete gewesen sein kann. Über seinen wirklichen Wert, die Tiefe seiner Gesinnung, die Selbständigkeit seines Denkens, die fachliche Kenntnis, die Unverbrüchlichkeit seines Pflichtbewußtseins geben Erfolg und beruflicher Kurs keine verläßliche Aussage.

In der rationalen Symbiose kennt man sich kaum. In ihr ist es nicht wie im Lebenskreis unserer Jugend, als noch einer vom anderen alles Wesentliche wußte und eine natürliche Transparenz aus Gewohnheit, Neugier und Liebe die Situation beherrschte. Damals gab es im allgemeinen keine Rätsel, wir brauchten um den Schwerpunkt unserer Person nicht besorgt zu sein. Auch der Moltkeschen Formel, mehr sein zu sollen, als es den Anschein hat, hätte es nicht bedurft: die Selbstverständlichkeit des Von-einander-Wissens, ließ den Wunsch, mehr scheinen zu wollen, gar nicht erst aufkommen, während heute das römische »mundus vult decipi ergo decipiatur« (die Welt will betrogen werden, also betrügen wir sie) größere Kreise denn je schlägt.

Der die Epoche verkörpernde Sieg des Verstandes vollzieht sich nicht ohne beirrenden Nebeneffekt. Aus bedingtem Reflex und einer unkritischen Routine bilden sich illegitime Unterstrukturen, Unberechenbarkeiten, die den Spielraum schwer übersehbar machen und einschränken. Der rationale Aspekt ist

segmentiert und verwinkelt, und es dünkt uns Paradoxie sondergleichen, wenn eine so eminent konstruktive, ständig brükkenschlagende intellektuelle Funktion wie der Verstand durch
einen das Denken aufpeitschenden Affekt so fanatisch-aggressiv, scheuklappenerzeugend, freiheitsberaubend gemacht sein
kann. Der Kurzschluß zwischen Verstand und Affekt führt,
durch die Terminnot noch zugespitzt, aus Hitze des Bluts und
Starre des Abstrakten in Konzeptionen brutalsten Modells. Der
programmative Verstand ist Helfershelfer der in der Diktatur
des Termins grassierenden Zeit, in Oppositionskonkurrenz zur
Situations- und Raumaffinität des Gefühls. Treibt ihn emotionale Faszination in den Exzeß, wird er despotisch und starr.

Der die neue Schicksalstufe bestimmende Übergang aus der
raumaffinen Elementar- in die zeitaffine Manipulationsstruktur
ist schizothyme Errungenschaft. Die Zyklothymie ist präzivilisatorisch-raum-, die Schizothymie zivilisatorisch-zeitaffin. Daß
der schizothyme Charakter in dieser Epoche den Vortritt gewinnt, ist selbstverständlich. Trotzdem wäre es falsch, die aus
der schizothymen Regie entwickelte Schicksalstufe für hindernislos durchschaubar zu halten. Sie ist es keineswegs. Der Anteil physischer Schicksalsgewalt bleibt groß genug, unserem
Lebensraum Probleme zu belassen. Die Welt ist weder klarer
noch menschlicher geworden.

Erworbene Dummheit

Es gibt eine angeborene und eine erworbene Dummheit. Die
angeborene ist eine feste, uns von der Natur gegebene Größe.
Die erworbene ist neurotisch, Folge und Teil eines erlebnisbedingten Störungsherdes, heute häufiger denn je. Jeder hat
eine bestimmte Mitgift an intellektueller Möglichkeit. Ausgangslage, Schule und Bereitschaft, sich einem die Sinne ordnenden Regime des Suchens und Denkens zu unterwerfen, bestimmen Ertrag und abschließende Größe des zu erwartenden
Potentials. Ereignis und Lebensform entfalten Blick und Bewußtsein, sie führen entweder in die positive Hysterisation
eines gesunden Enthusiasmus handelnder Schau oder in einen
Zwang egozentrischer Enge. Das eine ist inadäquate Übertrei

bung, das andere beirrende Einengung des Bewußtseins.

Wegfall alter Bindungen und Segmentierung des Aspektes begünstigen Charaktere, die rationaler Routine geneigt und einem den Blick beschränkenden Begriffsinteresse ausgeliefert sind. Die Schizothymie und der in dieser Richtung erziehbare Misch- und Grenztyp verlieren sich in eine opportunistisch-egozentrische Identifikation mit der Segmentlage. Die innere Programmatik tritt überscharf zutage. Das Ergebnis ist unerwartete Prägnanz. Gleichzeitig aber geht ein Teil der Chance auf einen produktiven Kontakt verloren. Der Mensch wird unbeweglich, vorurteils-eng, ärgerlich-streitbar.

Beim Kind an der Brust beginnt die Mißweisung. Auf das Kind zukommende Härte und Starre weckt angstvolle Unsicherheit, autoritätslose Nachsicht, weckt unphysiologischen Anspruch auf Spielraum und Duldung. Beim Halbwüchsigen wechselt die sich ergehende Mißweisung unter subversivem Einfluß in unterschwelligen Eigensinn über. Es laufen sich jetzt, durch Argwohn geschürt und Allerweltsbegriffe konfektioniert, introvertierende Formen der Fixation ein, die das schon eingeengte Bewußtsein gewissen empirisch imposanten, als überschießende Reaktion oder hysteriformes In-Deckung-Gehen auftretenden Entgleisungseffekten unterwerfen. Der die Realisierbarkeit seiner Gedanken für selbstverständlich haltende, der Wesensbesonderheit anderer nicht gewärtige Egozentriker, zu einer von neurotischem Ressentiment diktierten Antwort bereit, bevor er die Frage zu Ende gehört hat, ist in seine Maximen so fest und anpassungslos eingefahren, daß er sich, der egozentrischen Arroganz nicht bewußt, durch das schmeichelhafte Zusammentreffen eines seiner Standpunkte mit irgendwelchen Modebegriffen noch bestärkt fühlt. Dieser gefährliche, auf den Trug des mechanisch Gelernten aufbauende Typ paßt gut in die Sphäre des Funktionärs, dem es vorrangig um Karriere und Zweck geht, gut zu rationaler Schmalspur ohne ein echtes Mitwachsen des Charakters und der Motivlage, gut zu einem in sozialkämpferischem Affekt steckenden Charakter mit deklamatorischer Parole, – für das Führungsgenre auch nur in Mittellage ein Fall der heikelsten Prognose.

Wo der Verstand mit irrationalen Impulsen verschmilzt, wird er gigantomanischer Sprengstoff, wuchernd in Anspruch auf

Macht, wütend in Haß und Eifer. Ohne Anschluß ans Irrationale versäumt er die Chance divinen Erahnens. Tritt dann noch Stimulation aus neurotischem Reizzustand oder ein Defizit an humanitärem Gefühl hinzu, ist die Voraussetzung für ein destruktives Interregnum erfüllt. Die Sinne trübender Kurzschluß zwischen Grelle des Affekts und Grelle des Verstands zeugt ein ins Leere und Subversive führendes Töricht-Besessensein. Die Legende, so heiß sie auch war, verrennt sich, sie wird abstrakt-generell, sie trübt und schematisiert den Blick. Bei Michael Kohlhaas war das nicht so. Seiner Besinnungslosigkeit hat noch der Übergang aus dem persönlichen Engagement in die kriminelle Abstraktion gefehlt. Ihn trieb noch das angetane, ihn angehende Unrecht. Seine Erregung war ein auf das persönliche Blickfeld beschränkter Verlust an Besonnenheit, eine beinahe liebenswerte Entgleisung aus Temperament. Es war nur das, ganz unkriminell.

Depressionsvariante No. III

Wir finden zwei menschliche Formkreise vor, von Kretschmer als Zyklothymie und Schizothymie, von E. R. Jaensch als Integration und Desintegration, von C. G. Jung als introvertierter und extravertierter Charakter geschieden. Die These ist schwerpunktorientiert. Es gibt Zwischenformen, Mischfälle.

Die Zyklothymie zeichnet sich durch Führungsübergewicht der irrationalen Faktoren aus (Sinnesfunktion, unbewußtes Fahnden, Intuition, Gefühl, Transzendenz), enge Übergänge zwischen Körper und Psyche (Konversion nach Freud) und Zuwendung zum anderen. Die Schizothymie ist durch das Übergewicht des Verstandes als federführender Funktion, segmentale Vertiefung in die Probleme, gewisse Starre des Programmiertseins und des Programmierens selbst und ein zur Egozentrik tendierendes Nachinnengekehrtsein bezeichnet. Die Zyklothymie ist eine unmittelbar an Eindruck und innere Welt anschließende Balance zwischen emotionalem und rationalem Regulativ. Sie plant nicht gern vor, läßt sich treiben, lebt dem Optimismus, daß alles gut geht, ihr Verstand hat nur sichtende, kontrollierende, koordinierende und konstruktive Funktion, er ist Anhängsel in einem sensitiven Engagement, das die Aktionen einleitet. Die Schizothymie hingegen abstrahiert, prinzipialisiert, nimmt ihre Orientierung vorwiegend aus programmierter Vorstellung, Vorschrift und fremder Erfahrung, neigt zu Spezialisierung und überwertiger Idee, ist hochgradig empfindlich gegen Undiszipliniertheit und interkurrente Einflüsse programmwidriger Art, hat eine gewisse Starre der festen Linie, die je nach Niveau der Intelligenz und Anspruch der Situation auf Beweglichkeit Vorzug ist oder Nachteil.

Die Zyklothymie ist präzivilisatorisch. Sie ist ein Stück Konstitution im Rahmen einer überholten Entwicklungsstufe, jugendlich also, und, wenn es sich um einen Mann handelt, dem weiblichen Habitus näher als der Scharfprofilierte aus dem anderen Formkreis. Dieser Scharfprofilierte ist abstraktions- und zivilisationsaffin. Er kommt bei arbeitsteiliger Technik bestens an, er trägt, ohne einen Nachteil zu spüren, die funktionelle Einrangierung in ein System, das festlegt und Spielraum nimmt. Er ist eine Art Natur-Sozialist, während die Zyklothymie, in betonter Weise freiheitsfüllend und spielraumbedürftig, Platz braucht für ihren Enthusiasmus und ihren Bewegungsdrang, weder Normen ertragen noch, wenn sich der Zweck auf anderen Wegen erreichen läßt, selbst einen Zwang ausüben möchte. Beim Zyklothymen schlagen die physiologisch zu erwartenden Rhythmen in Gestalt natürlicher Dünung durch. Der Schizothyme ist rhythmengeschwächt oder in seinem Rhythmus gestört und an die Künstlichkeit zivilisationsbiologischer Verhältnisse angelehnt.

Den Schizothymen trifft ein seinen Plänen zuwiderlaufender Rückschlag als Ärger. Den Zyklothymen bedroht ein die emotionalen Impulse in wesensfremder Stimulation attackierendes Denken als eine zwischen endogener und exogener Form lokalisierte Variante der Depression. Sie ist weder organisch krankhaft im Sinne der Psychiatrie noch eine neurotisch gefärbte Reaktion auf Überforderung, sondern eine durch die denaturierte Umwelt provozierte Intervention des Verstandes entstandene Störung des inneren Gleichgewichts und des Lebensgefühls: es ist das der Fall jener Medizinerin, die sich, anstatt den Instinkten, ihrem guten Willen, ihrem Vertrauen zur Welt, ihrer sinnlichen Aufgeschlossenheit, ihrem Wirklichkeitssinn und ihren ausgezeichneten Fachkenntnissen Führung und Wort zu überlassen, einer outrierten, aus überspitztem Fachdenken gespeisten Selbstkontrolle ausliefert und hierbei die niederdrückende, das Lebensgefühl vergiftende Erfahrung ständigen Zurückbleibens hinter den Erfordernissen der Situation und einer aktuellen Lebenskampfuntüchtigkeit macht. Der Schizothyme, wie gesagt, kennt diese durch ein mit der Konstitution nicht verträgliches Denken bedingte Depression nicht. Die Depressionsvariante No. III kommt nur in der irrational orientierten, durch Denkeinfall störbaren Zyklothymie vor. Sie ist als Kräftespiel zwischen irrationaler Grundposition und rationaler Gegenreaktion ein endogener Vorgang, trotzdem aber nicht Variante der endogenen, sondern Spielart der exogenen Depression. Sie ist neu und rassenreines Kind der Schicksalstufe II.

Verantwortungsscheu und Indifferenz

Ein großes Vergnügen ist es, Verantwortung zu haben, höchster Grad des Vergnügens, der Regel, Gesetz und Befehl widersprechende, Sittlichkeit gegen Moral aufrufende Fall der Verantwortung. Seit zwanzig, dreißig Jahren ist sie unbeliebt geworden. Man drückt sich vor ihr, und selbst aus eigener Kraft Vorwärts- und Hochgekommene, denen es nach ihrem Lebenserfolg leicht fallen müßte, eine Sache zu vertreten und den Kopf hinzuhalten, verraten eine schäbig-peinliche Scheu »vor den Folgen«.

Es war ein rührender Irrtum, die hektische Anonymität moderner, in die rationale Symbiose gehöriger Stadtluft für eine das Bedürfnis nach Erholung von Druck, Publizität und Hetze erfüllenden Rückzugsgelegenheit zu halten. Auch die rationale Ordnungswelt der Stadt ist nicht frei von gewissen, den Jubel der Anonymität durchkreuzenden Ungereimtheiten, und es ist auch das Ausweichen vor der Transparenz kleinstädtischer und dörflicher Verhältnisse neurotische Scheu.

Angst vor Verantwortung und das Bedenken, eines Tages vielleicht zur Rechenschaft gezogen zu werden, ist ein Maß für die Altersschwäche Europas. Im Krieg war der Mut, zufolge besserer Einsicht in die gegebene Lage befehlswidrig zu handeln, im zivilen Leben der Mut, trotz Aussicht auf Schererei vor dem

Gesetz etwas zweckvoll Richtiges zu tun, ein aus dem Gut der Erinnerung geschöpfter Rest überlebten Herrentums: im großen Stil York bei Tauroggen, Bismarck im verfassungswidrigen Kampf um den Heeresetat. Gehorsam ist nicht immer letztes Verdienst. Erst bei der kritischen Bereitschaft, andere Erfordernisse über die formale Pflicht zu stellen, beginnen Autonomie und Schicksalsrang. Nichts ist in Schema und Recht des Zivilisationskollektivs leichter, als nach den Regeln der Zeit phantasielos-gehorsam zu leben. Was heute politisches Dressat und massenmedialer Einfluß an staatsbürgerlichem Modell herausbringen, ist persönlichkeitsschwache Eskalation des Funktionärs und des Spezialisten. Mit der Diffamierung des auch von der Weimarer Republik noch geduldeten dynastisch-vaterländischen Persönlichkeitsideals und öffentlich prämiierter Absage an Gefühl und Metaphysik ist über uns eine in der Scheu vor Risiko und Verantwortung ihren Tiefstand erreichende Dekompensation des Charakters verhängt.

Wohl war der im Menschen wühlende Gegensatz zwischen der Fruchtbarkeit des Gefühls und dem ad tyrannos gerichteten Denken schon Weimar und der Romantik bekannt und geläufig. Doch war, was die Damaligen dem Beschönigungsdrang des Bürgers entgegenhielten, mehr Kritik an erledigten Situationen als geahnte Vorwegnahme der jetzt erst bedrohlich werdenden, Eigennutz mit Fortschritt verbindenden Konstruktions- und Entwicklungsstufe, die neue Wege eröffnen, neue Lasten auferlegen und neue Grenzen verhängen würde. Es war das kein geschlossener Vorgang, die Entwicklung ergab sich tropfenweise aus einzelnen, an sich unauffälligen Akten.

Das Wesen der Welt ergeht sich in Schein und moralischer Rohheit. Sensitive Ergebenheit ohne Sinn für das Zwielicht des Ganzen, die Halbheit heutigen Wortes, Drohung und Lockung der Zweideutigkeit hat keine Aussicht, sich als Faktor zu behaupten. Jeden, nicht durch eine bevorzugte Ausgangslage in Rolle und Pfründe Hineingeschobenen erwartet ein abenteuerlicher, nur mit Schläue, Anpassung und Überlegenheit zu bewältigender Hürdenlauf. Allein dem zunächst zur Konzession Bereiten reift der fruchtbare Punkt, der es dann schließlich erlaubt, sich seiner Herkunft, seinem Wesen und seiner Schule gemäß zu bewegen. Die vor dem die Finger beschmutzenden

Handgemenge scheinheilig-feige ausweichenden Lebensläufe mißlingen fast immer.

Übertriebene Angst um das eigene Heil und das strahlende Weiß der Weste ist für Charaktere, die gewagt planen, bedenkenlos in die Bresche springen und mit Tod und Teufel ringen sollen, ein Hindernis von Katastrophengehalt. Wer sein Seelenheil zu ernst nimmt, mit sich zu schonend verfährt, nicht das Herz wagt, hat im Würfelspiel des Lebens keine befriedigende Chance. Er bleibt kleiner Handwerker im Weinberg des Herrn ohne Anwartschaft auf einen Charakter, der die dunklen Partien überspielt und seinen dann vielleicht nicht ganz sauberen Sieg reuelos zu genießen und produktiv zu gestalten imstande ist. Der Risikoschwache bleibt klein, er bleibt außerhalb des Rahmens, auf den es hier ankommt. Ein um sich selbst Geängstigter ist nie Konstrukteur, nie große Lösung. Türme und Brücken zu bauen, ist einigen wenigen, aus der bürgerlichen Regel fallenden Charakteren vorbehalten.

Triebverhaltung / Triebübertreibung

Die Sexualität ist dem Tabu entronnen. Sie ist legalisiert, keine Sensation, kein Problem mehr. Die Selbstverständlichkeit, mit der Trieblage, Triebstauung, Triebformen erörtert werden, geht weit. Sie ist manchmal schon direkter Aufruf zu Bilanzklarheit und offenem Mitmachen. Sie wäre, dezent geblieben und ohne die Note der Kuppelei, ein ernstlicher Fortschritt. Tatsächlich aber ist sie – im Bündnis mit politischer Destruktion und einer das Kausalmodell der Natur verändernden Vorrangierung der Triebbedürfnisse vor das Gefühl – nihilistisches Sympathisieren.

Die Phasenverschiebung zwischen Gefühl und Trieb ist häufigste Ursache eines Coitus ohne Ekstase. Wohl gibt es sexuell talentierte Frauen, deren Reizschwelle so niedrig, deren Abhängigkeit von der Gefühlsinvasion des Mannes so gering ist, daß auch der emotionslose Kontakt unangefochten funktioniert. Wohl gibt es Männer mit einem sexuellen Reaktionsüberschuß, deren Erregungsverlauf und Höhepunkt von dem Grade der Gefühlsbeteiligung völlig unabhängig ist. Meist aber bleibt der gefühllose Einbruch in das Tal der Venus für die Frau frustraner Exzeß, und auch vom Mann ist bekannt, daß nach regelrechter Erektion und erfolgreicher Einführung Ejakulation und Ekstase ausbleiben können.

Die Ehe mit Parole Unwiderruflichkeit und Parole Sexualmonopol neu auf die Füße zu stellen, ist, seit sie aufgehört hat, ständisch-verankerte Personal-Sach-Struktur zu sein und nur noch personelle, an Aufrichtigkeit gebundene Spannungslage ist, Ziel ohne Chance. Die Entwicklung hat einen Weg genommen, der dem Gefühl und dem Recht auf Selbständigkeit zum Schaden der von der Struktur erhobenen Ansprüche den Vorrang läßt und manchmal gerade auch das Schicksal des Kindes für ein die Brücken abbrechendes Auseinandergehen spricht. Ebenso klar steht jedoch fest, daß die ehefeindliche Entwicklung in Schranken gehalten und der Zusammenhang zwischen Geist der Familie und allgemeinem Verständnis für Friede, Ordnung und Staat als ein gesteigerte Aufmerksamkeit fordernder Notstand wieder erkannt werden muß. Eine zweite zeittypische Form der Triebneurose ist das von Alfred Adler durchmodellierte geltungsgestörte Pendeln zwischen Kleinmut und Anspruch, Unsicherheit und Arroganz.

Die Zivilisation – einem durch Nüchternheit legalisierten Egoismus zugewandt – findet zum Irrationalen kein produktives Verhältnis. Sie verhilft dem Denken, aus dem sie kommt, zu scheinbar unwiderruflicher Omnipotenz. Ohne die geringste Aufmerksamkeit für transzendentale, humanitäre und rechtliche Perspektiven, ohne Sinn für die Entstehung ideeller Konflikte betreibt sie Kalkulation, Taktik, Interessenvertretung. Sie ist eine zwischen der Kultur eines überspannten Selbstgefühls und dem Eifer geängstigter Betriebsamkeit hin- und herrückende Intensivität, weder zu vollem Verzicht auf die von der inneren Ehre gesetzten Maßstäbe noch zu einer lückenlosen Unterwerfung unter die das Land überschwemmende, den Staatskapitalismus vorbereitende Dienst- und Managersphäre bereit.

So flach die Zivilisation als Lebensform, reproduzierende Werkstatt und taktisches Feld sein mag, – auch sie bietet noch die Gelegenheit, Umweg und Irrtum zum Opfer zu fallen: Fehlern aus Mangel an Aufmerksamkeit und System oder Versäumnis, Indolenz, Übereifer, steriler Bedenklichkeit oder Lücke im Verständnis für die Motive des Nachbarn, die Grundlagen seines Schicksals und das Wesen der Welt. Nicht die massiven Eingriffe kosmischer Dämonie, nicht die Schläge, die ins Herz treffen, nutzen am meisten ab, nicht die das innere Gefüge ergreifende Erschütterung, der gesinnungsumwälzende Kummer. Es ist die kleine Reibung mit dem Alltag, der Ärger über Unehrlichkeit und Stil der anderen, das technische Pech, die Last mit den Terminen, das unerwartete Abweichen vom Muster, die Schwierigkeit mit dem Parkplatz, der Klatsch hinter unserem Rücken, die Einbuße an allgemeinem Vertrauen zu dem uns an Klugheit so oft übertreffenden Leben, was die Affektlage oft so gespannt und schwer erträglich macht. Auch in rationaler Höchstform hat die praktische Welt noch so viel von Undurchsichtigkeit und Überraschung erfüllte Struktur, daß für Forschung, Fingerspitzengefühl und Einfall einiger Platz bleibt.

Grundsätzlich schon von Goethe gesehen, von ihm als bahnender Niederschlag in Gebrauch genommener Freiheit herausgestellt, von Sombart in die Soziologie des Wirtschaftsstiles übernommen, ist der Mechanismus des Umkippens aus der Situation freier Steuerbarkeit in die Spur eines vorgebahnten Zwanges zu weiterem Handeln Angelpunkt unseres um die Zivilisation sich drehenden Dramas geworden. Treffender als mit diesem absurden Modell einer von uns willensfrei geschaffenen, schließlich aber zur Determinante werdenden Struktur ist die für die rationale Symbiose bezeichnende Narretei zwischen Freiheit des Geistes und blockierender Zweitphase nicht zu beschreiben.

Überempfindlichkeit

Überempfindlichkeit bezieht sich klinisch auf die Sensibilisierung gewisser Körperzellen durch die Wiederholung des Kontaktes mit einem in Antikörpern niedergeschlagenen, für ein Gewebe gerade dieser Reaktionslage spezifisch wirksamen Stoff. Aus einer solchen speziellen Empfindlichkeit auf den Allergen genannten Reizstoff entstehen je nach Akquisitionsweg (Atemluft, Hautkontakt, Nahrungsweg, diagnostische oder therapeutische Einverleibung) Bronchialasthma, Darmasthma, Keuchhusten, Quinke-Ödem, Nesselsucht, Ekzem, Agranulozytose, hämolytische Anämie oder der manchmal lebensbedrohliche anaphylaktische Schock.

Dies Modell eines mit dem erneuten Eindringen des kritischen, Antikörper veranlassenden Stoffes verbundenen Ausnahmezustandes findet in der psychischen Situation, in der ein nicht gewollter, aber auch nicht unterdrückbarer affektiver, aus dem Erinnerungsgut stammender Reizzustand bestimmte der Kausalperspektive unerwartete, überwertig wirkende Reaktionen erzeugt, eine Parallele. Das Problem wird vollends markant durch die wiederkehrende Beobachtung, daß die eine organische Allergie entwickelnden Konstitutionen oft auch psychoallergisch reagieren, womit die Frage entsteht, ob es nicht bisher ungeklärte Zusammenhänge zwischen körperlicher und psychischer Überempfindlichkeit gibt, deren gemeinsamer Faktor die von der klinischen Allergie her bekannte, auch psychischen Streß begleitende Freisetzung von Histamin sein könnte.

Die Zivilisation hat uns in den Ersatzstoffen eine Unzahl physiochemischer Allergene, in der Lebenssituation eine Fülle pseudoallergener Erlebnislagen zugespielt. Allergener Wirkung verdächtige Kosmetika, Bekleidungsstoffe, Konserven, Verpakkungsmittel, prothetische Materialien treffen mit psychischen, ein unbefangenes Leben in vegetativer Form verhindernden Reizverhältnissen zusammen. Großstadt und eine mit der Notwendigkeit, die der Umwelt gewidmete Aufmerksamkeit unnatürlich zu verteilen, belastete schizoide Lebensform, ergeben spannungsbizarre Formen der Einspielung, die dem schizoiden Erscheinungsbild ähnliche Empfindlichkeiten entwickeln.

Ein früher Fall tragischer Zivilisationsuntauglichkeit eines ins Paradies der Gedanken vertieften Genies war der im Pariser Straßenverkehr unter eine Pferdekutsche geratene Pierre Curie. Kein Archimedes könnte sich noch mit einem gedankenbenommenen »Ne pertubaris circulos meos« vor dem Einbruch unerwünschten Zwischenfalles retten. Selbst öffentlich privilegierte Unantastbarkeiten: Ruhestand, Bürgersteig, Verkehrsinsel sind nicht mehr sicher. In unser durch inadäquate Nöte überfordertes Lebensgefühl bricht auf direktem Wege oder über bedingte Reflexe laufend eine von der Ursache abgesetzte Reizoffensive:

1. eine in rauschige Schärfe gerückte, plastischer, tiefer gemachte Welt verschärfter Geräusche, beides so wie bei Föhn;

2. eine hypertrophe Rührseligkeit in Reaktion auf spezielle, die Empfindsamkeit besonders ansprechende Umstände;

3. eine gesteigerte Empfindlichkeit doppelsinniger Andeutung gegenüber, oft im Defekt des Selbstbewußtseins, und

4. eine mit irritierender Assoziation verbundene Erinnerung.

Wer hat nicht bei einer Feier, in einem Konzert, im Theater, im Kino, vor einem Roman oder draußen in der Natur bei einem besonderen Ton, einem Sonnenstrahl, einer Tiepolo-Wolke das dämonische Anrücken eines auf veränderte Stimmung und Reaktion schaltenden nervösen Gefühls gespürt, ohne es als einen Rückfall in kindliche Sphäre, sklerotische Wehleidigkeit oder anlagebedingten Mangel an Trennschärfe erklären zu können? Der idealistisch Erfahrene kennt das ungewollte, in selig-nervöse Erschütterung versetzende Wiederaufleben abgebuchter Zusammenhänge, die Nachwirkung eucharistischen Erlebnisses des eigentlich nicht mehr Gläubigen, das »God save the King« des längst Republikanisch-Gewordenen, die Burschenherrlichkeit längst abgestreifter Romantik, die auch den Weihnachtsfremden mit den großen Tagen des Dezember verbindende magische Erwartung und den als Tag des Freibriefs und der Atempause fortlebenden eigenen Tag, – Name, Geburt. Ob noch so drastisch dahin orientiert, daß freundschaftliche Hilfe von Unkostenrang eine sehr unsichere Größe und die Legende von Kreuz und Erlösung auch symbolisch kaum noch zu retten ist, ob wir, als Menschen, die denken, von den Gegenständen eines natürlichen Unbehagens sicheren Abstand zu haben meinen, – aus mystischer Tiefe und schweigendem Hintergrund spüren wir eine unbewußt weiterlaufende, logisch nicht zu erklärende Abhängigkeit.

Mit allgemeiner Zunahme des technischen Komforts werden auch Wurzel und Form des bedingten Reflexes sublimer und komplizierter. In den Kreis automatischer Funktion treten Mechanismen neuer Genese. Den Beruf im Kopf, sitzen wir am Volant in geteilter Aufmerksamkeit. Wir rollen und rollen, lassen uns durch das Fahren der anderen, die Lücken, die Ampeln leiten, hierbei innerlich zugewandt dem Bild, das gemalt, dem Urteil, das gefällt, der taktischen Aufgabe, die gelöst, der Diagnose, die gestellt, dem Risiko, das beherrscht werden soll. Während es in uns denkt und aufblitzt, erledigt ein diskretes Neben-

Ich die Technik der Orientierung, der Spur, des Gashebels, der Bremse, der Geschwindigkeitsgrenze und des Ausweichens vor kollidierendem Hindernis. Dies Wunder produktiven Gespalten- und effektiven Wieder-Gesammeltseins ist neu. Die Jahrhundertwende hätte eine solche, die apperzeptive Aktivität spaltende und verzwiefachende Doppelaufgabe noch nicht so routiniert zustandegebracht. Die an sich bewußtseins- und verantwortungspflichtige Licht-Lärm-Strapaze ist ans Unbewußte und in den Bereich des bedingten Reflexes abgeschoben.

Die reaktiviertem Erlebnis innewohnenden Überempfindlichkeitsherde können, unbewußt weiterschwelend, eine komplexdiffuse Selbständigkeit erlangen. Anstoß und erstes Eindringen des zur Antikörperbildung führenden Reizstoffes ist längst vorbei, – und vergessen. Die Person ist ein angesehener Bürger geworden, ein Beamter, der etwas zu verantworten hat, ein Richter, ein Kaufmann, ein Arzt. Das Defekterlebnis aber glimmt weiter, es ist zwielichtig wie die Neurose, mit welcher der Säugling den Anfang gemacht und der Größergewordene durch Bettnässen und aufmerksamkeitsheischenden Diebstahl das erste Aufsehen erregt hat. Man merkt es nicht, man weiß es nicht, es ist nicht mehr als eine diskrete Disposition, – bis der Patient in der Beförderung übergangen, zurückgesetzt, nicht eingeladen, nicht zum Bericht aufgefordert, einer hysteriformen, den Wert der Sache übertreibenden Reaktion verfällt, die unbekannte Reizfelder aufreißt und sympathisierende Assoziationen in Gang setzt, mit der neu anliegenden Problematik selbst aber nichts zu tun hat. Der allergische Störungsherd wird durch fremde Reizketten mobilisiert.

Eine solche assoziative Überempfindlichkeit ist das aus der Zeit des freiwilligen Zwangs übernommene Sich-Sträuben gegen Sammelbüchse und Sammelliste, ist der in Kreisen der älteren Generation wühlende Widerstand gegen den Geist der Krankenkassenpraxis, die des Patienten Bereitschaft, sich selbst zu helfen und sich nicht kränker zu fühlen als notwendig, und den Idealismus des Arztes, sich nicht tarifieren, nicht in wirtschaftliche Richtlinien drängen, nicht in der Medikation bevormunden, nicht zu Gefälligkeitstesten, Terminretouchen, unnötigen Nebenleistungen verführen zu lassen, untergräbt.

Infantilismus und Akzeleration

Infans ist ein Kind, das noch nicht spricht, Acceleratio Beschleunigung, beschleunigtes Wachstum, frühere Reife, erhöhtes Endmaß. Die Neugeborenen sind länger als früher, die Erwachsenen, mit Skelettfunden, alter Kleidung und Rüstung verglichen, erst recht, – wie klein ist z. B. Tilly gewesen! Die Ursache wird verschieden beurteilt: mehr tierisches Eiweiß im Essen, veränderte Strahlenlage, vergrößerte genetische Streuung, Zunahme der auf Körper und Psyche einwirkenden Außenreize?

Infantilismus meint entweder Entwicklungsverzug junger oder Reifeverlust gealterter, pathologisch versimpelter Menschen, eine konstitutionelle Unfähigkeit, die Drastik des Lebens schon oder noch zu erkennen, sie nicht zu vereinfachen, zu verniedlichen. Ein klinisch zu Buch schlagender Entwicklungsverzug kulminiert in Größendefekt des Genitale, einem infantilen Uterus, einem infantilen Penis und infantilen Hoden, manchmal durch Sexualhormone korrigierbar. Eine Variante des männlichen Infantilismus ist das sexuelle Sonderinteresse an Kindern, – ein Zwischenton zur Homophilie, in der es neben der grobkonstitutionellen Hormon- und der sensitiven Sekundärvariante auch eine Form aus verlängerter Pubertät gibt. Ein unauffälliger Ausdruck alterswidriger Kindlichkeit ist die in animalischen Idolen, überspitzter Finesse, Luftschloß, schöner Täuschung, wehendem Schleier und schwebendem Takt sich ergebende Empfindsamkeit, – die Welt des Dichters. Intellektuelle Versimpelung, dokumentiert durch ein devitales Babygesicht, bezeichnet den als verödeter Ruhezustand in Nacht und Geschlechtslosigkeit endenden Ausklang.

Das Phänomen »infantil« bezieht seinen Inhalt aus körperlicher Lücke, kindlichem Stimmungsgehalt auch auf der Höhe des Lebens, einem unreifen Verhältnis zu Versuchung, Vorbild, Schicksal und Chance und einem unkritisch-naiven Optimismus, in dem Anlage und Konstellation zusammenwirken. Der konstitutionelle Anteil ist nicht zu bestimmen, doch eine logische Selbstverständlichkeit.

Der Alters-Gesunde will Glück ohne Lärm. Schon der mit Argwohn belastete Drang, geliebt und gelobt zu werden, ist oft ein Ausdruck alterswidriger Kindlichkeit. Auch der Ehrgeiz

Ruhmreicher, das Glück des Gefeierten, selbst das Wohlstandsgehabe im Wirtschaftswunder ist eine Stufe verschleppter Kindlichkeit. Der entwickelte Mensch will Last, will etwas zu tragen
haben, was Wert hat, will Kampf, Problem, Pflicht, Verantwortung, Spielraum. Das Lebensgefühl will gefordert sein, eine pro-
tokollierende Kontrolle indes lehnt es ab. Selbst die »antiautoritäre Erziehung« ist als Versuch, sich der Pflicht eines hart
reglementierenden Einflusses zu entziehen, eine in den Problemkreis des Infantilen gehörige Schwäche.

Akzeleration erfährt die Impulse aus psychischen, hormonel-
len, alimentären und sensoriellen Momenten und dem Spiel
der beteiligten Gene. Sie läßt Lücken in Reife und Form und verbindet den Menschen zu früh schon mit Genußlagen, die als verwöhnender Umstand ein Übungsmanko für den Charakter bedeuten. Der durch großstädtisches Schonklima und Katastro-
phenferne verwöhnten Jugend fehlt es an der sie zu einem erfolgreichen Lebenskampf ertüchtigenden Härte und Unbill.

Als wir Kinder waren, beherrschte uns der Wunsch, älter zu
sein, als wir tatsächlich waren, gemessener, weiter gediehen,
während die Alten von damals eine klare Bereitschaft, ihre Jahre
sich einzugestehen und als ehrbaren Faktor zu zeigen, erkennen
ließen. Die Zeitgenossen von heute beherrscht ein extremes Bedürfnis, jünger und jung zu erscheinen: siehe die Siebzigjährige
mit weißer Männerhose, bunter Bluse, blauem Haar und roten
Nägeln als abstoßendes Modell der Altersverdrängung. Wilhelm von Kügelgen hielt sich mit Fünfzig für einen der Aus-
rangierung nahen Mann und eine Prinzessin von 23 für ein kaum
noch auf Heirat hoffendes Mädchen. Weltanschauung und Medizin haben aus besserem Verhältnis zu Körper, Nahrung und
Beruf ein länger die Jugend festhaltendes neues Bild geschaffen.

Die psychische Akzeleration wird durch eine vorzeitige Beteiligung der Kinder an den elterlichen Problemen unphysiolo-
gisch angetrieben. Dieser vorzeitige Kontakt mit Alltag und
Lebenskampf hat wahrscheinlich noch nicht einmal den Vorteil
einer Rückschlag und Umweg ersparenden Information. Wer
die rationale Symbiose billigt, rechnet mit praktischem Vorteil.
Wer die rationale Symbiose nicht annimmt, sondern für einen
Fehlstart hält, sieht vorzeitige Beteiligung des Kindes an der
Welt des Erwachsenen als einen pädagogischen Kunstfehler an.

Der nervöse Eifer, so früh wie möglich dabei zu sein, schürt entweder verfrühte Zweifel an seiner Tauglichkeit zum Lebenskampf oder Impulse einer mit dem tatsächlichen Effekt kollidierenden Selbstüberschätzung. Und auch das ist dann Neurose.

Vermessene Ambitionen

Legitimierendsten Anlaß, Atomphysik zu betreiben, ist die energetische Vorsorge für den Fall eines endgültigen Versiegens der Kohlenflöze, des tatsächlichen Knappwerdens des Öls und des weiteren Sinkens des Grundwassers, von dem wir wissen, daß sein Spiegel – bei Achensee und Totem Meer dieselbe Erscheinung – in beängstigendem Grade fällt. Daß die Fortschritte in der Atomphysik gleichzeitig einen den konventionellen Krieg vergrämenden Zuwachs an Kampfpotential bedeuten, ist ein Nebeneffekt jener in Studierzimmer und Labor so großartig erscheinenden Gier des Erkennens, die uns schließlich vor der Brutalität des Ertrages erschauern läßt.

Schon kleine Erfahrung mit eigener, zu Zwang sich versteifender Neugier weiß zu berichten, wieviel Raffinesse und Härte in der zugkräftig entfalteten Leidenschaft des Erkennens stecken kann. Der Sog eines in seiner Größe erlebten Problems zieht uns in eine, Impulse verschiedenen Sauberkeitsgrades mobilisierende Trance des Erkenntniswahnes mit Ausnahmezuständen schöpferischer Erregung, die andere Pflichten und Zwecke vergessen lassen. Unter diesem Aspekt ist es eine schildbürgerliche Kuriosität, wenn der mit dem Nobelpreis ausgezeichnete Physiker die Zwielichtigkeit seiner Entdeckung zunächst unbeachtet läßt und erst, wenn es längst zu spät ist, auch die Gefahr durchdenkt, friedensfeindlich mißbraucht zu werden.

Neben so fundamentaler Einmischung in das Gefüge der Schöpfung ist die Sorge um die Sicherheit eines Reaktors und den Verbleib des Atommülls nur kleines Problem. Das Kühlsystem zum Erliegen zu bringen, aber, die chemophysische Reaktion zwischen den Werkstoffen zu stören, den im Reaktor wirkenden Multiplikationsfaktor zu erhöhen, kann ein interessanter Punkt des kalten und heißen Krieges, der Erkundung, des Angriffs, der Verteidigung sein, und auch der Einfluß der von den Reaktoren verbreiteten Hitze auf Fauna und Flora kann interessieren.

Die Fahrt in den Weltraum, zunächst noch friedlich maskiert, hat für den Weltraumpionier neben dem Reiz eines ungewöhnlichen, aus dem Durchschnitt heraushebenden, Ehre und Blick in die Welt verheißenden Abenteuers den politischen Sinn eines weiteren Schrittes im Kampf um die große Hegemonie: die supraelementaren Nachrichten-, Beobachtungs-, Waffen- und Versorgungspunkte. Reisetechnisch wird der die natürlichen Grenzen brechende Vorstoß durch ein hafenseitig gesteuertes Raumschiff gelöst, das mit technisch klar überlegten, die Bodenverhältnisse auf dem fremden Stern vorwegnehmenden Landemitteln und mit fremdes Klima und fremde Strahlenlage nostrifizierenden Schutzanzügen ausgerüstet ist. Physik und Technik haben einen als Ausgangshafen dienenden Apparat entwickelt, der die zum Raumschiff bestimmte Kapsel abschießt, unter Kontrolle hält, ans Ziel bringt und zurückholt.

Die Insassen sollen gegen Abnahme des Sauerstoffpartialdrucks, erdungewohnte Strahlung, unstetige Beschleunigungen, Rückgang der Schwere (bei 800 Kilometer Höhe sind 80 Kilogramm nur noch 800 Gramm), eine das Gleichgewicht störende Reizung des Innenohrs und zentrale Erregung so geschützt und charakterlich so fest und ausgeglichen sein, daß an Bord Gemütsruhe herrscht und die Berührungsempfinden der Haut und Spannung der Muskulatur besorgenden Bahnen ungestört sind. Der bei wachsender Entfernung vom Boden zunehmende Bedarf an roten Blutkörperchen wird durch vorherigen, auf acht bis zehn Tage ausgedehnten Aufenthalt in ortsfester, die Weltraumbedingungen nachahmender Kabine vorbereitet, in der auch erhöhte Feuchtigkeit herrscht, an den Wechsel der Temperatur und an zentripetale und zentrifugale Plötzlichkeiten gewöhnt wird, – gegen die zu erwartende Radioaktivität hilft allerdings nur der effektive Schutz. Die psychische Lage der Weltraumlehrlinge und -kapitäne kleidet man in harmlos-heroische Presseberichte.

Als die magische Medizin auch im Volk nicht mehr zog, war ein Tatsachen sichtender, nur noch logisch begründet handelnder Materialismus der rettende Ausweg. Doch auch hier schlug der Pendel zu weit. Ein übertriebener Einsatz der rationalen

Mittel hat uns mit Test und Finesse Ahnung, Intuition und großen Blick verdorben. Der ärztliche Geist ist dabei in Not geraten. Unsere geistigen Ahnen waren noch simpel genug, neben dem zögernd sich einstellenden theoretischen Gedankengang das Raunen der Natur und die Sprache ihrer Intuition zu hören, doch auch schon rational genug, logisch und empirisch kontrollierte Blicke in Genetik, Bau und Funktion der Organe, Ernährung und Stoffwechsel, physische und psychische Reaktionslage, Vorgänge am Krankenbett und die Chancen moderner Operationstechnik zu tun.

Nach 1900 ging es in Sprüngen vorwärts: mikroskopisches Fahnden in Richtung Gewebe, Blut, Krankheitskeim, chemophysiologisches in Richtung Sputum, Harn, Magensaft, Liquor, Sakralmark, Senkungsgeschwindigkeit der Blutkörperchen, photographischer Einblick ins Körperinnere mit Hilfe der Röntgenstrahlen, anfangs bei schwerer Selbstgefährdung, später unter geplantem Strahlenschutz, heute auch gefäßdiagnostisch mit Hilfe kontrastbildender Stoffe, physikalisches Erfassen des Herztons und der vom Herzmuskel geschriebenen Stromkurve (EKG), der Ströme im Gehirn (EEG), neue Wege der klinischen Chemie wie Wassermann, Takata Ara, Weltmann, Transaminase, Allergie- und Rheumatest, virulogische Resistenzbestimmung, Rhesusfaktor und als Beitrag des physikalischen Labors: Elektrophorese, Ultraschall und Sonographie, ätiologisch produktive Erregerkulturen, nuklearmedizinische Methoden wie der Radio-Jod-Test zur Kontrolle der Schilddrüse bis zu dem noch nicht voll entwickelten Emi-Scanner. Behandlungstechnisch ergibt sich die Injektionsspritze, therapeutisch die Bekämpfung infektiöser Zustände mit Sulfonamiden und Antibiotica, eine verbesserte Therapie des Herzens mit Digitalis, Digitaloiden, gefäßerweiternden und die Nutzung des von der Lunge und Kreislauf vermittelten Sauerstoffes hebenden Präparaten, in der Psychiatrie eine neue, Stickstoff-, Insulin- und Elektroschock ablösende Medikation, in der Chirurgie physiologisch konserviertes Blut und Plasma für die durch Zunahme der Spritzenhepatitis bedenklich gewordene, zur Notfallshilfe eingeschränkte Infusion, verbesserte Lokalanästhesie und neuartig schonende Formen der Narkose, operative Techniken, die Gefäßbahn durch Klappen- und Wandersatz rehabilitierender, am Herzmuskel

Schrittmacher einsetzender Eingriff, eine Chirurgie der Lunge mit Teilresektion, Plombe und Pneumothorax, eine Gynäkologie, die aus örtlich verfügbarem Gewebe Plastiken macht, eine Chirurgie des Auges, die abgelöste Netzhaut durch verpflanztes Material ersetzt, eine Neurochirurgie mit örtlicher Wegnahme raumverdrängend wuchernden, psychiatrische und neurologische Symptome produzierenden Gewebes aus Gehirn und Rückenmark, eine Chirurgie des Hals-, Nasen-, Rachenraumes, die nicht nur Scheidewände begradigt, sondern auch sich in das Funktionsverhältnis zwischen Trommelfell, Gehörknöchelchen und Innenohr einschaltet, eine Chirurgie des Skeletts und Küntschernagel und Mitteln des Defektersatzes, eine Zahnchirurgie, die herausgebrochene Zähne wieder ansiedelt, eine Superchirurgie, die Organe verpflanzt, und eine auch strahlentherapeutisch immer noch optimistische Radiologie. In der Chirurgie des Herzens hat sich der technische Versuch, den künstlichen Impuls bei Eurythmie ruhen und erst bei Unregelmäßigkeit des Herzschlages wieder anlaufen zu lassen, nicht durchsetzen können. Abenteuerlich auch der diagnostische Vorstoß in die Konstellation der Chromosomen mit dem manipulativen Eingriff als Endproblem.

Eigentlich müßte schon die intravenöse Aufnahme aus der Blutbank bezogenen Stoffs, geschähe sie nicht im Zustand dezimierter Wachsamkeit und gesteigerter Bereitschaft, stillzuhalten, mit Ekel behafteten Widerstand wecken. Ein Priester bemaß die kirchlichen Bedenken gegen eine solche mit fremdkörperlichem Material arbeitende Korrektur am Gotteswerk Mensch am Fremdheitsgrad des Gewebes: praktisch-zweckorientiert beurteilte er In- und Transfusion, obwohl doch Blut und Plasma biologisch mehr sind als Knochen, Haut oder Niere, als eine im Peripheren bleibende, das Schöpfungsprofil nicht antastende Lebenshilfe. Wie tief neurochirurgische Eingriffe und die Einpflanzung eines fremden Organs in die Zone erschauernden Zwiespalts vorstoßen, beleuchten die das zerebrale Gewebe chirurgisch angehende Leukotomie und die Spende-Empfangssituation bei Austausch eines Organs. Entweder hat der implantierende Chirurg einen Unfallsbetroffenen, der gerade stirbt, zur Hand oder er muß in einer internistischen Nachbarklinik einen moribunden, verpflanzungsorganisch aber gesunden, lange ge-

nug noch am Leben zu erhaltenden Spender finden, dessen Todesstunde mit der chirurgischen Terminlage des Empfängers in
Einklang zu bringen ist: ein abenteuerlich und makaber anmu-
tendes Dirigieren in Schicksals- und Schöpfungsraum. Autonom, wie die Natur nun einmal ist, auch wenn die Umpflanzung
funktioniert, bleibt noch die spannende Frage, ob der Empfän-
ger das fremde Material ohne Abstoßreaktion verträgt, – und
als skurrile Delikatesse im Denkraum dann noch das juristische
Problem, wie weit Einverständnis des postmortalen Spenders
und des möglicherweise somnolenten oder deliranten Empfängers eine rechtliche Voraussetzung ist.

Andere rationalistisch-hybride Anwandlungen sind das Hin-
halten der Todesstunde, die Euthanasie und die Insemination –
Werkbank des Veterinärs. Der Befehl des alten Hippokrates,
sich nicht zum Herrn über Leben und Tod aufzuwerfen, bestrei-
tet dem Arzt das Recht, dem in der Auflösung Begriffenen das
natürliche Ende und die Möglichkeit, würdig, still und getröstet
zu sterben, achtungslos vorzuenthalten. Wie ärztlich gewährter
Gnadentod nicht allgemeines Gesetz sein kann, ist auch der aus
Ehrgeiz und Eigensinn betriebene Kampf um Aufschub des physiologischen Endes sittlich nicht zu verteidigen, und es hätte
nach dem Konzept seines Werkes auch der den Menschen als
ethisch geschützte, irrationale Größe erkennende Kant einen
Arzt, dem der Sinn für die Gnade gelassenen Todes fehlt und
die klinische Gewohnheit, das verrinnende Leben durch stimu-
lierendes Medikament zu verlängern, der Barbarei bezichtigt.
Auch die experimentelle Lebensverlängerung mit schwerem Defekt gezeichneter Mißgeburten ist ein harter Anspruch an eine
natürlich gebliebene Lebensmoral.

Daß die nicht erst von den Nationalsozialisten erfundene Freigabe lebensbeendigenden Eingriffs kaum mit dem Wesen eines
Rechtsstaats in Einklang zu bringen, ist drastisch erwiesen: die
Euthanasie blieb ein mit Gefühl geladenes, mitleidig gewolltes,
aus Ehre und juristischer Vorsicht dann aber doch verdammtes
Problem. Im Gegensatz zu dem Ernst des Themas Euthanasie
fordert das Problem der künstlichen Übertragung männlichen
Samens in den weiblichen Genitaltrakt nur die leichte Schulter,
jedenfalls so lange es bei der homologen, innerehelichen Form
bleibt, die, wie es heißt, zum ersten Mal John Hunter 1793 bei

Mißbildung des partnerschaftlichen Penis angewandt hat. Bedenken erregt nur die außereheliche Samen verwendende, mit guter Sitte und judizieller Vorsicht kollidierende heterologe Form. Im Zweiten Weltkrieg sollen 20 000 US-Soldaten durch briefliche Fernempfängnis Väter geworden sein. Sind wir tatsächlich so weit, diese Epoche als ein Zentrum rationaler Emanzipation gelten zu lassen, müssen wir Eingriffe in die Genese — Verjüngung, Insemination und künstliche Verschiebung des Verhältnisses der Geschlechtshormone zueinander — zu dulden bereit sein, während die operative Unterbrechung einer Schwangerschaft an eine ethisch und weltanschaulich annehmbare gynäkologische, allgemeinmedizinische oder soziale Indikation gebunden bleibt.

Grundsätzlich sollte der Ängstlich-Konservative den Rahmen des Kühneren anerkennen. Gekonntes ist schon dadurch, daß man es kann, eine Problematik, die es verdient, geprüft zu werden. Ebensowenig wie um 1830 das Feuerroß auf der Schiene sind Raketentechnik und neue Medizin schon dadurch verdammt, daß sie eine ungewohnte Maßstäbe anbietende Perspektive aufrollen. Das wissen wir. Daher halten wir still und bestaunen wir erschauernd-geduldig die in den Weltraum gehenden Super-Kolumbus-Züge. Daher zittern wir freudig-gespannt auch Methoden der Klinik entgegen, vor denen das Ende eines Herzens nicht Ende des ganzen Lebens, die impotentia coeundi noch keine impotentia generandi, die der Bösartigkeit verdächtige Speicherungslücke im radioaktiven Test eines Organgewebes noch nicht letztes Wort über Leben und Tod ist.

Die Universität auf Departmentsystem und höhere Fachschule umzuschalten, ist ein sehr beunruhigender Schritt antiliberaler Depersonifikation. Einerseits ist die in der zornig erregten Jugend verbreitete Empfindlichkeit gegen falschen Gefühlston, Urteil trübende Illusion und Rattenfängerei als gesund und berechtigt gut zu begreifen, im Kern auch nicht anders als was uns in rebellischer Jugend bewegt hat. Nur war es bei uns insofern doch anders, als unsere Aufsässigkeit aus einer in die Tiefe gehenden, unzerbrechlichen Bindung an die Struktur kam, während der Avantgardismus der zweiten Schicksalstufe von der mit Staat, Vaterland, Tradition, Familie, Recht und Ehre verbundenen Illusion nichts mehr weiß, mit tatsächlich ausräumungsfälligem Plüsch und abgestandenem Gefühl auch Rettungswürdiges verwirft und die Mobilisation der Seele versäumt, die sogar von Thomas Manns tiefblickend-geringschätzigem Manierismus als ein Kernproblem dieser Zeit erkannt und gewürdigt worden ist. Ein solches nihilistisch entkeimtes Leben mit gefühlsatrophisch gewordener Ambition ist ein viel vermesseneres und markanteres Vordringen in Grenzüberschreitung bedeutende Breiten als die großmächtigsten Experimente mit Atomkraft, Elektronik, Raumschiff, Nuklearmedizin und Transplantation.

Auch die über die Unsicherheit auf der Straße und die Heiratserpressung über eine zunächst gereizte, dann aber gestoppte Libido vorliegenden Berichte aus den USA bestätigen den am äußeren Menschen beobachteten allgemeinen Konkurs des in die liberaldemokratische Mündigkeit gerückten Charakters. Doch wäre es falsch, sich durch unfruchtbaren Pessimismus lähmen zu lassen.

Denn nicht selten sind Leben und Gesetz des Geschehens klüger als der verzweifelte Mensch und ist der Widerstand der Verhältnisse hilfreicher, als wir ahnen. Oft setzen die Götter Grenzen, die sich wider Erwarten als Wohltat bewähren. Sie geben uns Spielraum, sich zu entfalten, weisen aber unseren Eifer in seine Schranken zurück, wenn sie uns da, wohin wir streben, nicht haben wollen. Wir hoffen auch, daß es so ist.

Selbstmord als Ausweg?

Der Tod von eigener Hand hat als Datum unseres Lebens noch aufgeholt. Die Bedenken verflüchtigen sich, die Gegenwehr aus christlichem Denken verläuft sich, die aus der Vitalität bezogene Gegenwehr verkümmert, die rationale Versuchung, den Weg zu probieren, nimmt zu: eine neue Phase schwindender Treue zum Leben, die der Nationalsozialismus eingeleitet, indem er sie staatsbürgerlich-ideell möglich und für unsere vitale Dramatik diskutierbar gemacht hat, – in der verantwortungsvollen Form kantischen Freiheitsbegriffes, nicht in der Leichtfertigkeit bloßen Verschleuderns. Das allgemeine Abrücken von der Natur hat die Rationalisierung des Selbstmords unterstützt.

Die Jahre 1918, 1933 und 1945 waren suizider Angelpunkt. 1918 war man noch zu sehr verblüfft, als daß die Welle des Harakiri und des Verzweiflungsfalls großes Ausmaß erreichen konnte. Eher experimentierte man, eine Hand auf wehem Herzen hoffnungsvolle Ungewißheit. 1933 war man – vorgewarnt und gewitzigt – im Vitalsoupçon weiter. Doch weigerte man sich immer noch optimistisch-gelassen zu glauben, was nach der Logik der Tradition unmöglich erschien, oder man flirtete – ein wenig frivol – mit dem ewigen Dunkel.

1945 aber waren die in Selbstbestimmungsrecht und Selbstvernichtung agierende Besessenheit und das Bewußtsein für ein nur Resignation noch verdienendes Schicksal ohne Ausweg so groß, daß man es, wenn man aufgab, in tauber Ergebenheit tat. Diese Widerstandslos-in-die-Krise-Geworfenen hatten, ausbrechend oder sich fügend, Szenen und Situationen in sich, die man früher nicht kannte: Vorausschauende der äußeren und Artisten der inneren Emigration, in ihrer politischen Animosität Anrüchig-Gewordene und Ideell-Festgefahrene, dazu ein Heer der Mitläufer, das später, als der Spuk in Weltgericht überging, halbberechtigt und in seltsam forderndem Tone so tat, als ob es nie dafür und immer dagegen gewesen wäre. Die als opportunistische Schwächlinge ins Netz Geratenen schwebten jetzt in der teils eigensinnig gewollten, teils echten Vorstellung, von der Unmenschlichkeit der Übergriffe nichts gewußt und durch ihre bürgerliche Abhängigkeit zu einer schuldlosen Rolle in der Statisterie gezwungen gewesen zu sein.

Daß sich hinter dieser so entschieden behaupteten Unwissenheit doch einiges Ahnen von dem nicht ganz hasenreinen Charakter ihres Paktierens verborgen hat, daß sich die kleinkarierten Opportunisten den Zwang, mit dem sie sich später entschuldigten, durch mancherlei Chance und Vorteil hatten versüßen lassen, blieb wachen Gewissen noch lange ein peinlicher Punkt, der dem Feinsinnigen Lebensgefühl und Stimmung verdarb. Die anderen, von Katastrophe und Zwielicht wirklich Betroffenen, die 1933 für Größe und Ruhm die Fahne erhoben hatten und nun 1945 genauso arglos-erschüttert wie die zum Mitmachen auffordernde Information eine Widerlegung ihres Glaubens erfuhren, waren, was die Furchtbarkeit ihres Irrtums anging, auf eine die Grenze der Elastizität erschöpfende Probe gestellt.

Ein besonderes Merkmal der Krise von 1945 war die Grundsätzlichkeit der Verzweiflung, in die wir gerieten. Die auf unser Privatleben beschränkte Karambolage – Pech im Geschäft, Malheur auf der Autobahn, in der Schule, in der Ehe, mit Gesundheit, Polizei und Bewerbung – trifft nie so tief und so sehr ins Herz wie das Grundsätzlich-ans-Ende-Geratensein, wie die am Vertrauen zu Existenz und Welt allgemeine nagende Verzweiflung. Das persönliche Elend läßt einen Wechsel in Wind und Hilfe durch neue Faktoren offen, es kann wieder gut werden. Die Verzweiflung aber im Schock des Undings und eines Fehlers im Funktionsgefüge der Welt, eines Lochs in Gottes Weisheit und Güte, eines die ewigen Normen beleidigenden Verstoßes gegen die Logik des Gerechtigkeitsgefühls, einer Walpurgisnacht moralischen Unsinns, – diese Form der Verzweiflung ist absolut, kennt kein korrigierendes Gegenmoment, tötet Glaube und Sinn, ist Illusions- und Zielkonkurs, Ende allen Zaubers, Zerwürfnis mit Idee und Natur.

In den Rahmen eines grundsätzlichen Schicksalskonkurses fiel die Verzweiflung vieler Juden, die sich März und April 1933 in bodenloser Leere des Hoffens den Tod gaben. In diesen Rahmen fiel auch die absolute Auswegslosigkeit einzelner, im Umschwung eines Systems aus der Legalität in die politische Kriminalität Gestürzter, – Männer wie der vor dem Tribunal des Pariser Konvents geflüchtete Condorcet, der 1945 vor dem Nürnberger Ankläger in die ewige Deckung gegangene Heidelberger Euthanasiepsychiater Karl Schneider und der dem Prozeß sich entziehende Reichsmarschall Hermann Göring, die gleichfalls den Abgrund zu Hilfe riefen, oder ein Rationalist wie z. B. ein ehemaliger Heerespsychologe, der sich – später noch General und Kommandant ostpreußischer Gefangenenlager – vor der russischen Flut und dem ideellen Dilemma durch Konsultation seiner Mauser gerettet hat.

Ein Phänomen der Epoche ist aber auch die den Siegeszug der Neurose begleitende Zunahme des in persönlichem Engpaß geschehenden Selbstmords, – aus einer aller Hoffnung verlustig gegangenen Lebensbilanz oder neurotisch gestörtem Urteil über die Situation. Klare Bilanz war die Lage des Stauffenbergkreises von 1944, aus dem die Unmittelbar-Gefährdeten wie Freytagh und Schrader lieber den Sprung ins Dunkel als die Qual und die Unehre unwürdiger, Indiskretion erpressender oder erschleichender Verhöre auf sich nehmen wollten. Klare Bilanz im Kleinen, Privaten war der Schlußstrich des seiner irreparablen Schäden an Energie, Konzentration und Gedächtnis gewahr werdenden Alkoholikers, klare Bilanz im Kleinen, Privaten war auch die Endtat der Buchhändlerin, die sich nach sieben Jahren unreifer Ehe mit einem romantisch und humanitär ästhetisierenden, kleinbürgerlichen Sozialisten für eine freie Dolce-vita-Streunerei entschieden hatte, dem Haschisch-LSD-Milieu Londons und Berlins aber dann doch nicht gewachsen war.

Rebellisch sich hochspielende Demonstration war Winter 1974/75 der Bader-Meinhoffsche Hungerstreik, vom Rechtsstaatlich-Verängstigten ernst genommen. Hätte man diese Versuche, politisch zu erpressen, schlicht mit dem Hinweis, daß es eines legal versorgten Untersuchungsgefangenen eigene Sache ist, von der Küche der Haftanstalt Gebrauch zu machen oder nicht, unbeachtet gelassen, wäre politischem und rechtlichem Sachverhalt besser gedient gewesen. Denn Freiheit ist ja als eine vom Recht gewährte und geschützte, nicht aber als eine zu rechtsstörerischem Anspruch mißbrauchbare Wohltat gedacht.

Neben jenen menschlich komplizierten Fällen motivierter Handlungsweise ist der in die Psychiatrie gehörige Depressionssuizid ein Geschehen ohne objektives Problem wie der Selbstmord des endogen-depressiven Patentanwalts, der sich am Ende eines Stimmungstiefs, keiner auf die natürliche Begrenztheit seiner Lebensunlust bezüglichen Information zugänglich, aus dem vierten Stock aufs Pflaster stürzte, in einem sozial problemlosen Rahmen geschah, und wie man auch suizidal bedrohlichen Formen der Schizophrenie gegenüber trotz der modernen Mittel, den Schub zu mildern und abzukürzen, nicht sicher ist.

Die motivierte Variante des Suizids ist durch den Geist der neuen Zeit aus moralischem und vitalem Geächtetsein in das Zwielicht Befugnis erteilender Alternative verlagert, aus christlicher Ächtung in das Belieben libertiner Verfügungsgewalt. Eine noch zu bedenkende dritte Variante verbindet Zielbankerott mit erhöhter Empfindlichkeit für Ehre und Ruf (Figuren Fontanes und Schnitzlers).

Schizophrenem und endogen-depressivem Kurzschluß gegenüber sind wir – soweit wir nicht klinisch verhindern und Wachsaalverhältnisse anwenden – machtlos. Der Versuch einer die Wurzel aufdeckenden und ausschaltenden Intervention ist mindestens problematisch. Anders die exogenen Formen: der grundsätzlich und der persönlich motivierte Zusammenbruch aus Bilanz und Neurose. Hier kann Hygiene, Therapie und organisatorische Unterstützung einsetzen, in sachlich begründetem und neurotisch irrigem Falle. Diesen Exogenen kausal gemeinsam ist der als allgemeines Übel auftretende Bindungsdefekt: aus Tod der Kultur, Leben ohne Ziel, Folter einer neurotisch gespannten Müdigkeit und Konkurs des Charakters sich bildender, Kurzschluß brütender Störungsherd.

Konstitutionsüberfremdung

Der fachlichen Gastfreundschaft des Konstitutionsmediziners Walter Jaensch, eines Bruders des ehedem Marburger Psychologen – 1937/38 in der Berliner Charité –, verdanke ich einen für mich entscheidenden Einblick in die informative Rolle der Konstitution und eine inzwischen unüberwindlich gewordene Animosität gegen Computerdiagnostik und schematische Therapie. Eine Frage z. B. wie die, ob der durch Radio-Jod-Test nachgewiesene euthyreotische, funktionsfreundliche, weiteres Wachstum des Schilddrüsenzellgewebes mit antikosmetischem und blockierungsaktivem Endergebnis in Aussicht stellende Kropf die in solchen Fällen übliche Behandlung mit jodhaltigem, das unerwünschte Wachstum hemmenden Schilddrüsenstoff erlaubt oder die Gefahr künstlicher Ankurbelung zu nervöser Unruhe, Herzjagen, Durchfällen und Schlafstörung zu groß ist, erfordert konstitutionsdiagnostische und umweltkritische Besinnung.

Den Stil unserer rationalistischen Epoche erfüllt die auf Vorrang des Verstandes angelegte sinnliche Faszination und emotionale Hingabe verweigernde Schizothymie. Sie paßt in die ihrem Geist entsprungene arbeitsteilige Vernunft natürlicherweise besser als der durch Apperzeption und Einfluß der Umwelt gesteuerte Gefühlsmensch, der in Weite, Echo und Erlebnis zu Haus ist. Zivilisation und rationale Symbiose sind für die auf rationale Bewältigung eingestellte Schizothymie ein heimat-

lich-natürliches Milieu, in dem Arglosigkeit und Planungs-
schwäche weder Klima noch Gegenliebe finden.

Die zyklothyme Instinkt-, Sinnes-, Gefühls- und Kombina-
tionsintelligenz wird vom rationalsymbiotischen Milieu überfordert und in eine durch das ungünstige Verhältnis zu den Bes-
ser-Favorisierten noch bestärkte Insuffizienz getrieben. Im konstitutionellen Grenzfall mildert die Situation. Die Umformung
in die favorisierte Nuance aber bleibt unvollkommen.

Der Anschluß an das vegetative Urmilieu ist verlorengegangen. Wir sind denaturiert, entwurzelt, verstädtert, aus ufer-
losem Frieden und stiller Gelassenheit in die Unruhe gespannter Fortschrittserwartung versetzt. Opportunistische Moral, alles beelendend und überschwemmend, und egoistische Aktivität
stehen gegen Idee und Romantik, Desillusionismus des Nieder-
reißens, von bürgerlichen Leisetretern maßlos beschönigt und
vom Liberalsozialismus heutiger Koalition nicht richtig erkannt,
vom Bolschewismus aber, dem System entsprechend zurecht-
gebogen. Die entlarvende und egalisierende Anarchie schuf
eine antiillusionäre Neuillusion, – ein dem Mechanismus nach
einer antikörperlichen Reaktion auf artfremdes Eiweiß ähnlicher
Vorgang.

Der konservative Widerstand langweilt durch eine die aus
Caux bekannte Gentlemanvariante kaum überschreitende Wie-
dererörterung alter, schon zu Tode gehetzter Philanthropie:
Glaube, Liebe, Heimat, Vaterland, Familie, Menschlichkeit und
Demut. Dieser Versuch eines konservativen Widerstands war,
insofern nicht ohne einige Chance, als der die bürgerliche Ma-
ladie umschleichende Nihilismus taktisch vorbeigriff, indem er
seine Stimmungsmotive nicht aus der Pariser Signalsphäre Liberté – Fraternité, mit der er ehrliche Aussicht, anzukommen,
gehabt hätte, sondern aus dem die politische Keuschheit der
Naiven mißbrauchenden, der Beschaffenheit des Menschen schematische Gewalt anlegenden Begriff der Egalité geholt hat. Damit saß er zwischen den Stühlen, durch ein allzu offensichtliches
Fehlargument diskreditiert. Schon Platos Edelsozialismus hatte
– dank der kleinen, übersichtlichen Verhältnisse im griechischen
Stadtstaat über Wesen und Gang liberaldemokratischer Staatsordnung besser belehrt als wir – eine kollektiv ideologisch un-
angreifbare Achtung vor den konstitutionellen Unterschieden

der Person, – daher die feine Unterscheidung zwischen einer politisch hinzunehmenden Ungleichheit $\tau\eta$ $\psi\nu\sigma\epsilon\iota$, von Natur aus, und einer moralischen Gleichheit vor Gesetz und staatsbürgerlichem Maßstab. Im Widerspruch zu dieser ebenso genialen wie gerechten These von einer natürlichen Differenz der Eigenschaften in Gleichheit des Rechts und der Gesinnung feiert der marxistische Opportunismus die schematische Unterdrükkung der persönlichen Züge und einen überraschungslosen, mühelos kybernetisierbaren Funktionär. Dem präzivilisatorischen Charakter – in kaum je affektlosem Denken und einer optimistischen Unbefangenheit des Flügelschlages – genial und kindlich, wach für Gelegenheiten, sich einzufädeln, an nichts stärker interessiert als am Geheimnis fremden Motivs, innerlichst ergeben einer in der Romantik des Frühlings und in der Kostbarkeit herbstlichen Abschieds schwelgenden, Wind, Wolken, Sonne und Gnade der Nacht zu einem kosmischen Symposion versammelnden Natur, ist die geniale Künstlichkeit der mit Eudämonie und Leistungsanspruch prahlenden Zivilisation tief-innerlich fremd geblieben, für rationale Initiative, terminkalendarisches Planen und eine Natur und Improvisation verwerfende Selbstkontrolle nicht zu gewinnen.

Egoismus in Maßen ist physiologisch, Egozentrik jedoch nervöses Kleben an einer zu Angst gesteigerten Besorgnis, in Geltungsberechtigung und Anspruch auf Liebe verkannt zu sein. Sie wird durch Situationen geschürt, denen das unsegmentierte Erlebnis vollgültiger Teilnahme und das Vorbild eines seine Rolle erfüllenden patriarchalischen Dienstherrn fehlt, vom Tarif-Abstraktum der Funktionärszeit nicht mehr geboten. In dem Maße, wie sich der sexuelle Krampf im Zerfall der Tabus und der Vorurteile maßlos gelockert, hat sich die geltungsneurotische Situation noch versteift. Wenn sich der Introvertierte geltungsneurotisch aufladet, geht die zunächst nur technische Introversion in eine eigenschaftsähnliche Egozentrik über.

Der in dieser Richtung Stigmatisierte verliert seine soziale Produktivität und die Sicherheit vor Sinn und Situation. Er wird indolent oder aufsässig, neidisch oder interessenlos-müde. An wechselnder Indolenz verblutet die Autorität, die, wirksam zu sein, sehr aufmerksame Ohren und ein drastisches Interesse für Ziel und Aufgabe braucht. Was an Stil einmal da war, verfällt, auch der Korpsgeist verfällt. Eine genüßliche Abhängigkeit von Nutzen und Wohlstand besetzt den Charakter. Es lahmen sogar die Unentwegten, an deren vaterländischer Bindung nie zu zweifeln gewesen war. An ihre Stelle treten Philister, Krämer, Artisten kleiner Selbsthilfe, die nie die Gelegenheit ungenutzt lassen, Urlaub zu schinden, Beihilfe zu beantragen, Einkaufsprozente zu ergattern, die Krankenkasse zu schröpfen und am anderen Menschen zu sparen, trotzdem aber Wege finden, öffentliche Pluspunkte zu erobern. Noblesse wird in dieser Ära einebnender Inflation sehr teuer, zu teuer für einen Durchschnittsverdiener, sie sich leisten zu können. Auch Respekt gebietendes Einkommen ist bei der Gefräßigkeit des Steuerfiskus kein hohes Einkommen mehr, wenn man nicht knausert, organisiert und in unseigneuralem Kleinmut einteilt, einen Stil also einschlägt, wie ihn ein großzügiges Lebensgefühl verabscheut.

Die erfolgreich in Szene gesetzte Triebehrlichkeit bleibt unter der Gürtellinie. Problemmacht Sex und geltungsneurotische Krise sind verschiedenes Stockwerk. Während die sexuelle Verklemmung triebtechnisch beherrschbare Privatsache bleibt, ist der mit unerfülltem Geltungsbedürfnis und kompensatorischer Spannung geladene Charakter geschichtlich mitredendes Störungsmodell. Zwischen seiner Neurose und dem Spannungsniveau des gesellschaftlichen Ganzen besteht ein spezifischer Zusammenhang, was neu ist. In dem unverletzten Extroversionsgefälle früherer Epoche hat der neurotisierende Einfluß selten nur einen Einfluß aufs Ganze erreicht, da der damals federführende, sich schnell aus seinen affektiven Anwandlungen in löschendes Neuerlebnis rettende zykloide Charakter neurotischen Komplikationen aus Neid und Beleidigtsein nicht unterlag.

Das Abrutschen in den Gegentypus geschieht meist unter einem ans Paranoide grenzenden Eigensinn, einer argumentativen Aufsässigkeit mit Erkenntnisblockade und einer aus einer längst vergessenen Erlebnisschicht kommenden Angst-Schuld-Sensation.

Schicksalstufenaffinität der Neurose

Der zivilisatorische Rationalismus bürgerlicher oder sozialistischer Spielart erstrebt Durchsichtigkeit und organisatorische Beherrschung seines Einzugsgebietes. Sein Ziel, Regelwidrigkeit und Geheimnis auszuschalten, ist nicht zu erreichen, da auch die rationale Symbiose nicht ohne Untiefe, Zweideutigkeit, Geheimnis und Kalkulationswidrigkeit ist. Die Versuche, sozialistischen Geist und Brüderlichkeit in praktische Realität umzusetzen — am bekanntesten Jesuitenstaat und Familistère — sind nur kurzlebig gewesen.

Übertreibendes Vertrauen zu einem archaische Unmittelbarkeit, Intuition und fahndende Phantasie beiseitedrängenden Verstand ist für die neue Schicksalstufe bezeichnend. Das Denken bindet so einseitig Aufmerksamkeit und Bewußtsein, daß ein unreflektierter Anschluß an das Erfahrungsobjekt nicht mehr zustande kommt und ein die irrationale Bezugnahme verdammender Positivist auf dem Felde zurückbleibt.

In diesen Abschnitt fiel der die Wende bezeichnende Übergang aus dem sinnlich lebendigen, vollmenschlichen Arbeitserlebnis in das graue Abstraktum arbeitsteiliger Drucklage. Beruf und Arbeit verloren, schrieb auch Franziska Tiburtius, nach der 1754 in Halle promovierten und durch Order Friedrichs des Großen zur Praxis zugelassenen Dorothea Erxleben, die erste approbierte Ärztin in Deutschland, die ihnen vom reformierten Arbeitsethos zugespielte Rolle eines lebensdynamischen Zentrums. Daß sich einmal in halber und beinahe voller Automatisation ein vorarbeiterlicher Führungskreis mit Aufsichtsrolle an Knopf und Hebel entwickeln würde, lag noch im Schoße der Götter.

Als sich Jahrzehnte später der um höheren Lohn, Kürzung des Arbeitstages und Entgelt für die Überstunden kämpfende Geist der Gewerkschaft auch dem gegen die Einordnung des Ingenium in Tarifbegriffe Widerstrebenden mitzuteilen anfing, war es mit Vorrang des Studierten, bürgerlicher Adelsnachfolge und natürlichem Gesinnungsniveau in Dienst und Kameradschaft vorbei. Es faßten nach Verspätung schnüffelnder Vorgesetzter, Stoppuhr und konkurrierende Mißgunst des die Überstunden bezahlt nehmenden Mitarbeiters Fuß. An die Stelle überzeugender Selbstverständlichkeit des Zusammenwirkens rückten Kontrolle und Prüfer. Beide, Arbeitgeber und Arbeitnehmer, fingen an, mit der Anerkennung des persönlichen Moments zu knausern, beide waren geneigt, Dienst- und Lohnvertrag zu einem materiellen Tarifgeschäft zu versachlichen. Gleichzeitig sind in Unzuständigkeitsvorwand gekleidete Flucht vor dem Risiko, verallgemeinerte Gewohnheit, nur noch mit Vorbehalt zu versprechen, zur Mode gewordene Angst vor dem Oberrechnungshof und die Phrase vom Anspruch des Steuerzahlers auf Sparsamkeit der Behörde allgemeines Symptom der abendländischen Demoralisation geworden.

Ein Ereignis, das zur Zeit Kants oder Goethes das Gefühl, Boden unter den Sohlen zu haben, verwirrt und in Frage gestellt hat, war das Beben von Lissabon, die repräsentativste Naturkatastrophe des späten Barock. Wir selbst erlebten, halbwüchsig oder klein, aus theoretisierender Ferne Messina, San Franzisco, Tokio. Die kleinen Stöße aus dem Vogtland, von der Schwäbischen Alb, aus Heidelberg und aus München, die einige Schornsteine kosteten, waren seismographische Merkposten, mehr nicht. Wir hatten im Weinjahr 1911 überdies noch den schon einmal von Halley im siebzehnten Jahrhundert gesichteten und berechneten großen Kometen, der schon fünfzig Jahre später wiedererschienen ist.

Auch psychische und soziale Beben fehlten in unserem Gesichtskreis. Selbst das in zwei Stufen abgelaufene revolutionäre Beben von 1789 blieb der Welt, aus der wir stammen, bezugslos fremd, bezugslos fern. Es war – so halfen wir uns, von der Irregularität des Ereignisses unberührt bleiben zu können – die Vorstellung eines heißblütigen Frankreichs, das, frei und verworfen genug, Dynastie und Recht auf den Kopf zu stellen, aus der Revolte eine die Welt erfassende Revolution gemacht hat. Und auch die vielerorts bis zur Oberfläche durchschlagende Unruhe der dreißiger Jahre und das feurige Jahr 1848 drangen nicht bis zu dem unser Blickfeld beherrschenden Gesichtskreis vor. Die Barrikade kam nicht über den Rang eines beherrschbaren Randproblems hinaus – trotz der demütigenden Geste des Königs.

Naiv und verwegenen Glaubens sind wir selbst reichlich ein halbes Jahrhundert später in einen an die Fundamente rührenden Kampf gezogen, der im Anschluß an Serajewo Weltkrieg

Nr. I geworden ist. Wir waren, als wir angstvoll-erleichtert ins Feld rückten, von Recht und Unbesiegbarkeit unseres Willens und der flammenden Sprache unseres Bekenntnisses zu Pflicht und Vaterland felsenfest überzeugt. Am Vitalplädoyer des Staates bestand kein Zweifel. Daß eine Raison nie eindeutig feststeht, sondern immer auch eine zweite oder sogar dritte Antwort zuläßt, ist uns erst später – viel später – bewußt geworden.

Gemeinschaftseffekt und Summe des guten Willens sind nie so weit auseinandergefallen wie 1918 und 1945. Der Erfolg aber verrät über logischen und sittlichen Wert einer Motivlage sehr wenig. Irrtum kann zum Guten, perfekte Überlegung ins kritische Vakuum führen. Die von einer Tatsache ausgehende Aussage beschränkt sich auf Angepaßtheit und Glück. Motiv und innerer Wert bleiben dunkel, in einem künstlichen Licht, wie es die rationale Symbiose darstellt, erst recht nicht erkennbar. Auch der Glanz der Prominenz sagt nichts. »Er ist bei anderen angekommen«, ist das einzige, was aus der »Prominenz« zu folgern ist. Ob er auch bei den anderen angekommen wäre, wenn sie ihn wirklich hätten erkennen können, ist eine zweite Frage. Man kann studieren, Examina machen, Ehren erlangen, ohne Charakter von Wert und sachliche Größe sein. Oft handelt der Schulmäßig-weniger-Gebildete praktischer und besser begründet als ein Utilitätsakademiker. Und es gibt für Kultur und menschliche Atmosphäre kaum eine größere Gefahr als das künstliche Hinauftreiben eines in seinen Möglichkeiten beschränkten Mittelmaßes auf ein akademisches Scheinniveau und den Umbau der Universität zu einer Pflegestätte der Funktion und eines kleinmütigen Ehrgeizes. Verwässerung des akademischen Geistes ist für die Struktur nicht weniger gefährlich als die Aufnahme maßlos gewordener Vertreter der Arbeitnehmerschaft in die industrielle Führung.

Gefälligkeitsjargon und Geist der Massenmedien bedrohen unser individuelles Verhältnis zum Themenkomplex Welt-Gott-Staat-Menschheit und Würde. Was uns die Gründungsthesen unserer Republik und die vielen schönen Worte über Freiheit und Kultur der Gesinnung versprochen haben, wird uns über den Beschuß mit konfektioniertem Irrtum und manipulativem Vorurteil wieder genommen. Wir haben in kausalem Überblick und aktivem Einfluß auf den Gang der politischen Ereignisse kaum einen Fortschritt gemacht. Ohnmächtig stehen wir Interpretation und Wille der Gerade-Regierenden gegenüber. Ohne eine Spur des Einflusses erleben wir offenen Auges, wie der öffentliche Haushalt in den – möglicherweise politisch erwünschten – Bankerott geführt wird. Gewalt, Täuschung und Aberglaube haben jetzt nur ein anderes Gesicht. Sie sind organisiert, industrialisiert, in eine nüchterne Form gebracht, unterliegen aber mehr denn je Halbbildung, angelesenem Wissen, charakterlich unverarbeiteter Information und Mißweisungen, die groß sind.

Der Zivilisationsfavorit bewegt sich, ist er ein Optimist, in wohlwollendem, ist sein Lebensgefühl gestört, in zersetzendem Mißtrauen. Ob er die von der jeweiligen Situation gelieferten Momente des Argwohns und des Ärgers ohne Nachteil für die Intaktheit seines Empfindens und die Richtigkeit seines Urteils sicher schluckt und verarbeitet, ist eine Frage der Konstitution und des gerade anliegenden Erlebnisgehaltes. Der Zykloide kann es, wenn er ein typischer Fall und gesund ist. Der Schizothyme kann es nicht. Ihm fehlt der Automatismus des Trieb zu Protest und Ärger schnell wieder löschenden Neuerlebnisses, fehlt die regenerative, als Situationsenthusiasmus bezeichnete Erlebnisbereitschaft, die sich ohne entwurzelnde Konsequenz auch aus niederschmetternder Erfahrung von selbst wiederaufrichtet. Bosheit des Pumas und Giftzahn der Schlange ärgern ihn nicht. Er duldet, umgeht, läßt liegen oder vernichtet, regt sich aber nicht auf.

Grundsätzlich leidet unter der Halbheit heutigen Ehrlichseins die mehr auf Anschauung, Zufall und Zug des Herzens gestimmte Frau mehr als ihr in Abstraktion, Planung, produktiver Lüge und Lebenskampf erfahrenerer Partner, Freund oder Gegner. Die regulativlos in Lust, Blut und Intrige treibende Borgia war kriminelle Besonderheit. So sind Frauen im allgemeinen nicht. Wenn auch in sensitivem Schwanken zwischen Preisgabe ihrer Gunst und Zugangsverbot bestens befähigt, eine subtile Aura des Sich-dumm-Stellens und des An-der-Nase-Herumführens zu entwickeln, die Rätsel, Anziehung und Schutz ist, bringen doch nur wenige, sehr hart Gesottene ein den Manövern des Mannes ebenbürtiges, seinen Anspruch auf Löwenanteil durchkreuzendes Spiel des Reizens und Täuschens zustande.

Daß die um emanzipative Aufwertung Kämpfende ihre Besonderheit, die gefühlvolle Passivität, verspielt und in eine nicht selten hektisch wirkende Routine herrischer oder intellektueller Argumentation gerät, die den Männern in peinlicher Weise ähnelt, weiß nun wohl jeder. Sich wiederholende Auseinandersetzung in Fragen der Zuständigkeit gegen den in Widerstand oder erbostem Rückzug befindlichen Geschlechtsgegner, die von kompensativem Ehrgeiz geschürte Angst vor dienstlicher Mißachtung und das objektive Versagen in Geistesgegenwart und Wahl des Wortes versetzen die Gesteigert-Empfindlich-Gemachte in Zustände agitativen, ein verzweifeltes Ringen um affektive Intaktheit und inneres Gleichgewicht darstellenden Alarmes. Das politisch paradoxe »Liebet Euere Feinde« erfährt in der Welt von heute eine Form der Zurückweisung, die seinen seltsamen Sinn auf das dem Siege vom Sieger geschuldete Mitleid, Mitleid mit dem Geworfenen, beschränkt. Sonst ist die aus den Pariser Verheißungen von 1789–1790 übernommene Brüderlichkeit zur Kuriosität eines dem Lebenskampf fernbleibenden Sonderlings und zum zierenden Luxus eines töchterlichen Weltbildes ante deflorationem zusammengeschrumpft.

Alle gegen den Egoismus gerichteten Versuche des Ausmerzens und der Korrektur scheitern an der Unmöglichkeit, die Mechanismen der Selbsterhaltung zu eliminieren. Der Egoismus ist nun eben ein natürliches, unausrottbares und, wo er fehlt, als Defekt sich bezichtigendes Stück der Person, durch inneres und äußeres Regulativ in Schranken zu halten. Auch der Egoismus hat eine die Schicksalstufen spiegelnde Karriere: der Privategoismus präzivilisatorischer Zeit ist einem generelle Eigenschaft der Zeitgenossen gewordenen Introversionsegoismus gewichen. Gleichzeitig und in Zusammenhang damit ist die als introdynamische Gegeninstanz wirkende »innere Ehre« abgängig und zeitfremd geworden. Nervöse Aktivität trifft mit gereizter Verschüchterung, hektischer Anspruch mit maßloser Unterwerfung und Demut zu einem der psychologischen Selbsthilfe entglittenen Status neuroticus zusammen.

Den störenden Einbruch solcher der rationalen Kontrolle entglittenen Ressentiments und Zwischenfälle gab es in den bedeutender Initiative schon Ausnahmechancen gebenden präzivilisatorischen Situationen noch nicht. Die feudalen Verhältnissen eigene Starre der Formen und Bahnen hat ein Dahinbrüten in brutaler Abhängigkeit und das gesättigte Leben in einer geordneten Bürgerlichkeit üblich gemacht, so daß eine vegetative Stetigkeit ohne Sprung und Aufstieg Regel war, – strukturgemäße Regel trotz der sozialen Greuel aus Rechtlosigkeit, Krieg und Beschränkung, von denen wir in alten Berichten lesen. Die sich im Lande herumtreibenden Elemente ausgenommen, stand hinter dem Motiv ein stumpfes, resigniertes oder sogar besonnenes Wissen um die persönliche Ordnungszahl.

Es gibt mit Zivilisation und rationaler Symbiose ursächlich verknüpfte Neurosen: an erster Stelle ist es der unnatürlich ernüchterte Charakter, der das Elan und Stabilität verleihende Mindest an illusionärem Ideal verloren hat. In zweiter Linie drängt sich der erziehungsvernachlässigte Charakter in unser Gesichtsfeld, dem die eine autoritäre Information voraussetzende Umstellung aus der nehmensorientierten Ausgangslage des kleinen Kindes in das produktive Aktivität verlangende Pflichtfeld eines Erwachsenen-Lebens nicht gelungen ist. Drittens ist es der in ein konstitutionswidriges Verhalten gestoßene Charakter. Defekte in produktiver Illusion und Konsummoral ohne Gebensantrieb fließen in eine aggressionsgespannte Disharmonie, die meist unterhalb der Gürtellinie geltungsneurotische Komplikationen erzeugt, die mehr sind, als nur die private Sache des einzelnen. Während die Sexualneurose abflaut und nur im Thema Dispareunie allgemeines Thema bleibt, empfängt die Geltungsneurose einen Zuzug, der den Frieden des Ganzen in Frage stellt.

Es gab schon vor der Zivilisation Neurosen. Hagens Bosheit war eine frühe Banalform. Aus unbegriffener Zurücksetzung enstandener, wurmender Ärger muß den alternden Ritter so niederträchtig, verschlagen, gereizt und böse gemacht haben. Ein halbes Jahrtausend später lieferte Luther einen nervösen Dysregulationsbefund, der eine Gastritis-Duodenitis gewesen sein muß, vor Worms aktuell, Lebenslauf, hinterlassenes Wort und Schriftbild weisen auf diesen Zustand hin. Der ehemalige Augustiner hatte sich über sein Tragbarkeitsmaß des sittlichen Risikos hinausgewagt, daher unbewältigte Besorgnis und Konflikt mit Konversion ins Körperliche. Ende des sechzehnten

Jahrhunderts war es die Melancolia Kaisers Rudolf II., – gleichfalls ein kränkelnder Magen, dazu als allgemeine Aura eine sensitive, erotisch stigmatisierte Scheu vor den Menschen und allen Eingriff fordernden Sachverhalten, mit einer in Richtung der Schizophrenie gelagerten Konstitution im Rücken oder nicht. Hagens Neurose war noch archaisch, aus Urtrieb geschöpft, Luthers Form schon ein Gebilde aus moralischem Risiko und Gewissen, Rudolfs Melancolia wuchernde Lebensschwäche und ein zu den Zeichen der durch Türkengefahr, Schwanken und Zusammenbruch des präkopernikanischen Weltbilds und unchristliche Unruhe im Glaubensfeld verschatteten Zeit gehöriges Kränkeln des Lebensgefühls: pathognomisch das Arzneibuch von 1599, das nützliche Pulver und Tränke zur Reinigung des melancholischen Gemütes empfahl (Gertrude von Schwarzenfeld in ihrer Biographie »Rudolf II., München/Callwey [1961], Seite 56 ff.).

Es nimmt die Neurose meist ihren Anfang in der vorlogisch verschwommenen Aufnahme mütterlicher Führungs- und Liebesfehler der ersten Wochen. Die Mutter eröffnet, ein fallender Engel, eine Tragödie des Liebessturzes und der kindlichen Gegenwirkung, in der das Kind siegt. Unklare Angst, der liebenden Brust nicht ganz sicher zu sein, verbindet sich mit einer raubtierhaften Gerissenheit des Erzwingens, – es entsteht ein – Neurose aus Argwohn und Schuldgefühl präformierendes – Stimmungsdilemma, das den heranwachsenden Menschen auf den Weg des abhängig bleibenden Mutter- oder Vaterkindes oder des in ein Leben eigenen Rechtes flüchtenden Familienfeindes schickt, ins Ausweichen vor Verantwortung und Unbill oder in ein die familiäre Größenordnung verlassendes Ausbrechen in den Weltraum des Unpersönlichen.

Die frühen Formen der Neurose kamen aus dem Dunstkreis der Gewalt, aus Mißgunst, Neid, Mord, Besitz-, Macht- und Geschlechtsgier, – sie waren eine gesinnungsrohe Primitivdemonstration. In die zweite Etappe griff schon ein erster moralischer Kanon ein: der Gewissen genannte, zunächst noch rohe und elementare Zwang, in der Spur des Erkennens so richtig wie möglich handeln zu müssen. Über der dritten Etappe wacht die Angst vor einem den Charakter überziehenden, einengenden Engagement.

Zeitakzent und Termindruck haben mehr in Richtung körperlicher Verschleiß als in Richtung Neurose gewirkt. Die Managerkrankheit ist ein Organ- und Funktionsgefüge überforderndes Mißverhältnis zwischen Streß und Ruhe. Sie ist nicht Neurose, Neurose läuft, wenn sie da ist, neben ihr als eine von ihr unabhängige, erlebnisinterne Erscheinung.

Der Siegeszug der Neurose begann im Dunstkreis der Scham um die sexuelle Delikatesse, die begehrt und Tabu war. Naturaler Bedürftigkeit und kabbalistischer Verderbtheit war eine Reformationsmoral aufgestülpt, die teils direkt aus lutherischer und calvinistischer Quelle kam, teils ein indirekter Effekt reformatorischer Wirkung auf die römisch-katholische Sphäre gewesen ist und im Neunzehnten schließlich ihren ins Sterile abfallenden Höhepunkt fand. Die der Triebehrlichkeit in den Weg tretende Zensur sprang in die Sphäre sozialer Rangpeinlichkeit über. Man schämte sich seiner Herkunft und seiner Familie, die man unterschlug oder beschönigend auftakelte. Inzwischen ist nun auch die Angst vor einem rangpeinlichen Ausgangsmilieu illusorisch geworden: wen schert es noch, ob er uneheliches Kind oder Tagelöhnerssohn ist. Sexuelle Regung und dunkle Punkte in der Familie tangieren nicht mehr.

Jetzt ist es die Angst vor erneuter Konfrontation mit einem als grausam-verwirrend oder schmerzlich gebuchten Erlebnisvorgang, also nicht mehr das Peinlichkeits-, sondern Schock- und Gefahrenmotiv. Der Schwerpunkt der Neurose ist aus moralisch objektiver Bedenklichkeit in die Sphäre subjektiver Sorge um die Erhaltung des Lebensgefühles übergegangen. Ging es zunächst und in zweiter Phase um eine gesunde Beziehung zu sittlicher und ständischer Norm, geht es in dritter Phase um die antineurotische Selbstbehauptung. Disposition zur Neurose hat einen großen Schritt vorwärts gemacht. Boden und Ethik und familiäre Kultur sind verlassen. Egozentrik sperrt ein. Die analytische Fahndung ist aus dem Schamverdacht in den Angstverdacht übergeschwenkt.

Der die Freiheit erfüllende Machtstaat

Unser geschichtlicher Rahmen ist durch das Phänomen des physiosozialen Raumes bestimmt, die Dissoziation des physischen Feldes durch eine den Lebensgrund integrativ überspielende zweite Ebene rationaler Aktivität, anfangs Objekt unseres Willens, später uns eingepflanztes Schicksal.

Es ist nicht mehr Frage unseres Willens, naturnah und naturfern, idealistisch oder materialistisch zu leben. Wir müssen so sein, wie es der Kampf ums Dasein von uns verlangt, sonst gehen wir unter. Das christliche Vaterland der Romantik ist einem sozialen Zweckgefüge egoistisch-egozentrischen Stiles gewichen, vom Geist des Funktionärs als Irrtum und Schande verschrieen, obwohl auch im Avantgardismus noch Funken einer verschämten Sehnsucht glimmen.

Die sich vollendende Zivilisation fällt konstruktivem Zweckverhalten und opportunistischer Bedenkenlosigkeit anheim. Anfangs war ein Schuß Enthusiasmus dabei, – Enthusiasmus, Mut, Intuition, Selbständigkeit. Aus opportunistischem Denken allein wären Forscher, Entdecker, Konstrukteure und Pioniere dieses Ranges unmöglich gewesen. Der Geist des Funktionärs hätte zu dieser Höhe nicht hinaufgefunden. Soviel technische, wirtschaftliche und kommunikatorische Größe zustandezubringen, forderte hohe Grade der Phantasie und des romantischen Impulses, vordringen, entdecken, schürfen, graben, bauen und einen versonnenen Abend feiern zu wollen: die Welt Max Eyths, dessen literarisches Zeugnis wir noch aus unserer Jugend im Herzen tragen.

Noch hatte spektakulärer Mut seinen Sinn. Noch lohnte sich Wagnis. Noch war es bis zum Kleinmut heutiger Froschperspektive im Schatten eines Zuviel des Erreichten ein weiter Weg. Noch war die physische Grundlage unserer Rolle im Leben in einer Respekt gebietenden Übermacht. Noch waren die Schritte der Geschichte klein und natürlich genug, auch dem eigentlich zivilisationsuntüchtigen Mitläufer einige Chancen zu geben. Daß sich hinter der Annehmlichkeit eines steigenden Komforts und des besseren Einblicks in die Vorgänge um Materie und Natur ein weltgeschichtlicher, in die Formsubstanz eingreifender Wechsel der Szene verbarg, blieb unbemerkt, bis sich Nietzsche des Zusammenhangs annahm und Unruhe in die Reihen der Gebildeten trug.

Die Abkehr von der Natur war nicht Haltung, nicht Rousseau, sondern physiosoziale Realität. Die Balance verlagerte sich wirklich. Lärm, Lichtorgie, motorisierte Straße, Dunst, Karzinogene, Allergene, Blei, Arsen, Schwefelsäure, CO/CO_2, Vergreisung der Seen, Vergiftung der Flüsse, Sinken des Grundwasserspiegels, neue Radioaktivität, Klimaveränderung, Termindruck, Besinnlichkeitseinbuße, der Weg zum ökumenischen Erlebnisrhythmus und eine aller Vorstellung von Raum und Weite spottende Reisegeschwindigkeit ergaben neue Gleichgewichte zwischen Natur und Aktivitätsaffekt.

In der Stadt meiner Kindheit herrschte unvorstellbar gewordene Stille: klappernder Holzschuh spielender Kinder, Läuten der Glocken, Hufschlag eines über die Kopfsteine ratternden Gespanns, Trabsen streunender Hunde, die aus dem Gelände kommende Kompanie, abendliches Horn vom Tor der Kaserne, Sonntagskonzert in den Anlagen, Zapfenstreich und Parade zu Kaisers Geburtstag, dreimal im Jahr das Dudeln des Marktes, hie und da ein Trauerzug mit Chopin, Beethoven und »Freut Euch des Lebens« war das Lärmprofil meiner Kindheit.

Einige Atemzüge später das Orchester der Schlacht: sprengender Einschlag, schaukelnder Boden, Brennzünder, Schrapnells, ferne Handgranaten und das Rattern und Bellen zur Fliegerabwehr abgestellter Maschinengewehre und Geschütze vereinigten sich in einem, der Etappe noch böser erscheinenden Tongemälde. Wenige Monate draußen hatten uns an das Getöse dieses nur an müdem Vormittag oder im Nebel ersterbenden Dauerspektakels so sehr gewöhnt, daß uns die Stille auf einer Fahrt in Etappe und Heimat nicht als Befreiung, sondern als eine das Nachbild paradoxen Begehrens zeugende Leere ergriff.

Dies seltsame Phänomen ist in anderer Form auch dem Lärmerlebnis der Stadt geläufig. Bleibt die Alltagsgewohnheit gewordene Sensation im Akustischen aus, umgibt uns dasselbe paradoxe Nachbild eines entbehrten Ausfalls, dem eine echte, der Gewöhnung entzogene Reizlage zugrunde liegt. Denn den Frequenzen entrinnen wir tatsächlich nicht, auch wenn wir sie kaum noch bemerken und praktisch genug sind, sich mit ihnen, ohne Vergleiche zu ziehen, als einer technischen Hypothek unseres sonst so komfortablen Lebens nachsichtig abzufinden.

Städtisches Leben mildert die Jahreszeiten. Die Dunstglocke schafft künstliches Klima. Bogenlicht und Neon verdrängen das Dunkel der Nacht. Technisch hochgezüchtete Heizung erspart uns die häusliche Konfrontation mit der Kälte. Klimaanlage und Kühlschrank wehren Verderb und Sommer. Die elementaren Gefahren sind aus dem Tageserlebnis verstoßen. Sie dringen bis zum Lebensgefühl kaum vor. Blitz geht in die uns umgebende Technik, Flut bleibt vor den Deichen, die Seuche verliert sich im hygienischen Verteidigungsring. Geburt, das Leben bedrohende Krankheit und Tod sind ins Ghetto der Klinik gewandert. Sich der verstummten Finsternis des nächtlichen Parks zu überlassen, fällt dem Verstädterten schwerer als ein Ritt auf den Kilimandscharo. In diese verlogene Schonungsidylle bricht allerdings immer wieder einmal die furchtbare Wirklichkeit ein. Der Mensch wird daran erinnert, daß er nur Mensch ist.

Wie die Nacht steht auch die Einsamkeit unter Verruf. Wenn das kommunikatorische Potential notleidend wird und die Wohltat der das Herz aufrichtenden Natur nicht bis in die starre Trübsal städtischer Verbannung vordringt, fühlt sich der seiner Aufgabe und seiner kosmischen Heimat beraubte, in einen leeren Feierabend versetzte Mensch in einer Weise verlassen und provoziert, wie es ein präzivilisatorisches Zusammenleben im allgemeinen doch wohl nicht gekannt haben kann. Das dann auftretende Gefühl, ohne eigentliche Schuld emotional zu Tode verurteilt zu sein, ist zu einem allgemeinen Leiden der Innerlich-Unprofiliert-Gebliebenen und Familiär-nicht-Einrangierten geworden, wenn sie gleichzeitig vergessen, daß Option für die Stadt auch Option für eine Verlagerung des Schwerpunkts auf sich selbst und Isolation ist. Als Dorado der Flucht überschätzt, ist das Leben zwischen den Mauern für den nach Herzen suchenden Menschen ärmste Verlorenheit in perversem Widerstreit zwischen Kontaktbedürfnis und Deckungsbegehren. Daß die Stadt, in der das menschliche Relais nur technische Institution ist, den Vorteil haben kann, sich eher vor seinen inneren Problemen drücken zu können, ist vielleicht richtig, doch auch kein Argument, das empfiehlt.

Unser in der Verstädterung zum Ausdruck kommendes Zerwürfnis mit der Natur fordert Reaktionen heraus, die den Zusammenhang mit der eigentlichen Ursache verloren haben und in der Eigenschaft eines »bedingten Reflexes« Gepflogenheitskonstellationen darstellen, die wie ein von der schuldrechtlichen Vorgeschichte unabhängig gewordener Wechsel abstrakt geworden sind. Bedingter Reflex und Vorurteil bilden ein schwer entwirrbares Netz der das Verständnis störenden »Mißweisungen«. Während Eitelkeit, Ehrgeiz und Geldgier auf Touren gebracht sind, vegetiert das Gefühl: Straßenschluchten ringsum, Gift und Lärm in der Luft, Brutalität unter den Menschen, Neid, Konkurrenz, Angeberei, Entbehrung, politischer Mißbrauch, Lohnsklaverei und Genußgift ... Es bedarf bedeutender Ideenreserven sich innerlich zu behaupten. Das Phantom der Geborgenheit, das wir brauchen, um keine Angst vor dem Leben zu haben, erfüllt gerade so lange seinen Zweck, wie man sein flaches Geheimnis nicht antastet, ein echter Rettungssprung ist es nicht. Die Festung aus Stein, Asphalt, Beton, gefenstertem Himmel, rationierter Sonne, Enge des Blicks, Lärm, Gasen, Anonymität, demonstrativer Spannung zwischen Luxus und massenproduzierter Schäbigkeit und einer entmutigenden Schwäche des Kommunikationsstils ist für das in Heimweh und Fernweh redende metaphysische Organ vexierende Wüste. Und wer als Zivilisationsfavorit etwas werden will, muß diese Lebensform über sich ergehen lassen.

Der sich ins Grübeln Verlierende scheidet aus. Zivilisation ist Eile und Zweck. Sie ist weder meditativ noch sentimental. Ihr Akzent liegt auf dem Effekt, nicht auf Motiv und Stil. Ihr inneres Gesetz ist Reaktion, kürzester Weg, geringster Aufwand, höchster Nutzeffekt. Sie ist institutionelle Realisation des ökonomischen Prinzips. Gegen gut angepaßte Gesinnungslumpen über die Maßen schonungsvoll, ist sie unangepaßter Gutherzigkeit gegenüber hart und ungerührt. Selbst das Glanzstück rationaler Integration, favorisiert die einseitig auf ihren persönlichen Nutzen bedachten Naturen, denen materieller und funktioneller Erfolg maximales Ziel ist.

Der pathetische Idealismus des neunzehnten Jahrhunderts hat einem Jahrhundert des einseitigen Wohlstandsinteresses das Feld geräumt. Es ist ein System des Zwecks entstanden, das die metaphysisch bewegte Problematik nicht mehr will und zu einer auf die Oberfläche beschränkten Härte ernüchtert, ein mit dem Abbau der physischen Abhängigkeit des Volks und des Staats auch die soziale Gravitation verringernder Prozeß, eine durch den Übergang aus der Herrschaft des Raumes in das Kommando der Zeit gelüftete künstliche Lage, die in erster Linie Sache der Epoche und nur nebenher auch Niederschlag unserer speziellen Verwahrlosung ist. Der uns treibende Zwang, in Daueralarm und zweckhafter Oberflächlichkeit gehetzten Mitmachens pressierende Aufträge zu erfüllen, peitscht in eine hektisch auf Verteidigung des Platzes und der Funktion bedachte Aktivität, während die Tiefenzone mit den unbewältigten Resten alten Erlebnisniederschlages unbeschäftigt bleibt.

Die Bindung an rationale Symbiose und rationalen Effekt legt den Gedanken nahe, auf jederlei irrationale Erlebnishilfe zu verzichten und sich auf das taktische Feld des rationalen Opportunismus zurückzuziehen. Es ist das dann zwar ein Weg im Stil der Zivilisation, doch alles andere als ein Weg, sich das Leben leicht zu machen. Denn, was der Zivilisationsfavorit, hart gefedert wie er ist, an Hieben einzustecken und selber auszuteilen hat, muß er dann ohne die Hilfe eines begütigenden oder spornenden Affektes aus der Kraft egoistischer Nüchternheit allein bestreiten. Nymphen und Heilige sind für ihn nicht mehr da.

Inzwischen hat sich aber die zu arbeitsteiliger Funktion, Wohnungsenge, Miniaturfamilie und einem Leben in Schema und Konfektion verurteilte Tariffigur mit der den Charakter ignorierenden Einrangierung abgefunden. Ihr Leben läuft. Vielleicht berührt es sie kaum, daß der Stil ihrer Arbeit in ein nur noch auf den Austausch materieller Leistungsquanten angelegtes Funktionsverhältnis abgesunken ist, so daß sie den Trug eines gewerkschaftlichen Erfolges in Frage der Arbeitszeit und Länge des Wochenendes nicht mehr erkennt. Ein massenmedial versorgter, eudämonistisch aufgepulverter Alltag begünstigt gewisse, egozentrisch-anarchistischen Terrorimpulsen Vorschub leistende Verwöhnungen, denen die materialistischer Weltanschauung und materiellem Lernquantum geöffnete, sich einem

Konglomerat der Fachschulen nähernde Universität verbrämte, der Destruktion geltende Gefolgschaftsdienste leistet.

Sind es keine Throne, keine Vögte, keine Kommandeure mehr, denen der Abhängige Freiheit und Stolz opfert, so sind es heute dirigierende Institutionen, Manager und zu Angst und Unsicherheit auslösender Instanz gewordene Irrlehren, die uns die Ruhe rauben. In dieser kriegsfeindlichen Gemeinschaftswelt hat sich der nunmehr in seinen ideellen Chancen endgültig entlarvte Territorialkrieg zu einem in bürgerliche Bonhomie gekleideten, doch letzthin nicht weniger grausamen Lebenskampf verlagert, der gleichzeitig eine Art geheimer Potenz im Sinne des Kalten Krieges darstellt. Die allgemeine Bedrohung ist kaum kleiner geworden. Wir leben nach wie vor gefährlich. Nicht mehr so sehr auf dem großen Pulverfaß als auf vielen kleinen Pulverfässern, von denen immer wieder einmal eines losgeht. Es sind zwar trotz Seuchengefährlichkeit des Flugverkehrs die Epidemien aus unserer Szene verschwunden. Innerstaatlicher und grenzpolizeilicher Impfzwang und Quarantäne haben die Gefahr in die Länder des Ursprungs zurückgedrängt. Schwarze Pocken, noch 1866 Geschichte machendes Verlustkonto, die Cholera, die noch 1831 drei Sterne vom militärischen Himmel, den größten Empiriker des Geistes in ihre Scheuern geholt und Ende des Jahrhunderts Deutschlands Tor der Welt, Hamburg, in Panik gestürzt hat, die beiden Formen der Pest, als Orgie des Todes in unzähligen Mariensäulen bekundet, und das als Geißel und Faktor meist unterschätzte, oft mit Pest verwechselte und als Pest ausgegebene Fleckfieber, dem erst im Zweiten Weltkrieg ein wirksamer Halt geboten worden ist, – alle vier Jahrhunderte lang nur mit Isolation, Warnung vor verseuchtem Wasser und Obst, Kampf gegen Ratten und Läuse und einem in Aktivität übersetzten Gottvertrauen bekämpft.

Aber obwohl wir in dieser und anderer Hinsicht besser geschützt und auf Rettung eingestellt sind, gibt es auch heute Tote durch Infektion, Trümmer durch Brand, entwurzelte Bäume durch Sturm und überschwemmte Dörfer durch Flut, gibt es neue Gefahr aus der Sphäre unserer Emanzipation: Organisationsfehler in der Weltwirtschaft, Notlagen am Arbeitsmarkt, Währungsdesaster und das Sterben der Liebe in den Armen des Opportunismus. Zugleich ist der Tod ins Anonyme und Institutionelle gerückt, durch ärztlichen Ehrgeiz manchmal verzerrt und künstlich verzögert, dadurch böser gemacht, als er es eigentlich ist.

Die Waffenhand der Völker hat sich, von einem sonst unbekannten Ingenieur – Gergowiecz – schon 1918 vorausgesehen, ins Unsinnige hinaufgespielt. Gleichzeitig ist der technische Hochstand unseres Friedensdaseins zu einer Filiale künstlichen Todes und tötender Verzweiflung geworden: Massenkarambolage, Smog, Absturz, Explosion, Kollision im Nebel, Kollision auf Schienen, Motorengift, elektrostatische Aufladung, Radioaktivität, Krieg in Form zivilen Terrors, Infarkt aus Managerhetze, Störung der Notfallsreaktion, Feindschaft, Aggression, erlebnisbedingter Störungsherd. Unser Leben sieht – mit dem der Vorfahren verglichen – sehr viel friedlicher aus, ist aber hinter schönem Schein voller Problem, Gefahr und Spannung.

Die rationale Symbiose erspart sich den Anblick des drohenden Hintergrundes. Sie dient dem Bedürfnis, geborgen zu sein, mit Polizei, Licht, beunruhigender Information und Anschluß an die Weltwirtschaft, die, solange militärischer und handelspolitischer Friede gewahrt ist, die Lage am Markt zu einer Frage wirtschaftspolitischen Dirigierens entschärft. Wir können in unseren Städten, die entsprechende wirtschaftspolitische Aktionslage und persönliche Zahlungstüchtigkeit vorausgesetzt, zu jeder Jahreszeit alles beziehen. Fällt eine Stoffgruppe aus, springen andere Ernte, anderes Produkt, andere Förderung, anderer Baumschlag ein. Wohl keine Generation ist in ihrer Versorgung prinzipiell ähnlich gesichert gewesen, abhängig allerdings von der Gefahr eines währungs-, erzeugungs- und handelspolitischen Zwischenfalls und dem zur rationalen Symbiose gehörigen Terror der massenproduktiven Spekulation.

Mag der durch Jugendstil und die Geschmacksbegriffe der Gründerzeit beflügelte Stil der Kommerzienräte kurz vor der Jahrhundertwende so etwas wie Pseudokultur gewesen sein, – die Zeit war jedenfalls doch eine letzte, verzettelte Gelegenheit, materialechte Arbeit des Handwerkers zur Geltung kommen zu lassen. Selbst um 1910 noch gab es gediegene Tischlerarbeit aus Eiche, Esche, Nußbaum und Mahagoni, die dem bürgerlichen Haus Ordnungsrang gaben, in bravem Nonkonformismus ergänzt durch einige problemlose Stiche und Photogravüren: Zinsgroschen, Abendmahl, Heilige Nacht, Gastmahl des Agathon, Seydlitz bei Roßbach. Ziethen, Moltke, Bismarck und der alte Kaiser, dazu noch eigene Familie, Öl oder Pastell, je nach Geld und Standesbewußtsein. Es war das an persönlicher Note und schöpferischem Einsatz nicht viel, aber doch mehr als konfektioniertes Sperrholz mit Furnier und Lack und anderes aus der Hand des Massendesigners.

Der liberale Fanatiker vergißt den im staatlichen Raum auftretenden Mindestbedarf an Autorität. Vorsicht im Gebrauch staatlicher Machtmittel stößt überall und immer wieder auf eine Grenze, an der weiteres Nachgeben unmöglich wird, angezeigt durch das vikarierende Vordringen anderer Instanzen, – eine als die politische Version des Gesetzes von der Erhaltung der Kraft anzusehende Tatsache. Dem liberalen Idealisten ist es daher nicht mehr ins Belieben gestellt, obrigkeitliche Mittel zu wollen oder nicht. Er muß sie wollen, und, je liberaler er im allgemeinen verfährt, desto mehr Obrigkeit braucht er in stiller Reserve. Nicht einmal der Spielraum, nach eigenem Geschmack zu dosieren, ist ihm gegeben. Es liegt ähnlich wie mit der Erziehung. Ohne Autorität geht es nicht. Die Frage ist nur, in welchem Ausmaß und in welcher Form die Autorität bemüht wird.

Die Geschichte züchtigt jeden, der zu weich ist. Auch Schwäche kann Schuld sein. Und es wäre schon fahrlässige Gutgläubigkeit, die ideellen Verheißungen des hellenischen Stadtstaates, die Plato als Muster benutzt hat, auf die mit parlamentarischen Ruderschäden belastete, unübersichtliche, einer höheren Größenordnung angehörige Zivilisationsdemokratie unserer Tage zu übertragen, auf einen parlamentarischen Mechanismus, der, wenn nicht die Volkstribunen wachen, schnell zum Brutplatz einer paraliberalen Dunkelziffer werden kann. Unsere innerpolitische Dynamik ist im Gegensatz zu den übersichtlichen Verhältnissen des alten Hellas, in denen der Majorität offene Grenzen gezogen waren, in so hohem Grade illegalen Aktivitäten, heimlichen Kausalstrukturen, demagogischen Effekten und einem unter der Schminke des Fernsehens laufenden Management ausgeliefert, daß propagandistische Fiktionen zustandekommen, die der Regie eines Dr. Joseph Goebbels Ehre gemacht hätten.

Nur, wer reproduktiv planend, Situationen stiftend oder, eingeschmuggelt durch eine Struktur, an dem Zusammenwirken der Integrationsgesellschaft teilnimmt, hat einen Platz, auf den er rechnen kann. Es ist aber auch das nur der Platz einer Nonstop-Aktivität, welcher der Weltgeist keine Pause bewilligt. Die technisch-organisatorischen Umstände, in die wir eingeordnet sind, lassen uns keine Bewegungsfreiheit. Wir müssen den von sozialer Struktur und Gesetz unseres Lebens verschriebenen Weg akzeptieren. Rationale Symbiose und Zivilisation zwingen in segmentierte Aspekte und begünstigen ein neues spezialistisch eingeengtes Geschlecht der Philister und Funktionäre, wie wir es als eine auf unsicherer Höhe gelangte Effektelite kennen.

Den Tatbestand des Proletariats entscheiden nicht mehr Armut und Abhängigkeit, sondern die für proletarische Mentalität bezeichnende, zwischen trivialer Arroganz und devoter Ohnmacht schwimmende, brütendem Ärger und frustraner Aufsäßigkeit gespannte innere Verfassung, – eine Faust in der Tasche, die nie zu etwas kommt und sich in neurotischer Panik schließlich doch fügt. Der aus dieser Spannung hervorgehende nervöse Kleinmut ist es auch, was das sonst unbegreifliche Verhalten mancher zu Arbeitgebern avancierter Arbeiter und den nervösen Einschlag des Klassenkampfes erklärt.

Erst wer in Goethes Spur den Zusammenbruch eines Lebens als konstruktive Einheit aus Tiefschlag und Gnade erkannt und ermessen hat, begreift die gnadenlos-böse, keine innere Entwicklung gestattende Rolle des zivilisationsgenuinen Ärgers, begreift die das Lebensgefühl tötende, konsumierende Frustration. Auch dieser zivilisationsgenuine Ärger – in der Gefährlichkeit dem ein Äquivalent der Liebe darstellenden Haß überlegen – gehört in den als Zerwürfnis mit der Natur bezeichneten Wechsel der sich von Grund auf verändernden Szene. Dieser Ärger und dieser Haß sind es jedoch nicht allein. Unnatürliche Schonung und extremer Mißbrauch ruinieren einzelne Funktionen und Potenzen in lebensentscheidender Weise. Inaktivität bewirkt Ernährungsstörung des Gewebes, Überlastung beschleunigten Verschleiß, extreme Triebchance fordert an frühen Osten, Tower und Bastille erinnernde kriminelle Impulse heraus. War die verbrecherische Initiative als schlummernde Potenz im Jahrhundert des Moraloptimums vorwiegend in Kreisen der Wegelagerer und einer entgleisten Nobilitas zu finden gewesen, sind es heute die Ableger einer von Anonymität und unsicherem Gelegenheitsgeschäft beherrschten Mitte.

Es bedarf einer langen Folge schicksals-, fortschritts- und erziehungsgeformter Generationen, bis sich ein Stil des Verhaltens zu historisch notierter Form des Reagierens vertieft und gefestigt hat. Das die Rechte des einzelnen neu konzipierende neunzehnte Jahrhundert hat einer großen Zahl aus ihrer Ausgangslage ausgebrochener Existenzen die Chance gegeben, sich den sogenannten besseren Kreisen zu nähern. Meist aber blieb es bei einer Wind und Wetter nicht standhaltenden Dressur. Es sind das dann Fälle im Sinne des Gefangenschaftsverhaltens jener alten Obersten und Majore, die von der Wachmannschaft auf den Boden geworfene Kippen zu sammeln anfingen und sich auch standes- und rangunwürdige Winkelzüge um die Reste im Topf erlaubten. Noblesse oblige. Es war beschämend, während man dem Zivilisationsfavoriten, der seiner Ehre nichts Besonderes schuldet, mildernde Umstände zugebilligt hätte. Sie können – denn sie sind ja nicht Offizier – ihrer Würde einiges zumuten: »Ein plötzlicher Anhauch aus dem Sinnlosen gehört«, wie Ernst Jünger es ausdrückt, »zum neuen Lebensgefühl.« Varieté, Nachtklub, Mädchen, Zigarette, Alkohol machen leere Abendstunden erträglich, fangen aber weder den Ärger noch das Unbehagen eines kritisch und zweifelhaft gewordenen Lebens ab, das mit »dickem Fell«, Totstellreaktion und blinder Abkehr in sinnlosen Eifer nicht zu bessern und zu beschönigen ist.

Kosmonautischer, radiologisch in die Genese eingreifender und chirurgischer Übermut stoßen auf einen Punkt, an dem es nicht weitergeht. Man sieht nicht mehr, als man schon weiß, erreicht nicht mehr, als man schon hat. Anders die Sphäre politischer, pädagogischer, psychologischer, theologischer, juristischer und kaufmännischer Aktion, hier fehlt die natürliche Grenze, fehlt der Punkt, von dem ab man nicht weiterkommt, – hier läuft man Gefahr, in Grade der rationalen Grenzüberschreitung zu fallen, die allgemeiner, unwiderruflicher Ruin des Status Mensch wären. Yankees, Russen und Chinesen haben sich so radikal, die einen aus liberaler Toleranz, die anderen aus autoritärer Willkür, in den Rationalismus der Plan- und das Abenteuer der Triebschicht eingelassen, daß der Anschluß an die irrationalen Positionen präzivilisatorischer Kultur verloren war. Wer diese Tatsache richtig bewertet, wundert sich nicht mehr darüber, wie wenig die neue US-Literatur unsere Art, die Welt zu empfinden, anspricht. Was sie aus Plan- und Triebschicht entwickelt – oft in wahrhaft imponierender Unmittelbarkeit – bleibt ohne das ahnende Mitschwingen anderer Lebensräume, in Macht des Bildes und Ernst des puritanischen Grundtenors ein beklemmend-eintöniger Ausblick auf das, was kommt, wenn die Mächte des eudämonistischen Rationalismus endgültig Seele und Vaterland überschwemmen und dem marxistischen Manager freie Bahn geben.

Eine besondere Scheußlichkeit zwischen den Schicksalstufen ist das Ohnmächtig-Zeuge-sein. Die Macht der Institution hält meist davon ab, sich auf das Abenteuer einer anderen Meinung einzulassen. Wir haben dies Ohnmächtig-Zeuge-sein selbstquälerisch exerziert, als die Verstöße des Regimes eindeutig beschämend wurden und Fehler, Schuld und Ende als apokalyptische Drohung auf uns zukamen, wir aber trotz einflußreicher Gesinnungsgenossen außerstande waren, etwas Entscheidendes zu tun. Die Zwielichtigkeit des physiosozialen Raumes hielt unseren guten Willen zum Narren und persiflierte das Übergreifen unseres vom Phantom der Gerechtigkeit ausgehenden Pflichtbegriffs auf Situationen, die dieser Ehre nicht wert waren. Längst war die bürgerliche Annahme eines verwertbaren Zusammenhanges zwischen Tüchtigkeit und Erfolg Chimäre geworden und des großen Moltkes Grundsatz eines besseren Seins als Scheinens dem üppiger denn je wuchernden Opportunismus und der verrohten Methode, sein Übergewicht zu behaupten, anheimgefallen.

Das Versagen des Sensitiv-Zugespitzen im praktischen Verhandeln entwickelt Carl Burckhardt einfühlsam-graziös an Hugo von Hoffmannsthals Versagen in einem Reisebüro. Die suprarationale Imagination für ferne, fein nuancierte Mannigfaltigkeit war in dem handfesten Zweckgespräch fehl am Platze: er verstand nicht, man verstand ihn nicht: sein Wort, das gestern noch Zauberkraft gehabt habe, sei sinnlos zu Boden gefallen ...
»Überall, wo es mir gegeben war, ihn auf den Spuren der alten Welt zu begleiten, zu den seltsamen, noch unbeschädigten Tei-

len der Welt, wirkt von ihm auf die anderen etwas Vertrautes, oft unwidersprechlich Hoheitsvolles, Weites: kühner, ordnender Überblick. Wie gegenwärtig ist mir ein Portugiese, der mich fragt, ›wer war der Herr, mit dem Sie gestern in der Oper saßen? er sah aus wie ein verbannter König aus unseren Ländern . . .‹, unter den neuen Bedingungen, den administrativen Voraussetzungen aber versagt die Wirkung seines Wesens . . .«

Gleichzeitig erweist sich, daß Königen und Gewerkschaftspolitikern nur an einer ihrem charakterlichen Typus angepaßten Suite gelegen sein kann. Die Könige lassen wir beiseite. Was der Gewerkschaftspolitiker um sich haben muß, sind katastrophenharte, verführungsfeste, durch Neid, Argwohn und Wohlstandsbegehren in solidarer Aggression gehaltene Gefolgschaft. Ein ins Patriarchalische zurückfallendes Verhältnis zwischen Belegschaft und Dienstherrn ist nicht erwünscht. Es schwächt das Kampfmotiv. In egoistischem Mißtrauen gehaltenes Arbeitsvolk liegt besser im Kampf.

Der Nationalsozialismus hat das soziale Dilemma mit ständischen Mitteln zu lösen versucht: die neben Recht und Wirtschaft marschierende Arbeitsfront, – eine politisch aktive Zusammenfassung der Arbeitnehmer als funktioneller Bestandteil des Ganzen. Bei den Sowjets war die Scheu vor dem emotionalen Reservat so groß, daß sie den Grundsatz der funktionellen Hierarchie ohne Meinung und Gefühl nur im militärischen Sektor durchbrochen haben.

Im Liebäugeln eines Teils unserer heutigen, der Achtung vor Tradition und produktiver Illusion verlustig gegangenen Jugend mit einem zu subversiver Kriminalität geneigten Nihilismus fließt das reine Gemüt adventistisch-verschwommener, die Lücken in Hingabe und Glaube mit demonstrativer Gammelei und Rauschgift schließender Liebes- und Zielbedürfnisse mit brutal-kurzschlüssigen Terrorimpulsen zu einem hochgradigexplosiven Gemisch zusammen. Diese gleichzeitig im Imaginären und in brutaler Realistik nach Wegen suchende Jugend schlägt aus der Duldungsgefälligkeit unseres auf seine Schwäche im Autoritären so merkwürdig stolzen Staates einen absurden Nutzen.

Dem durch Tyrannei des Termins und Segmentierung des Aspektes verstümmelten Einzelleben fehlt die den inneren Nenner rettende Ruhe und das die tieferen Gründe einschließende Mit-sich-Alleinsein. Toujours en vendette ... in der Welt herrscht Stellungskrieg ... auch im bürgerlichen Frieden ... Tägliches Sinnen und Trachten geht darum, sich aus irgendeiner Affäre zu ziehen ... Mit voller Bilanzehrlichkeit kommt man nicht mehr durch ... Landschaft weicht Straße, Sonne Dunst, Abendrot bengalischem Feuer, Mond Bogenlampe und Leuchtschrift, Intuition Analyse, Vaterland Rechenschieber ... Ehre ist Irrtum wie bei Schnitzler und Thomas Mann, Opfer, Naivität ... Treue mehr Mangel an Kraft und schaffendem Ungetüm als Produkt der Gesinnung ... Verteidigung der Struktur Version des Beharrungsvermögens ... Es steht ungezügelter Staatsunwilligkeit frei, die Ordnungsmittel zu diffamieren und die Wehrkraft zu zersetzen ... Ein blinder Liberalismus erlaubt es ...

Die Ära Ebert hat die Vergangenheit respektiert und die idealistische Tradition gewähren lassen. Hitler meinte, zu solcher Behutsamkeit keinen Anlaß zu haben. Er überfuhr die Andersdenkenden, auch wenn sie loyal waren, mit unerbittlicher, nicht gerade kluger Arroganz gemeinplätzlichen Besserwissens, fälschte die aus der Tradition geschöpften Begriffe respektlos in eigene Vorstellungen um, nahm sie in Dienst. Auf diesem vertrauenswidrigen Boden war das von Siegerseite veranstaltete Scherbengericht Tiefstand des Rechts und Höhepunkt der Beschämung. Denn die über Ozean, Kanal, Vogesen und Weichsel gekommenen Befreier vergaßen, daß auch unter den Verpönten Männer mit Ehre und Liebe gewesen sein könnten, die in die diskriminierenden Begriffe nicht paßten.

Die aus der Katastrophe bezogene Untergangsstimmung hatte die noch verbliebenen Rudimente amtlicher Stellung bewogen, Enthusiasmus und Tradition zum Teufel zu jagen. Der Bruch übertrieb, es war perfekter Kassensturz. Und es wäre den Resten an Staat und den Überlebenden dienlicher gewesen, die durch Trug und strafendes Unwetter ins Bodenlose gestürzte Jugend durch würdige, Hoffnung und Schicksal gleichzeitig achtende Worte erfahren zu lassen, daß auch in solcher Verworrenheit Sinn stecken kann, als der moralische Offenbarungseid, der alles verleugnete.

Idealismus ist nie eine falsche Investition. Der den Sternen verschriebene Idealist behauptet sich besser als der Bindung und Fixation scheuende Nonkonformist. Sein Traum weckt Evidenz, die Wetterfestigkeit bedeutet, und ist reelle Quelle der Kraft. Die Schlagzeile »Unsere Jugend ist nicht mehr romantisch« eines unserer Münchener Boulevardblätter prahlte mit einer Konsequenz, die falsch war. Jugend ohne Romantik liegt schlecht. Sie kämpft nicht, ihr fehlt es an Auftrieb, sie leiert aus.

Mit der Freiheit ist es wie mit dem Ruf einer Frau: je weniger sie ins Gespräch kommt, desto besser für sie. Auch das Freiheitsgerede weckt unerwünschten Verdacht. Die Lobredner vergessen die Notwendigkeit und den Wert einer den ganzen Spielraum zu Ziel und Inhalt umdirigierenden Substanz, vergessen die mit der rationalen Symbiose verbundene Einschränkung durch konfektionierende Fakten. Wir können zwar, von offenkundigen Rechtswidrigkeiten abgesehen, formal so ziemlich alles tun, können es aber effektiv doch nicht, weil das Schema der Errungenschaften, in dem wir leben, Grenzen auferlegt, die uns einen wesentlichen Teil der von Siegermacht, Geschichte und eigenem Volksbeschluß erteilten Freiheit wieder nehmen. Der Gebrauch dieser Errungenschaften setzt Preisgabe nahezu aller individuellen Ansprüche und Anschluß an die vom Kollektiv gewiesene Konsum- und Produktionsgesinnung voraus. Schon die jahresüblich gewordene Urlaubsreise ist durch die Kostspieligkeit eines die Touristik umgehenden Reisens auf die fremden-industriell organisierten Möglichkeiten beschränkt.

Das Verhältnis zwischen Obrigkeit und Freiheit ist durch einen den unruhigen Außenseiter zu Terror und aktiver Untreue verführenden Verzicht auf gewisse rechtsstaatliche Konsequenzen in Judikatur und Exekutive verwirtschaftet. Führungsrolle in der Geschichte ist Wagnis. Nur, wer der Gefahr ins Auge zu sehen imstande, ist führungsbefugt.

Bester Partner einer hochtourigen Zivilisation ist der einseitig auf Karriere als Funktionär, Verdiener und Konsument bedachte Rationalist, zugespitzt in der Form des innerlich asozialen, aber kollisionsscheuen Opportunisten. Sogar der neue Offizier ist durch die Widersinnigkeiten im Befehlsrecht, den Raumgewinn des Verwaltungssektors, die Abwanderung der Dienstjustiz an zivile, nicht immer militärisch denkende Richter, das Absinken des Stiles in die verlogene Zwischenform eines »nicht mehr herrenmäßigen Herrn«, das Abgleiten in kaufmännische und arbeitsrechtliche Gesinnungsallüren, die wachsende Scheu vor Verantwortung, das kleinbürgerliche Dosieren der Kräfte, das übergreift, und die sich mehrende Arme-Leute-Angst vor Kontrolleur und Oberrechnungshof zu einer fragwürdig-angreifbaren Figur geworden.

Moral, Stil und Ziel sind ausgepumpt. Das Pflichtgefühl teilt die Rolle mit Anspruch auf eigene Lebenserleichterung und egoistischer Kurzsichtigkeit. Eine als Wunder und Teufelei über das geschlagene Volk gekommene Verwöhnung wird nicht als unverdiente Sonderleistung des Schicksals gebucht, sondern zu bürgerlich naheliegender und klassenkämpferisch verbriefter Selbstverständlichkeit verdreht.

Der Pflichtlose, Diskret-Aufsäßige ist der rational-symbiotischen Leistungsdynamik genau so genehm wie das vollblütigwillige Arbeitspferd. Was ein Mensch darstellt, ist heute weniger durch ihn selbst, als durch die Ansprüche und den Rang der Stelle, die er einnimmt, bestimmt. Arbeitsteilung und Maschine begünstigen ein vom Regime leicht zu beherrschendes, sich in der reproduktiven Rolle gefallendes Mittelmaß.

Auch die ins Rationale gerückte Einzelexistenz ist Zerwürfnis mit der Natur. Da ist unter göttlicher Duldung durch menschliches Wachstum ins Pompöse etwas geschehen, das wir als numinose Veränderung unseres Lebensraumes hinnehmen müssen, – eine Situation, die auf exemplarische Weise bestätigt, daß sich die Geschichte nicht nach einer durch die Wünsche des Menschen bestimmten Motivation, sondern das menschliche Hoffen ignorierender eigener Logik abspult, wobei es sich um klar diagnostizierbare Konstellationen dynamischen Charakters handelt, eine Situationspotenz wie etwa die politische Koeffizienz USA–China–Rußland, die sich des Trends der nächsten Jahre bemächtigen wird. Rolls Royce stützten China mit Flugzeug- und anderen Motoren, – sollte das ohne Verständigung mit der NATO geschehen? Ungezielt gegen westliches Interesse und eigene Zweckmäßigkeit erscheinen daneben gewisse bundesdeutsche Lieferungskredite an NATO-politisch fernliegende oder handelspolitisch uninteressante Länder. Ratlos fragt man sich: raffinierte Kalkulation, Untreue, Dummheit oder Großmannssucht? Haben die roten Zahlen im Haushalt des Staates den Zweck, Unsinnigkeit einer Fortsetzung jetziger Form des öffentlichen Lebens und die endgültige Überfälligkeit beruflicher Privilegien und privater Initiative an vollendeten Tatsachen demonstrieren können?

Die dem physiosozialen Raum entströmende doppelspurige Aktivität mit Zug zur Koordinate Zeit, Entwicklung neuer Distanzbegriffe, allgemeinem Zwang, sich an der rationalen Integration zu beteiligen und dem Wechsel aus ständisch fixiertem Ortsinventar in ein ungegängeltes Verhältnis geographischer und beruflicher Freizügigkeit ist ein irreversibler, menschlicher Revesion entzogener Wandel der allgemeinen Daseinsform. Aus der Koeffizienz gewisser sich zu einem festen Sachverhalt einlaufender Umstände lösen sich den Typus des heutigen Menschen bestimmende selektive, rangierende, vernichtende und erzieherisch wirkende Planungsimpulse. Begünstigt sind programmierte Menschen, die selbst programmieren können, rücksichtslos ihren Weg gehen und sich mit Philosophie und Gefühl nicht aufhalten.

Höchste Errungenschaft ist die Freiheit, höchstes Erfordernis die sie erfüllende Macht, – eine Macht, die christliche Liebe, Recht, Gegenseitigkeitshilfe und Sicherheit in der Versorgung ordnet und garantiert. Freiheit und Recht nähern und verbinden sich zu geschichtlich entscheidender Größe. Freiheit allein ist ein Kartenhaus und zugleich noch Verführung. Macht allein ist Fron, Fron und Dürre. Macht aus dem Kollektiv stimmt mißtrauisch, es klingt nach bösem Motiv. Lösung ist nur der aus der Summation der zur Freiheitsreife gediehenen Charaktere gebildete Schutz vor Zuviel und Zuwenig.

Dieser Führungskern entsteht nicht von selbst. Er will entwickelt und zu praktischer Geltung mobilisiert sein. Ohne den kultivierenden Einfluß herrscht das rohe Triebtemperament. Die Triebe haben den Vorsprung, und die als umlenkende Gegenkraft auftretende, aus elementarer Aktivität ein beherrschtes Handeln machende Vernunft, aus der sich die höhere Stufe physiosozialer Orientierung ergibt, muß erst in ihrer Totalität erlebt und zu einem den Charakter tragenden Faktor umgeformt sein, ehe der die zivilisatorische Genüßlichkeit charakterisierende Geist des Nehmens und Habenwollens in den Lebensglück und sozialer Wahrhaftigkeit genehmeren Geist des Leistens, Gebens, Liebens übergeht. Geliebt und geschätzt zu sein, ist gemeinhin nicht mehr als Trost der Schwäche, es stützt. Echte, die Niederungen hinter sich lassende Karriere des Charakters ist der Effekt einer ins Aktive gewandelten Leidenschaft.

Der Menschheit Würde und die Zukunft dieses Europas sind Einfluß der Massenmedien, Erziehung in der Truppe, Schule und Eltern anvertraut. Um so beunruhigender ist die Frage nach der staatsmoralischen Zuverlässigkeit unserer Sender, der Zulänglichkeit unserer truppendienstlichen Erziehung, dem über unsere Lehrer hereingebrochenen Kreuzfeuer eines der weltanschaulichen und politischen Stabilität ermangelnden Dienstherrn, einer destruktiv-rebellischen, sozial verdorbenen Schülerschaft, einer als Sammelplatz ermatteten Familie und der Schule gegenüber feindselig-mißtrauischer Eltern, einer nicht mehr in ihren Untiefen und Härten begriffenen Lehrzeit und einer Universitas literarum, die abbaut und den zum Triumph des freien Charakters ermunternden Geist und Nimbus verloren hat.

Das dem Mißstand opportunistischen Lebenskampfes zu verdankende Defizit an Kultur und Disziplin ist nicht über Nacht zu beseitigen. Die im Zeichen eines die Freiheit zu inhaltlicher Befugnis wandelnden Regulativs stehende Volksgemeinschaft ist Auftrag von langer Hand. Nicht »Freiheit von«, sondern »Freiheit zu« ist die hier geltende Parole, – populäre Maxime aus der Interpretation der »Kritik der reinen Vernunft« für die allgemeine Bildung.

Der Anfang braucht die technische Hilfe des Machtstaats, um den desorganisierten, amulettlos gewordenen Menschen wieder flott zu machen, ihn in einen der Freiheit würdigen und moralisch gewachsenen Menschen zurückzuverwandeln und den sittlichen Gleichschritt zu erzwingen, der zu den Anfangsgründen eines freiheitlichen Pflicht- und Verantwortungsbewußtseins gehört. Die staatsbürgerliche Hellhörigkeit ist erste Voraussetzung für den Übergang aus der autoritären Manipulation in die liberale Toleranz. Es ist das die Situation des Thermostaten. Reicht das moralische Niveau, ruht die autoritäre Aktivität. Sinkt das Gesinnungsniveau unter die kritische Grenze, kehrt die autoritäre Aktivität zurück.

Es kommt auf die antiopportunistische Arbeit am Nachwuchs

und die Begünstigung einer wirksam zu Tage tretenden Gruppe faszinativ begabter, Substanz ausstrahlender, rationales und irrationales Regulativ glücklich in sich vereinigender, Freiheit und ordnendes Kraftfeld stiftender Menschen an.

Vom Gelingen dieses Kunstgriffs und dem Zustandekommen dieser nicht ganz natürlichen Automatik hängt es ab, ob wir in einen autoritären Opportunismus kommunistischen Gepräges geraten oder uns in das freie Feld eines charaktergeschützten, zwischen rationalem und irrationalem Regulativ ausgewogenen Machtstaat retten werden. Tertium non datur . . . eine dritte Möglichkeit gibt es nicht.

Schillers Epigramm zur Würde des Menschen, dem Optimismus der Aufklärung entstiegen: »Nichts mehr davon, ich bitt' euch! Zu essen gebt ihm, zu wohnen; habt ihr die Blöße bedeckt, gibt sich die Würde von selbst . . .«, ist ad absurdum geführt.